二十世纪大师人文课

毛君炎 著

江西美术出版社
全国百佳出版单位

目录

001	序言
004	第一课 | 冯健吾教授谈文学、书法、篆刻与绘画的关系
012	第二课 | 张安治先生论中国绘画和画论
034	第三课 | 谢稚柳先生谈中国绘画艺术
045	第四课 | 张安治先生谈文人画
062	第五课 | 启功先生谈董其昌和"南北宗"之说
073	第六课 | 何海霞先生谈传统山水画
084	第七课 | 单孝天先生谈书法、篆刻艺术
095	第九课 | 侯一民先生回忆徐悲鸿
115	第十课 | 常书鸿先生与敦煌石窟艺术
121	第十一课 | 金维诺先生谈新疆石窟艺术
135	第十二课 | 史苇湘、段文杰和樊锦诗先生谈敦煌石窟艺术
174	第十三课 | 耿世民先生谈西域的古代语言

第十四课 | 季羡林先生谈中外文化交流　　　　　　183

第十五课 | 李泽厚教授谈"形象思维"　　　　　　　188

第十六课 | 贾兰坡谈原始社会及其艺术　　　　　　194

第十七课 | 朱狄教授论艺术的起源　　　　　　　　202

第十八课 | 熊秉明先生泛论西方现代派艺术　　　　221

第十九课 | 王琦先生谈麦绥莱勒的艺术　　　　　　251

第二十课 | 邵大箴先生论埃贡·席勒的艺术　　　　　262

第二十一课 | 彭万墀谈现代艺术发展　　　　　　　286

| 附录 |

附录一：纽约大都会博物馆"元代艺术大展"　　　379

附录二：炳灵寺石窟　　　　　　　　　　　　　　394

附录三：克利姆特的《贝多芬雕像装饰壁画》　　　400

序言

微信扫码,即可领取:博物馆珍藏画卷高清大图

- 300逾位古今艺术人物的美学思想
- 清华教授讲美学与艺术欣赏

    这是我 40 年前在中央美院学习时的一部分读书笔记,记得当时每逢周四学院里总是邀请一些著名学者举办各种类型学术讲座,涉及多领域,知识面很广。对于如饥似渴的学子们就如干旱春雨,收获甚大。如今再次翻阅这些读书笔记和心得体会,胸中油然升起一股怀旧感和崇敬心,感慨万千。

    首先此书是为纪念和感谢这些老先生的教育和指导,如今很多导师和先生已作古,当年他们在讲台上,激情的演讲,真诚的教诲,现在回忆起来依然历历在目,老先生们亲切的身影又呈现在我眼前。虽然一次讲座仅一两小时,但是常常包含着他们几十年的孜孜不倦的研究和思考，他们拿出最宝贵的学识成就，用最简洁的语言和方法教授于我们，让我们在艺术史的研究方面打下结实的学术基础，享用一生。

其次此书是给当今在校的学子们提供一种"笨人"学习经验，在大学里常常会遇到各个领域的著名学者来大学里举办讲座和演说，如果听课不做笔记，课后不写感想和体会，知识很快就烟消云散，不会在脑子里扎根，也不会在今后学术写作中起影响。特别是一些比较生疏的主题，必须做记录，写感想，因为面对那些高深莫测的领域，如果不复习，不写读书笔记，很难记忆全部内容的，具有超强记忆力的人总还是少数。另外导师在演讲中常常会提供一些参考书目和资料，必须记录下来，课后去图书馆里查阅，复习，加深印象，这是扩张视野，提高学术水准必做的功课。

最后，虽然在研究生学习阶段，每位研究生都有自己的研究方向和专题目标，但是我们不能被自己的研究专题所束缚。做好一门专题的研究工作必须具备博大的知识基础，特别在年轻时代对与自己专业相关的各个领域都要有所接触，有一定的了解。例如搞欧洲艺术史研究的，不仅对欧洲美术要了如指掌，同时要学习油画、版画、水彩画技法，要了解中国古代绘画、画论、世界文学、考古知识、哲学、音乐、宗教学等等。从表面上看来，这些似乎与自己专业关系不大，可是广博的专业知识对于我们日后研究工作会有极大的帮助，会产生一种无形的推力。所以大学里众多的学术讲座，正是让我们建立扎实学术基础的良好机会，要珍惜先生的演讲。

今天我们这一代也步入古稀年龄，再回头看看走过的历程，总结出一点浅薄的经验和体会，供同学们参考。如果有读者对某专题感兴趣，请查阅老先生们的专题论著，此书仅仅是我的简略的读书体会和感想，包含着我个人的不成熟的想法，若能给大家一点启发和帮助，深感欣慰。

第一课 冯健吾教授谈文学、书法、篆刻与绘画的关系

微信扫码,即可领取:博物馆珍藏画卷高清大图

收听
- 300逾位古今艺术人物的美学思想
- 清华教授讲美学与艺术欣赏

冯健吾教授是四川美术学院国画教授,应中央美院的邀请于1978年10月14日开设"文学、书法、篆刻与绘画的关系"专题讲座,这是冯先生的一次即兴演讲,并没有讲稿和讲义。同学们对他讲述主题兴趣很大,感触甚深,我当晚回宿舍就写下自己的感想。

中华民族的传统绘画是一种综合性的,集文学、诗歌、书法、篆刻、绘画于一体的,具有独特风格的艺术,是其他艺术无法代

替与胜任的。中国传统绘画中的各种因素又是紧紧围绕着一个中心，又是广大人民所喜闻乐见的。其中缺少任何一样都是不行的，它们互相弥补，互相衬托，互相影响，内容丰富。

1. 文学和绘画的关系

首先是诗歌与绘画的关系。语言艺术是十分形象化的艺术，同绘画一样属于形象思维，两者是紧密相连的。正所谓"诗中有画，画中有诗"，诗是一种无形的画面，好诗就是一幅美丽的画面。唐代艺术家王维就是一个代表人物，他是诗人、画家、音乐家。他自己十分风趣地说："这世是诗人，上辈子是画家！"宋代苏轼对他评价很高。

如王维的田园诗《渭川田家》云："斜光照墟落，穷巷牛羊归。野老念牧童，倚杖候荆扉。雉雊麦苗秀，蚕眠桑叶稀。田夫荷锄至，相见语依依……"描绘出一幅恬然自乐的田家晚归图。又如《积雨辋川庄作》诗中云："积雨空林烟火迟，蒸藜炊黍饷东菑。漠漠水田飞白鹭，阴阴夏木啭黄鹂。"诗人把自己幽雅清淡的隐士生活与大自然宁静优美的田园风光融为一幅充满诗意的山水画。

历史上盛传"郑虔三绝"，就是盛唐高士郑虔，王维之好友，他集文学家、书画家、诗人于一身，诗书画兼备。

如北宋著名隐逸诗人林和靖写道："疏影横斜水清浅，暗香浮动月黄昏。"这首诗构成一幅画面，让人们脑海中浮现出树荫

深堂琴趣页
宋人

小道、清澈山溪,黄昏时刻风景很形象地表现出来。

宋代大诗人苏轼著名诗句"江头千树开欲尽,竹外一枝斜更好"。如同一幅潇洒的水墨淋漓的文人画。

清代诗人王渔洋也有"绿杨城郭是扬州",形象表现扬州的春色。一幅画缺乏诗意就没有味道,经不起推敲。意境是感染力,是引人入胜的艺术手段,能吸引欣赏者关注。

有一幅画,画面上仅仅几座空山出没在云雾之中,画中题款道:"飞鸟没何处,清山空想人。"(唐诗)画中诗意引人深思,把简单画面提升到一种让人遐想的境地,使人有潜移默化之感。

所以画中必须有"情、趣、意、味"！缺一不可。

邓椿在《画继》中提及："……世徒知人之有神，而不知物之有神，此若虚深鄙众工，谓虽曰画而非画者，盖止能传其形不能传其神也。故画法以气韵生动为第一。"画中一草一木也应有神，有血肉之感，情景交融，真如是"登山则情满山，观海则意溢于海"。诗人常常把万物拟人化，画家也必须把画面上万物赋予生命力。与人同行，如"暮从碧山下，山月随人归"。陶渊明的诗句"戴月荷锄归"，把月亮也形象化，让人感到格外亲切。

王安石曾说，他在创作诗句"春风又绿江南岸"时，再三推敲其中"绿"字，改了又改，开始用"上"字，又改用"过"字，最后选用"绿"字最为形象化，最为有血有肉。又如表现和煦温柔月光的诗句"花影吹笙，满地淡黄月"。诗中有画面的形象思维，有透视感。

所以国画中缺少诗意是重大缺陷，诗歌可以提高画面的境界。画上题款不应该重复画面的内容，应该创造一种引人入胜的题词，提高意境，增强画面的吸引力。

2. 书法与绘画的关系

国画中笔墨要解决"形""神""质"，这是一幅好画的关键，也是对画面的最高要求。

扬州八怪中李方膺（李晴江）有一套册页，收藏在北京故宫，

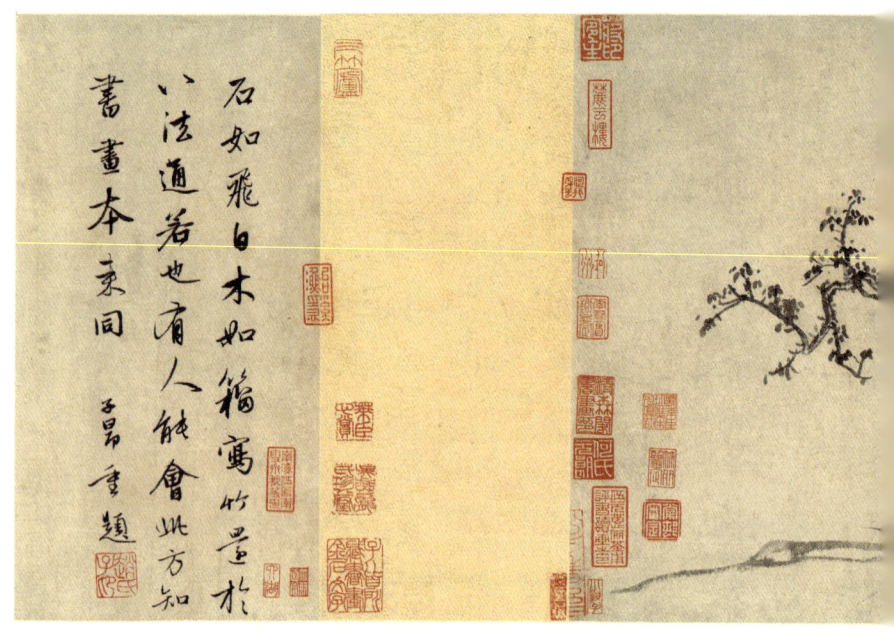

秀石疏林图
元 赵孟頫 北京故宫博物院藏

其中有一幅《红鲤鱼》笔墨妙极了，落笔豪爽，深浅有致，甚至研究法国印象派的画家也佩服之至。宋代赵昌的《四喜图》，画上的喜鹊栩栩如生，动态各异，用笔生动，说明笔墨之重要！

而笔墨的基本功是在书法中，这是国画家最基本的功夫。要掌握墨色、毛笔、宣纸等工具的性能，能随心所欲控制笔墨效果，达到自己心中意图。首先要练字，掌握笔头上的快慢轻重，通过有节奏地行笔，可以随意表现对象。特别是画写意的画家，更要重视这问题，要一气呵成，胸有成竹。正如苏东坡说："始知真

放本精微,不比狂花生客慧。""当其下手风雨快,笔所未到气已吞。"可见书法的基本功对于绘画的影响,是潜移默化的。

影响艺术创作的,其一是个人的政治水平,其二是生活的经历和积累,其三是在艺术方面的修养。绘画的风格,字迹的体型,画面的构图,题款的位置等等,必须要统一。"工笔画"的题款要用楷书,字迹工整。"写意画"的题款要用行草体。扬州八怪是近代绘画史上对题款最讲究的画派,很严格,我们必须对他们进行仔细研究,提取其精华。

四喜图
北宋 赵昌

元代大家赵孟頫对于书法和绘画有一段精辟的分析："石如飞白木如籀,写竹还于八法通,若也有人能会意,方知书画本来同。"

3. 篆刻印章和绘画的关系

印章与画面构图关系密切,起稳定、平衡作用。如压角章,增强色彩感,颜色鲜明,提高画面的精神。所以印章的地位,风格必须与画面统一。一般朱印在前,白文印在下,如有三枚印章,印章之间距离要认真考虑。

印章的章法与绘画的构图是一样的。篆刻,古人称之"雕虫小技"。在一方小小印章上,集中了书法、布局、雕刻三门学问,分朱布白,变化万千,趣味无穷。印章面积小,地位有限,必须安排严格,疏密得当,正如徐坚在《印笺说》中说道:"章法,如名将布阵,首尾相应,奇正相生,起伏相背,各随字势,错综离合,回互偃仰,不假造作,天然成妙。"一枚成功的印章的章法对绘画的构图很有启发,这就涉及到布白问题。印章的布局则讲究虚实关系,把一只印章布局安排好,甚至比一幅画的构图还难。

刻印依赖刀法,在《印章要论》里,朱简说道:"使刀如使笔,不易之法也。正锋紧持,直送缓结,转须带方,折须带圆,无棱角,无臃肿,无锯牙,无燕尾,刀法尽于此矣。"印章刀法对绘画中用笔苍劲稳健十分有帮助,能体现出笔墨的功力。

第二课 张安治先生论中国绘画和画论

微信扫码,即可领取:博物馆珍藏画卷高清大图

收听
- 300逾位古今艺术人物的美学思想
- 清华教授讲美学与艺术欣赏

1978年的10月故宫博物院绘画馆举办"历代绘画艺术展览",调集全国博物馆的优秀藏品在北京展出,机会难得! 10月的北京秋高气爽,天格外蓝,空气中充满愉悦气氛。汤池先生带领我们参观故宫的展览。在故宫绘画馆我们遇到张安治先生,张先生面对着各个朝代的绘画珍品给我们作细致讲解,给我们上了一次生动艺术史课,留下了极为深刻的印象。在老先生的启发下,我总结并写下自己的心得体会。

1. 中国古代绘画分析

这一节主要是宋代以前的绘画,即中国早期的绘画作品的分析。故宫博物院收藏的顾恺之创作《列女仁智图》是宋代摹本,是根据刘向《列女传》编画,通过七个方面来绘制的。从古代资料上可查阅到此画一共15节48个人物,叙述中国古代"仁智女性",如今只剩8节29个人物。其内容与大英博物馆收藏的《女史箴图》是很相近的,都是封建礼教内容,赞誉历史上聪敏贤慧的女性,特别是有政治远见的,眼光犀利的妇女。张先生认为《列女仁智图》在一定程度上比那些单纯宣传封建孝顺与贞洁内容的作品相比,更有进步意义。从技巧上看,与《洛神赋》比较,《列女仁智图》的用笔、构图、画面的诗情画意和情感内容略逊一筹。张先生介绍两节内容:第一节是卫懿公女儿出嫁问题,画面上有

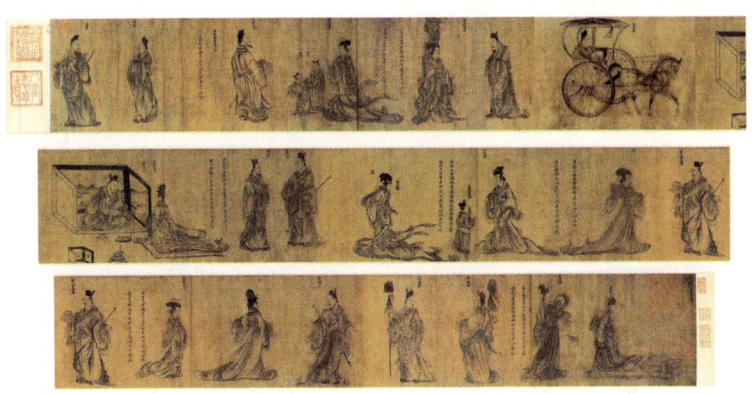

列女仁智图卷
宋摹 顾恺之 北京故宫博物院藏

列女仁智图卷（局部）

卫懿公、卫懿公夫人和女儿。卫懿公要女儿嫁许国，女儿认为应该嫁齐国，许国是小国，齐国是大国，嫁齐国政治上有依靠，国家安全有保障。三人正在商议中。注意这三人的神态、动作、眼神及思想感情上的交流。画面上人物比例，表情动态都是生动准确的。第二节是曹僖的故事，曹僖听从妻子的劝告接待了晋文公。说明曹僖的妻子有远大政治目光，深信晋文公能成大事业。画面上仅有两人，正在商议决定接待一事。张先生认为此画中的人物表情神态并不亚于《女史箴图》，甚至更为生动，证明顾恺之"以形胜神"的表现手法。从技巧上看顾恺之之传世三幅长卷《女史箴图》《洛神赋》《列女仁智图》在用线、渲染上各有不同。《女

女史箴图
宋摹 顾恺之 北京故宫博物院藏

女史箴图(局部)

史箴图》比较古朴，像"春蚕吐丝"，采用"高古游丝描"勾画，很细，很自由，如"绵里藏针"又软又有骨气。《洛神赋》里平行线多了，"铁线描"多了。《列女仁智图》上的线条更为刚硬点，人物比例也更为准确点，并用淡墨渲染，画面上人物显得更厚重一些。顾恺之这三卷古画的内容、技法、形式都是值得我们深入研究的。

展子虔的《游春图》藏于北京故宫博物院，专家们对于此画是原作还是摹本存在不同看法。如今根据赵佶的题签"展子虔游春图"和"隋展子虔游春图"，董其昌又题跋"展子虔之笔，世所罕见"，从而认定此画为真迹。但是在宋代宫廷的《宣和画谱》中并没有宫中收藏记录，《宣和画谱》写于宣和二年，即1120年。而北宋的结束是宣和八年，如果是真迹，此画就是在《宣和画谱》成印后的6年中收入宫廷的。如严格按照《宣和画谱》记录来鉴定，此画可能是后来的摹本。此画是中国现存的绢本山水画最早一幅作品，透视原理已经比较成熟了，比顾恺之的《洛神赋》的背景有了较大进步，关于《洛神赋》画上背景我们还要再研究讨论的。《游春图》上水纹已有近大远小画法，后人称展子虔的山水画"可见千里"！李思训、李昭道的青绿山水继承展子虔的风格，展子虔的绘画比李家父子要朴素，简洁一些。张安治先生特为大家介绍两幅唐代宫苑画，一幅较大，一幅较小，这是典型的唐代风格，青绿、朱红、白粉、上金。张先生认为从技法上看还不够完美，画面较松散一些，但是可以体会到比展子虔的《游春图》已有发展，

游春图
隋 展子虔 北京故宫博物院藏

树木表现方法丰富了，远处山色不仅仅勾线，采用渲染衬托手法，更为活泼了。所以我们要学会读画，要与同时代作品、不同风格的作品互相比较，研究其发展行径。

张先生还介绍几幅唐代重要作品，他认为最重要的是收藏在美国波士顿博物馆的《历代帝王图》，绢本设色，是可靠的阎立本真迹，色彩丰富，人物刻画到位，人物的大小是根据社会地位不同而设定的，典型的唐代人物画。北京故宫收藏的《步辇图》传说是阎立本为唐太宗画的，描绘皇帝接见吐蕃使者的场面，同时还画了《文成公主降蕃图》，可惜真迹均已失传，如今看到的《步辇图》是宋代摹本。

历代帝王图（局部）
唐 阎立本 美国波士顿博物馆藏

步辇图
唐 阎立本 北京故宫博物院藏

关于《百马图》,张先生鉴定说:可能是为唐代真本。作者名作已失传,此画与韦偃的《牧马图》很相近,它是研究画马的粉本,这是一幅重要唐代作品。此画很像养马场的速写,经过整理的工笔淡彩画。《百马图》中有一部分是野马,逐渐在训练之中;还有一只小猴子,十分可爱有趣。画面疏密、松紧是经过精心构思安排的,以墨线为主,又添加淡彩,资料性很强,绘画技法上与韦偃的《牧马图》是相同的,典型唐代风格。

另外有三幅五代时期人物画:

第一幅是周文矩的《重屏会棋图》,画面上人物的神情很生动,形象的刻画精细,表现南唐中主李璟的文人气质,与兄弟们和睦相处的情景,重屏上的山水画水平也比唐代绘画大有提高,在勾线的线条技法上也与唐代不同,不像唐代的铁线描粗细一样,周文矩的线条有变化,而且显得更为秀气,色彩上不用浓厚色彩,

重屏会棋图
五代 周文矩 北京故宫博物院藏

采取调和的典雅色调,给人高雅艺术的感觉。张先生要求我们把周文矩的《重屏会棋图》与顾闳中的《韩熙载夜宴图》对比来读,发现五代时期的绘画特点。

第二幅画是《阆苑女仙图》,这是五代时期生活在江南的画家阮郜所作,阮郜的作品不多,生平资料也少。阆苑是阆玉山的景色,古代也称之仙景。要注意此画的构图与技法,构图上有主有宾,突出中心人物,树木表现手法丰富了,精而不乱,衣纹更为稠密,与唐画相比用线更多了,稍有节奏感。此画与李公麟《维摩演教图》和《八十七神仙卷》有相似之处,但是此画是工笔重彩画。阮郜善画仕女图,他继承了唐代张萱、周昉的传统,并有发展。

第三幅是卫贤的《高士图》,描绘汉代隐士梁鸿与妻子孟光

韩熙载夜宴图（局部）

南唐 顾闳中 北京故宫博物院藏

阆苑女仙图（局部）

五代 阮郜 北京故宫博物院藏

高士图

五代 卫贤 北京故宫博物院藏

维摩演教图（局部）
北宋 李公麟 北京故宫博物院藏

"相敬如宾，举目齐眉"的故事。这是一幅用笔严谨工整的工笔画，集山水、人物、界画于一体，背景上山峦、树木笔法丰富，变化多端，比唐代绘画有了很大提高，色彩与《阆苑女仙图》不同，人物与房子都用淡色渲染，山水树木仅用墨色，不用色彩，张先生说：这是"浅降山水"的老祖宗了。

　　关于宋代绘画《维摩演教图》，传说是李公麟作品，画上无款。此画笔法精彩，造型也精致。这题材流传下各种版本，敦煌唐代洞窟里就有一幅绘制精美的《维摩演教图》。故宫收藏的这幅是纸本白描，用线条来表现画面的色调，通过线条的疏密体现画面色彩节奏，它和《八十七神仙卷》有异曲同工之处，用线条表现人物造型。我们可以用它和南宋李唐《采薇图》相比较，《采薇图》用笔硬朗，衣纹简单，坚韧，与其主题"伯夷叔齐入山采薇，不食周粟"相适应的；而以宗教神仙为主题的绘画，衣纹线条就比较柔和软密了。

采薇图（局部）
南宋 李唐 北京故宫博物院藏

八十七神仙卷（局部）
唐 吴道子 徐悲鸿纪念馆藏

李嵩《货郎图》，其形象的刻画，人物表情生动，用线的变化是值得我们学习研究的。元代的绘画中白描又有新的特点，刚柔相间，特别是赵子昂提出"学唐不学宋"理论影响很大。在重彩画中色彩比例增加了。边鲁的一幅花鸟是十分珍贵的精品，边鲁是少数民族画家，北庭人，后移居宣城。此画的白描功底结实，"没骨法"技巧，在其他画家作品中是不常见的。

　　在故宫绘画馆展出中王蒙的《春山读书图》，吴镇的《渔父图》，孙龙的写意花鸟，周之冕的《荷花图》，陈洪绶的《沽酒图》，仇英的写意山水，华嵒的《白云松舍》，朱耷的《荷花水鸟图》等均为中国绘画史上的精品，要认真研究和借鉴。

货郎图（局部）
南宋 李嵩
北京故宫博物院藏

2. 中国画论研究

"中国画论"是中国传统绘画的重要组成部分，对于中国绘画的发展起了很大的推动作用。如南齐谢赫的《古画品录》、唐代张璪的《文通论画》对绘画的影响是深远的。通过对中国画论的研究可以看到中国古代绘画的独特的民族风格，以及中国绘画发展的渊源。另外也可以扩大眼界，在评论和分析中国绘画创作时更为准确。在世界上西方国家、日本、印度对中国画论做了不少研究工作。从4世纪开始中国画论就不断发展，有丰富的历史资料，得到世界画坛的重视，我们更应该去重视和研究。虽然在封建社会里产生东西，必定有不少糟粕，这是时代的限制，不能拿今天标准去要求它们，它们是历史产物，而且内含一定的精华。近代研究中国画论的老先生也不少，如傅抱石、俞剑华等人，已写出不少专著，介绍很多文章，并做了专题研究。今天我们主要解决一些常识问题，打下良好基础，为今后研究做准备。

中国画论的第一阶段："形与神"的问题

古代人们认为"形"是最基本东西。造型是美术界的一个根本问题。古希腊美学比较发达，苏格拉底、柏拉图对美学有很多论述，在造型上主张模仿大自然，"重形"的问题。同时涉及心灵状态的表达，希腊雕塑不仅表现形体的美，而且刻画出神态与心灵的精神面貌。古希腊的造型艺术与建筑紧密相连的，中国艺术则与工艺美术紧密联系。儒家著作对诗歌、音乐涉及较多,很少涉及美术。庄子在《田子方》一文中写道:"宋元君将画图,众史皆至,受揖而立,舐笔和墨,在外者半,有一史后至者,儃儃然不趋,受揖不立,因之舍,公使人视之,则解衣般礴,臝,君曰,可矣,是真画者也。"(宋元君想学画,来了不少画家,他们行礼,舔笔,磨墨等等,有一位画家在门外姗姗来迟,也不行礼就入座,宋元君叫人去看看他,见此人解衣宽带开始画画,宋元君说此人才是真正画家啊!)已经涉及到绘画,韩非子在《外储》说画鬼容易,画牛马不易,说明对于造型的准确性已经开始重视了。战国时期出土文物中也可以找到造型艺术的痕迹,汉代的美术作品比较多了,河南洛阳卜千秋夫妇合葬墓壁画和很多汉墓都显示出当时造型艺术的状况。汉代刘安整理的《淮南子》一文中提及"画者谨毛而失貌"。其含义就是作画若只顾细部便会丢失神气。"毛"是指细部,"貌"就是指"相似",用现代语讲即"造型准确"。晋代陆机说,"存形莫善于画",说明绘画是为了保存形象,其特点就是"重视形似"。到顾恺之的年代,中国绘画艺术有一个飞跃性发展,"画论"上也有突进,不仅谈及"形",而且谈到"以形写神"!这是从物质到精神的大提高,从现象到本质的变化。由于顾恺之本身是一个学术渊博的文人,修养甚高,又有丰富的绘画经验,他提出"迁想妙得",要表现人的感情,也就是形象思维的方式,要了解对象的所思,所感。"实对"就是如实看待对象,观察对象的神态、气质。历史上记载顾恺之注重点睛，"阿睹"就是眼睛，画眼睛时要求严格。如今我们从世界画论的角度来看，顾恺之的理论也是一个重要发展，是很难得的。中世纪以后，西方艺术处于禁欲主义阶段，停止发展了；而在中国广博的土地上，顾恺之的艺术和艺术理论得到突出发展。据记载，他画的维摩诘肖像非常成功；他给裴楷画的肖像抓住对象特征，三根毫毛画得格外生动，画出裴楷的神态气质。

"形神论"产生的历史条件："形神论"是以中国古代哲学和文学为基础而产生的。先秦著作中很少有关于艺术方面的专论。但是老庄的哲学著作中涉及面很广，有朴素的唯物主义思想。荀子在《乐论》中论述了音乐与情感的关系，谈到形神问题，重视精神和物质的关系，认为精神是以物质为基础，其中对"神"的解释有一定的唯物主义色彩。庄子哲学中提及"形全者神全"；南北朝时代范缜是杰出唯物主义思想家，他提出"形存神存，形谢神灭"，认为形神是不可分隔的。晋代盛行崇拜人物的风度、神采，在晋代诗赋中可体现当时风气。作为文学修养深厚的文人，顾恺之肯定受其影响，从而总结出"以形写神"的艺术理论。

谢赫的"六法"是对"形神论"的发展，也是中国画论史上影响最深远的艺术理论。他认为魏晋南北朝到唐代是中国画论的第一阶段。谢赫的《古画品录》开创了"气韵生动""应物象形"之说，代替"以形写神"的说法。魏晋时代顾恺之以人物画为主，到了谢赫生活之际，山水画逐渐流行，以"神"来形容山水画不合山水之意，而用"气韵生动"来描绘大自然更为恰当，所以改为"气韵"之称，实际上神与气韵有相同内含。由于绘画技法的进步，又提出"骨法用笔"，对笔墨提出要求。到唐代张彦远在《历代名画记》的叙论中对谢赫的六法有进一步论证，补充："形似"是基础，"神韵"是更高的目的。张彦远文章中"神韵""气韵""骨气"基本上是同义词，把形、骨法、用笔都联系在一起论述，他说："……以气韵求其画，则形似在其间矣……夫象物必在于形似，形似须全其骨气，骨气形似，皆本于立意而归手用笔，故工画者多善书。"对绘画的立意、构思、内在思想和画面用笔等各方面都有较高要求，技术要熟练、精确，整个画面要用神与气韵统一起来。这阶段对"形神论"有了进一步发展提高，同时把赋色和笔法也联系起来。

五代荆浩是著名山水画家，他有一篇画论《笔法记》，文中提及"似者得其形遗其气，真者气质俱盛。"他提出"似"和"真"的区别，"似"只是表面形象的描绘，而"真"指山水画家追求自然的本质。即人物画中表现人的性格和情感，"真"是内在"气"和"韵"，他说的"气质俱盛"就是内在气质和外表酷似两方面都获得成功。可见荆浩在《笔法记》中所说的"真"与顾恺之所说的"神"实质相通的。

中国画论的第二阶段：宋以后

随着社会经济发展，文人画家增多了，如苏轼、文同、倪瓒等人，他们作品的特点是表现自己心灵深处的情感，是自己个性的表达。画面是一些象征性的花草，山水。绘画的基本功是不

枯木怪石图
北宋 苏轼 私人收藏

够的,因为他们既是文人,又是官吏、隐士,绘画仅仅是一种爱好,他们有重"神"轻"形"的倾向。最有代表性的是苏轼和倪瓒在艺术理论上发表的观点:苏东坡说道:"论画以形似,见与儿童邻。"倪云林在画上题款云:"仆之所谓画者,不过逸笔草草,不求形似,聊以自娱耳!"他说的"不求形似"并不是完全不要形,与西方现代艺术绝然不同,他们画面上还是有一定的形体的,例如苏东坡的竹子,倪云林的山水,是重视艺术家内心的表达,追求雅致的美,单纯的美。元末明初文人画家王绂评论他们的作品时说:"不似之似也!"这是一句著名评语,对后来文人画家影响深远。

明代初期画家王履有著名《华山图册页》收藏在上海博物馆,他在《华山图序》中写道:"取意舍形。无所求意,故得其形,意溢于形,失其形,意云何哉?"就是说山水画的意境好似建立在"形"基础上,只有山水形体表现好了,才会产生意境。王履

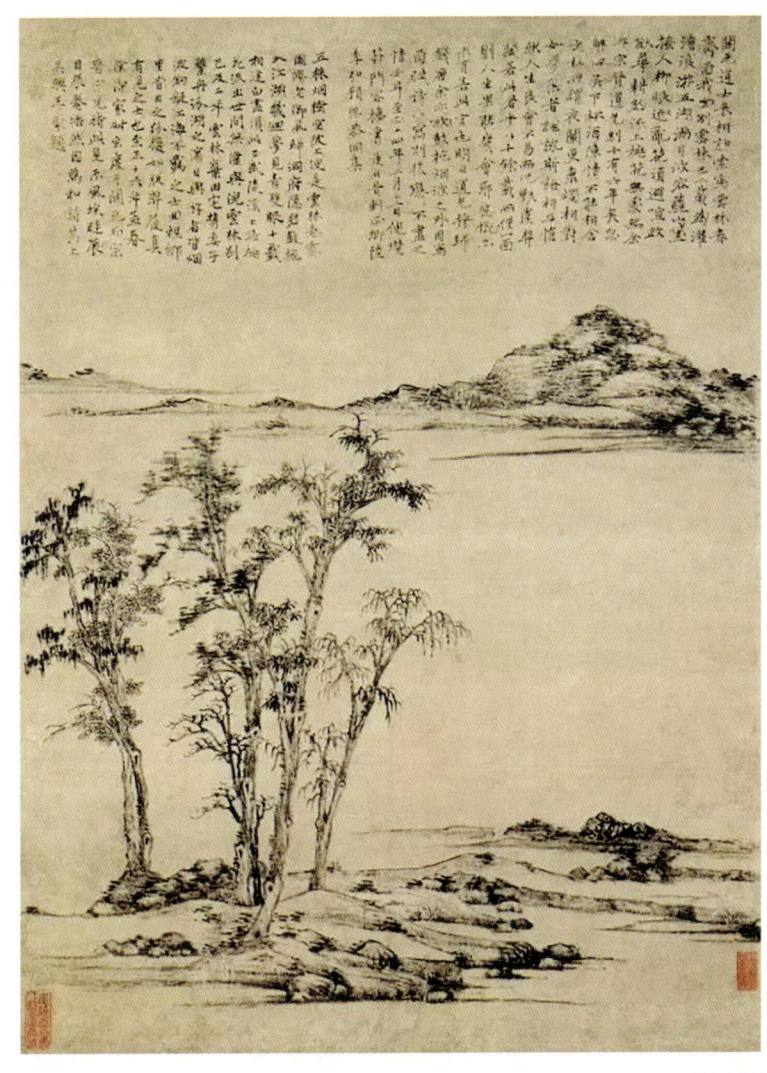

云林春霁图
元 倪瓒 北京故宫博物院藏

华山图册之一
明 王履 上海博物馆藏

的观点与顾恺之的"以形写神"是完全一致的。

明代诗人书法家莫是龙《画说》一文是对张彦远《历代名画记》的补充和说明,他写道:"传神者必以形,形与心手相凑而相忘,神之所托也。"其意为:精神寄托在于手笔,形似才有神。语言十分简洁,精辟的。明清以来虽然文人画越来越普及,但是"以形写神"的理论始终是中国绘画传统精神,并不像西方现代艺术走向绝对抽象的极端。

陈衡恪先生在"中国文人画之研究"中一段精辟论述:"所谓不求形似者。其精神不专注于形似。如画工之勾心斗角,惟形之是求耳。其用笔时另有一种寄托，不欣然刻舟求剑，自然天机流畅耳，且文人画不求形似，正是画之进步，何以言之？吾浅近取譬，今有人初学画时，欲求形似而不能，久之则渐似矣。后以所见之物体，记熟于胸中，则任意画之，无不形似，不必处处描写，自然得心应手，与之契合，盖其精神超于物体之外，而寓其神情于物象之中。无他，盖得其主要之点故也。"这段文字说明绘画中几个阶段，从必然王国走向自然王国，从拘谨的学习阶段走向逐渐自由发挥的过程。

齐白石也曾提到"似与不似之间"的美学问题，他说："作画妙在似与不似之间，太似为媚俗，不似为欺世！"他在日记中写道："一绝似物象者，此欺世盗名之画，二绝不似物象者，往往名写意，鱼目混珠，亦欺世盗名之画，三惟绝似又绝不似于物象者，此乃真画。"白石老人有丰富的创作经验，他的"妙在似与不似之间"与黄宾虹提出"以不似之似为真似"如同一辙，继承了王绂的论点。

中国绘画理论从"以形写神"到"似与不似之间"经历1500多年发展，中国绘画已成为世界艺术中一枝独放异彩的花朵，中国画论也从简略片言短语成为卷帙浩繁的专著，对世界的美学作出引人注目的贡献。

第三课 谢稚柳先生谈中国绘画艺术

微信扫码,即可领取:博物馆珍藏画卷高清大图

收听
- 300逾位古今艺术人物的美学思想
- 清华教授讲美学与艺术欣赏

1979年夏天我回上海过暑假,随同研究班的同学们参观上海博物馆,拜访谢稚柳先生。上海博物馆热情接待我们,并从画库里选出一批历代藏品,谢先生面对珍贵的原作逐张给予介绍和讲解。我清晰记得在上海炎热夏季,会议室里的干燥机,每小时能抽出一大桶水,在如此条件下他们能拿出古画让我们一饱眼福,并请谢稚柳先生亲自授课讲述,深感荣幸。当天回家我就写下这篇参观感想。

"绘画史"总是脱离不了绘画流派。宋代的派别分为很多科目和师承系统。最早的人物画从汉代就开始了，可追寻到汉代墓中帛画、汉像砖等等，到了两晋时期，谢安曾称顾恺之是苍生以来前所未有的一位艺术家；而山水画、花鸟画要稍晚一点，具有自己的独立性。展子虔是隋代画家，《游春图》全靠赵佶的题记（确定为真迹），如果是一幅摹本，也同样是一个时代绘画水平的象征和证据。

宋代开始人物画、山水画、花鸟画全都独立了，宋代以前由于缺少实物，只能作假设，而宋代以后可以看实物，可以用实物来解释。

李公麟、武宗元都是北宋著名人物画家，但是在画史上没有可靠的实物，也无法具体解释他们的师承关系。历史上记载武宗元和李公麟都是学吴道之，但是从现存作品来看，他们的风格完全不同，例如收藏在美国的武宗元的《朝元仙杖图》和李公麟的《五马图》（临摹韦偃《放牧图》）相比较，完全不同，我们又见不到吴道子作品，就难以下结论。米芾说武宗元学吴道子一成不变，而李公麟是学其气质。可见武宗元的画风与吴道子很接近，而李公麟的画与吴道子相差甚远，李公麟开拓了自己的绘画风格。从实物上看《朝元仙杖图》与唐代风格还是比较接近，而李公麟的《五马图》已有自己风格了，他仅仅以吴道子画面气韵生动作为自己学习方法，通过学习创造自己的画风。

学习研究美术史要看实物，要看原作，对实物要熟悉，对每

朝元仙仗图
北宋 武宗元

位画家的风格、技法要熟悉，摸透每位艺术家的特征。中国画最讲究流派和师承关系。

宋代以前绝大多数山水画是金碧山水和青绿山水，例如壁画中的风景画就是这类技法。水墨山水开创于唐代王维，王维又是学习吴道子技法，但是王维的画已经没有了，吴道子的画也见不到了。实际上这类水墨山水画很简单，仅仅是用墨色勾勒山水而已。到了盛唐期间，唐玄宗李隆基邀请李思训和吴道子画两幅嘉陵江

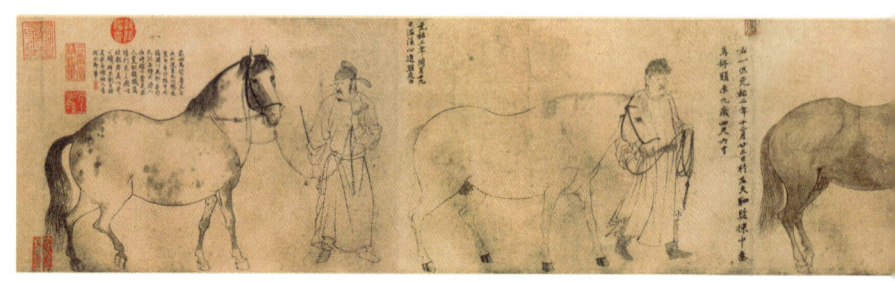

五马图卷
北宋 李公麟 日本东京国立博物馆藏

山水壁画，这故事是大家熟悉的，根据《历代名画记》上的记载，当时已经不是简单墨色勾线，而是墨分五色，晕染丰富，可谓"穷极造化，气韵雄壮"。到了北宋开始盛行水墨山水，一般认为是最高境界，也是士大夫推崇的艺术形式。荆浩和关仝的画至今没有一张可靠原作，台北故宫收藏的荆浩的《匡庐图轴》和关仝的《山溪待渡图》，均为宋画的风格。史籍上记载范宽的绘画风格近似荆浩，又说李成也是学荆浩，今天查看范宽和李成的绘画风格绝然不同，山东地区学李成，陕西地区学范宽。据米芾的记载：他在镇江的一个寺庙里曾见到一幅范宽的画，他看了半天，认为范宽的早期作品全部接受荆浩的风格，山峰被湖水云雾所缭绕。米芾又记载说李成不像荆浩，李成接近于后来的郭熙、王诜。美国某博物馆收藏一幅被认为出自郭熙的山水画，中国专家们见后认为是王诜的作品，他们两人的风格极为相似，几乎难以区分。所以我们可以以郭熙和王诜的画来证明李成的风格。《图画见闻志》上说郭熙、王诜的画的特点是"毫峰缨突，松叶占针"，这也就

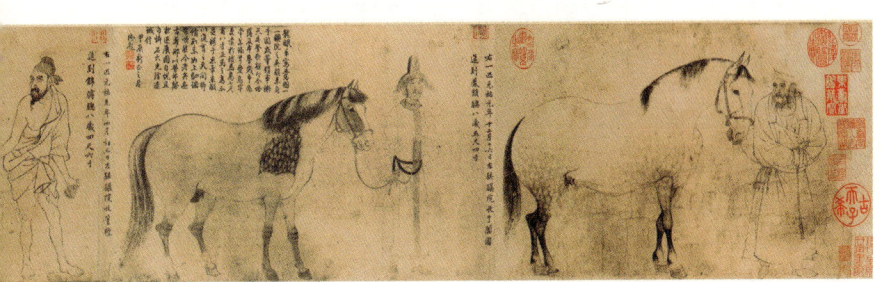

是李成的风格!

郭熙与王诜相比,王诜更为接近李成,这是可靠的,毫无疑义的。故宫里有一幅李成的《春雨小雪图》,是个范本,是李成用尖笔锋画作的,王诜同样也是这种画法。米芾说:王诜任何一个方面都是跟随李成的,因为王诜出生于富裕家庭,有机会看到很多李成的原作;而郭熙很可怜,只看到六幅李成的画以后,才开始学画。从李成生活年代来看,实际上是五代时期末期,北宋开国后不久他就死了,而范宽的寿长一点,在北宋时期活动一段时间。因为李成名气很大,死得又早,所以死后产生大量假画。李成的孙子李研曾当过类似于开封市长的职务,他大量收购李成的画,从而导致出现很多假画,由于李成寿命不长,绘画作品不会很多的,遗留至今原作更是稀少。

北宋画家燕文贵,他的画在大陆已经没有了,在台湾故宫保存一幅《溪山楼观图轴》,这是他的代表作,日本大阪市立博物馆也收藏一幅《江山楼观图卷》,和另一卷曾被溥仪收藏过的《奇峰图》,这几幅均为燕文贵的文体。最近辽宁博物馆收藏一幅《茂林远岫图》,疑是燕文贵的原作,画上有项乐彬的题记,项乐彬是宋代项后的家属,记载说:此画是他的祖母出嫁时,随着嫁妆而来到项家的,这幅画是吕丞相家里祖传之宝。这一题记应该是可信的,因年代比较接近,关系又密切。另外还有倪云林的题款,从其绘画风格上来看,正是古人称之"燕家景",他的画有一特征,凡是水边有四五间小房子,树根、山石的皴法特征

溪山楼观图
北宋 燕文贵
台北故宫博物院藏

明显，从而可以断定此乃燕文贵的真迹！

上海博物馆收藏孙位的《高逸图》，依靠赵佶的题记（确定为真迹），即使没有这一题记，从此画的绘画风格、技法用笔上也可以断定为"唐画"，加上赵佶题记更加可信了。

江南地区又另立体系，以董源为主绘画风格。董源是五代南唐的画家。古文献记载说董源是学王维的，现在我们很难确定这种说法，如今看到的董源的作品都是他晚年的绘画。巨然又是师承董源，渊源于董源。但是从现存实物来看，巨然与董源的画风

潇湘图卷
五代 董源 北京故宫博物院藏

夏山图
五代 董源 上海博物馆藏

万壑松风图
南宋 李唐 台北故宫博物院藏

完全不同。我们可以参考董源传世作品《潇湘图》(北京故宫藏)、《夏山图》(上海博物馆藏)、《龙宿郊民图》和《洞天山堂图》(台北故宫藏)以及《夏景山口待渡图》(辽宁博物馆藏),巨然的代表作有《秋山问道图》以及《层崖丛树图》(台北故宫藏)等,他们的风格并不相同。董源的风格在当时是一种新面貌,"唐无此品",他创造的"平远山景",不仅唐代没有,北宋时期也没有,这种新生的表现方式,在北宋时把南唐时期南方的绘画全称为"王维"的风格,实际上这是一个很大的误解。

关于宋、元两朝代的山水画的异同:在元代以推崇赵孟頫为首的士大夫理论,确立文人画的格调情趣,对后人影响很大。赵

丹崖玉树图轴（局部）
元 黄公望 北京故宫博物院藏

孟頫认为最好的山水画是从王维到范宽这一条线索，认为南宋的绘画并不好，例如刘松年、李唐、马远、夏圭均为南宋的院体派，不值得推崇，范宽的"重烟叠嶂"气氛才是最佳艺术形式。早期的赵孟頫画青绿山水，晚期他画水墨山水。追随赵孟頫，师承他的水墨山水传统的是黄子久（黄公望）和倪云林（倪瓒），黄公望曾受过赵孟頫的亲自指点，他在赵孟頫的《千字文》卷上题诗

秋山草堂图
元 王蒙 台北故宫博物院藏

西园疏柳图
元 倪瓒

曰"当年亲见公挥洒,松雪斋中小学生",并且开创了更为浑厚苍劲的"浅绛山水"。元四家中黄子久走的是巨然的路子,用的是赵孟頫的技法;最复杂的是王蒙,他学习很多人的风格,取其所长,为己所用,黄鹤山樵(王蒙)采用各种不同皴法,到了明代就产生各种皴法名称。倪瓒用的是干笔,黄子久稍湿润一点。在北宋和南宋百分之九十九是绢本,到了元代开始大量采用纸本。

青卞隐居图轴
元 王蒙 上海博物馆藏

北宋的山水画追求近似自然，而元代山水画重视笔墨，认为近似于自然是拙劣品，追求笔墨效果，把笔墨独立出来，特别是倪云林、黄子久、黄鹤山樵都是学习董源、巨然的，确立了元代画派的宗旨，他们最重要的特点是重笔墨。两宋时期要求画面内容丰富，而元代追求简单，特别是倪云林的画更是明显，黄鹤山樵的用笔稍复杂一点。所以宋代绘画和元代绘画在创作思想上、绘画技法上都有明显的变化。

明代"吴门画派""南方画派"，在中国绘画史上占有重要地位，影响甚广。明代山水画是继承宋元的传统，大致可分为两大类：一种是宫廷绘画风格，以南宋的刘、李、马、夏为典范，比较严谨的南宋品位；另一派就是南方流行的在野"文人画"水墨山水。

第四课 张安治先生谈文人画

微信扫码，即可领取：博物馆珍藏画卷高清大图

- 300逾位古今艺术人物的美学思想
- 清华教授讲美学与艺术欣赏

1979年12月张安治先生在美术史系研究班举办一次"文人画"的研讨会，我是师资班学习欧洲美术的学生，旁听了张先生和研究班同学们的讨论，收获甚大，课后写下这篇关于文人画的感想，供大家参考。

首先我们要给"文人画"下个定义，什么是"文人画"？

有人提出，"文人的绘画就是文人画"，即中国文化阶层有修养、有思想、有素养的知识分子的绘画。

有人说：应该从绘画题材和内容上来确定，例如"四君子"图，"岁寒三友"图，以及梅兰竹菊、水墨山水卷等，这类题材的绘画是"文人画"。

也有人说应该从艺术技法形式上来判断，例如大写意、焦墨山水、水墨花鸟等，这一类的绘画称之"文人画"。

但是最重要一点是"文人画"表达出作者内心情绪，在艺术形式上不求形似，不求写实，追求一种意境，表现一种思想，传达一种情感，寄托一种夙愿。

又如何评价"文人画"？"文人画"的精华和糟粕是什么？文人画起源于何时？正是我们要讨论的问题。

日本学者大村西崖说道："无论之所谓'文人画'，非流派，式样之名，盖之作者之身份之区别也。"他认为谢赫、顾恺之等出身于文人，谓之"文人画"。但是根据这些画家的作品来看，这种说法似乎不妥当。例如将顾恺之的《女史箴图》《列女仁智图》与考古出土的司马金龙墓里漆画相比，可知前者和当时绘画工匠的画区别不大；仅仅《洛神赋》比较特殊一点，与文学题材有一定联系，内含文学因素，但是都不是典型的"文人画"。

谢赫在绘画上没有留下作品，据文献记载知道他是一位严谨细腻的肖像画家，稍差生气。他的作品并没有文人画特点，但是他的理论著作对后来的文人画起了很大作用。

王维也没有留下可靠的手迹，日本流传一幅《雪景》，被认为不一定是真迹。《辋川图》是王维隐居庄园，留下的石刻拓本。

辋川图
唐 王维 日本圣福寺藏

他同时能画人物、佛像等，从古文献记载材料来看，他的作品与工匠区别不大。

吴道子虽然不属于文人画家，但是他画《嘉陵江山水》一日完成，泼墨山水画。似乎很有文人画的气魄，估计当时文人画和工匠画区别不大。

李公麟曾考中进士，其身份是典型文人，又是一位专业画家，从他的作品来看，《牧马图》《牧野图》用笔精细，风格严谨，绘制认真。又如《免胄图》是内含政治教育意义的作品，他也画佛像等宗教题材。他的绘画与文人画的概念相差甚远。

赵子昂的《红衣罗汉像》是典型的工笔重彩，但是他也画了大量写意作品。

唐寅文学水平很高，诗词，书法，绘画样样精通，是明代著

红衣罗汉图
元 赵孟頫 辽宁省博物馆藏

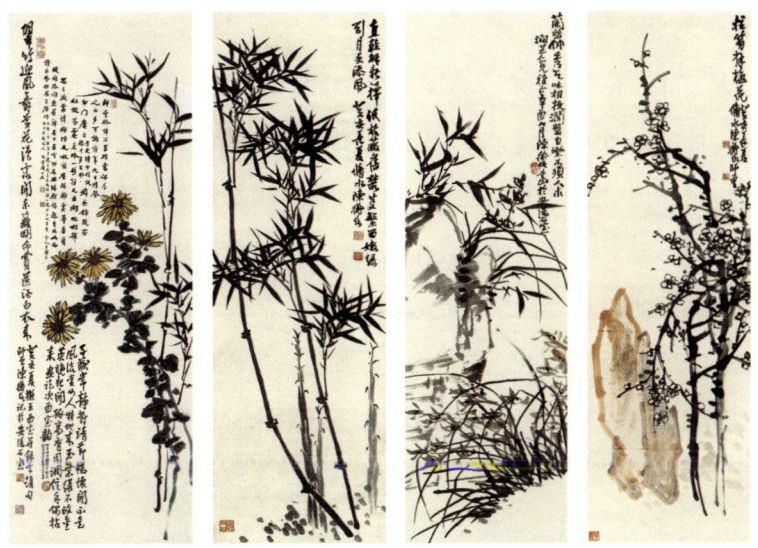

四君子图

名文人。但是他的仕女画如《孟蜀宫妓图》《玩扇仕女图》等，与文人画的因素和特征风马牛不相及也。

清初的恽南田画山水和写意花鸟，更多的是用"没骨法"绘制花卉。他也不是典型的文人画家。

从以上的例子证明：仅仅从艺术家的出身和身份不能决定是否是"文人画"。

其二我们从题材上来看《四君子图》《岁寒之友》，并不起源于文人，从《历代名画记》上记载最早的是张璪、韦銮、韦偃画在壁画上的松树，张璪最为有名，一手可以拿两支笔，一支画枯枝，一支画生枝，气势磅礴，后来他当了一个地方小官，可以说是一个文人。

"竹子"在宋元的文人画中最为流行,但是唐代就开始有了,如萧悦是一个协律郎,据说他画的竹子很有雅趣。梁代有一位军人"左千牛卫"将军刘颜齐,也善于画"风折竹"。还有唐代医生阎世安,不仅懂医术,还是一位著名竹子画家,能画大壁面的竹子。说明这些题材并非文人画所独占的。

"梅花"在宋代以前很少见,如边鸾等人可能也画过,但是并非单独画"梅花"。"菊花"流行于北宋,很多画家画过《寒菊图》。郑武昌的画论中也提及《四君子》题材起源于宋代。至于"山水画"起源比较早,汉代画像石上就已出现《采莲砖》《桐树砖》,类似于风景画面。山西出土东汉墓室壁画有《坞壁图》,所以山水画的起源可以推至东汉、两晋时期,后来歌颂山

寒菊图

汉封侯采莲图
四川省彭州市出土

水的诗文的发展，使山水画更为引人瞩目。

其三从艺术形式上看"文人画"：如白描、大写意、水墨山水、焦墨山水，等等。大村西崖认为："文人画"作者的特点除了文人出身以外，他们善于用线勾勒，舍去阴影，不用彩色，墨分五色，讲究从"气韵"激发创作灵感。这种说法也并不全面。

"用线"是中国绘画的悠久传统，战国时期的帛画，就是用墨，不赋色，东汉营城子的墓室壁画，武宗元的《朝元仙杖图》均为线描，并非"文人画"。"白描"在古代称之"白画"，在唐代就很流行，例如西京（西安）慈恩寺大殿东廊有郑虔、毕宏、王维的白画，在宝应寺也有韩干的白画。敦煌也保存着白描经卷，所以"用线"和"白描"不是"文人画"的独创。

"水墨"技法也不是"文人画"的独树一帜的特点，例如贯休、梁楷的水墨《罗汉像》，采用墨线和泼墨相结合技法，他们都是僧侣。南宋的法常，明代林良善于花鸟、大胆的水墨绘画，但是他们都是宫廷画家。吴道子、马远、夏圭、董源都画过精彩的水墨山水，他们都不是文人画家。

如果以艺术创作思想为基础来解释"文人画"，就要推崇谢赫、顾恺之、王维为文人画的先驱。

关于"文人画"的起源问题

董其昌认为"文人画"起源于王维，大力推崇王维，对后人影响甚大，大村西崖以顾恺之、谢赫为先驱，陈衡恪认为蔡邕、王廙、张衡等人为"文人画"祖先。蔡邕是蔡文姬之父，著名书法家、文学家，创立"飞白书"，传世有《熹平石经》。张衡是汉代杰出文学家、科学家，写了著名的《二京赋》，传说他也善于绘画，曾画过一幅"骇神"（豕身人首），是水中一只猪身人头的怪物。王廙是王羲之的叔父，曾画孔子十位弟子，题字曰："师弟行已之道。"所以各人说法不一，各有解释。

"文人画"的起源的第一阶段，在东汉年代，有一些文人官僚喜爱文学艺术，意识到艺术在政治教育上的作用，可以为封建政权服务，就学习借用画工的技法，经过自己精炼提高，创作有关忠孝礼义绘画作品，这是还没有独立出来的"文人画"，属于"客串"性质。

第二阶段是东晋顾恺之时期，是文人画一个"里程碑"式重要阶段，顾恺之既是文人，又是专业画家，在他的作品中内容和文学有一种内在结合，如《云台山记》和古代文献画论来看，他确实曾画过山水画。在理论上他总结的绘画经验还是画工的技法，在绘画时他发挥自己文人的修养和典雅特点，应该说顾恺之在文人画发展过程中是一位重要人物。

宗炳、王微、谢赫在绘画理论上建立系统的基础，全面总结经验，如谢赫提出"气韵生动"放在六法第一位，完全是文人画的理论，可惜他们自己的作品并没有超出工匠的水平。

到了第二阶段唐代有很多大画家，阎立本、吴道之、韩干、韦偃等人，这时画工的地位已经有所提高，同时文人画的堡垒也还没有形成，互相交流甚多，还没有发生对立情况，当时也没有特别强调画家的出身。在山水画方面，吴道子、王维都有贡献，并没有形成界限。郑虔的文学修养很高，山水画也不错，与李白、杜甫都是好朋友，杜甫曾写《醉时歌》诗文中提及郑广文就是他，郑虔曾献诗、书、画给唐明皇，皇帝题字"郑虔三绝"，这是文人画的具体表现。当时是三幅作品，还是一幅作品，已经无法考证，但是这三者结合已经为"文人画"的产生奠定基础。

在五代和宋朝时期，画院专业画家与社会上绘画工匠是互相交流的时代。水墨画发展比较快，人物画有石恪、贯休、梁楷，山水画方面画家就更多了，刘松年、李唐、马远、夏圭等名家辈出，范宽的中原山景，结构复杂，景色雄伟，皴法丰富，手法多变，李成画寒林，郭熙的乱云皴，变化多端，代表各地不同风格，他们的文学修养高低不一。荆浩的《匡庐图》结构极为严谨，王诜的《雨村潇瑟》比较接近文人画，南宋四家是水墨山水代表。米家父子（米芾，米友仁）的山水画，文同与杨补之的花鸟为典型文人画，他们也是文人画家；米家父子学习董源笔法、皴法，把诗、书、画三体结合，富有浪漫主义气质。这时期"文人画"已经进入成熟阶段。例如文同画竹，要胸有成竹，画幅不大，但是抒发艺术家心中宽广胸怀。杨补之画梅，笔墨精练，以诗补充，典型的文人画。所以在宋代，人物画、山水画、花鸟画得以全面发展，"文人画"达到成熟时期。

宋代有一位僧徒德洪写《石门题跋》记载仲仁（华光）善于画墨梅，元代的《画鉴》也记载仲仁可画墨梅如影，他是把梅花作为独立题材的创始人。王冕画墨梅的渲染方法是否来自于仲仁，还没有确切的考证。

李唐是宋徽宗执政初期进入画院，政和年间考试成绩优秀。北宋灭亡后他来到南宋，曾在街上摆地摊卖画，他的绘画有工匠和民间艺术风格。到临安时他已经80岁，学会作诗，正如他在《采薇图》题跋中抱怨自己早就应该画红牡丹，否则也不会像今天那样，画都没有人买。郭熙不算文人，自己也不会作诗，但是与大文人苏东坡、黄庭坚交往密切。王诜是宋代文人的代表，是驸马，会诗能画。宋代对于优秀画家赐金带，唐代赐玉鱼。当时文人画家轻视画工的现象也已抬头，最典型的是郭若虚，他说画得好的都是做官的文人，人品高，气韵就高，气韵高了画面就会生动。

这一类论调在苏东坡等文人圈子里比较流行。如果艺术要典雅，首先要有气质。

到了元代，由于蒙古族侵占中原，政策严酷，汉族地位低下，汉人的民族气质反映在文人画家作品上，特别是元四家的作品具有代表性。黄公望、吴镇都曾卖卜为生（算命），游历各地。也有被元朝政府利用的文人，如赵子昂，他的诗文、书法、绘画均十分著名，曾是翰林学士承旨（秘书长）。而江南多数文人画家都隐居山村，作画自娱。这时文人画家阵营扩大，山水画发展更快。元四家黄、吴、倪、王受南宋的影响，注重主观意识的自由表现，文人画的特点更为强烈，更为抒情，更多自我表达。由于有宋代的范例在先，他们进一步发扬光大。在山水画方面他们的绘画技法和表现方式采用不同风格，但是文人的高傲，隐逸思想是完全一致的。黄公望的艺术概括简略，笔法丰富；倪云林的作品清淡，逸气，极少笔墨，以淡墨为主，用笔清秀；吴镇吸收南宋绘画风格，墨色较重，但是又不拘谨，结合米家皴法，讲究画面的气势雄伟，正好与倪云林风格相反；王蒙的绘画深厚、稠密、苍茫，善于用干笔，他的笔墨被称为"牛毛皴"，反复皴，其质感又厚重又松软，他的立轴山水画均为深山密岭，重重叠叠，表现士大夫的隐居生活。所以后来文人画家把他们捧到很高地位。宋代的山水画已经十分丰富了，元四家又加以发展，突出"柔"和"雅"的特征，南宋的山水画比较"刚硬"。另外"题款"是倪云林的特点，他的画都有题字，而且全是自己写的。吴镇同时善于画竹子，也有

墨竹
元 柯九思 北京故宫博物院藏

题款,他的山水画则不一定有。竹子在元代画家中是最流行的题材,赵孟頫夫妇、李衎父子、柯思九、倪云林都画竹子,这和时代也有关系,竹子代表不屈、正直,冬天青绿,象征个人的气质、性格。艺术技巧上也有发展,文同的竹子墨色变化不大,苏东坡的竹子也是同样比较简单,而到了元代就产生各种各样画法和风格。吴镇的竹子比较浓壮,气势更盛一点;倪云林的竹子很秀气,叶子也疏松,竹子也稍细一点;李衎毕生致力于画竹,严谨而雅逸;柯思九讲究用书法的用笔来画竹子。这时文人画的知名度也扩大了,文人画家人数也增多了,对后人的影响甚大,其内容均为消极、悲观情绪。

文人画在明代是转向衰弱时期,宫廷画院建立初期吸收不少民间画工,以戴进浙派画家为主,南宋的画工在南方地区又活跃起来。明代中叶江南吴派正式形成,当时苏州是丝绸业中心,经济发达,政治和生活比较稳定,集中一批文人艺术家,其中以"吴门四家"最为著名,即沈周、仇英、文徵明、唐寅。元四家生活贫困,

墨竹图
元 李衎 北京故宫博物院藏

四处流浪，而明代文人画家可以稳定生活，静心创作。集中在江南地区，与浙派相抗。吴门四家吸收了元四家的成就，有继承宋人的传统。唐寅的老师周臣，一般认为他是院体，宋代风格较严谨，他们并不完全模仿元四家，综合宋元的技法，建立自己风格。仇英是漆工出身，画法更为精练，保持了他独有的工笔重彩面貌，他也画写意画，但是没有见过他写的诗。明代中期文人画、院体画、吴派、浙派、宋元传统等得以共存，交流广泛，内容上现实性很强，特别是反映文人画家的生活的作品，不像元四家那样简陋，但是文人的清高、隐居、高雅的情调并不改变。沈周中年时遇到一位新上任县官，要接见他，沈周不去，县官甚气，就叫他画壁画（这是画匠的工作），以示侮辱，沈周还是去画了，说明当时文人画家和画工还是互通的，有交流的。

"文人画"和"画匠"之间分化主要在明代后期，从董其昌、陈继儒开始的。董其昌提出"南北宗"，来自于佛教中"南北宗"之分。主要从技法上来区分的。李思训的青绿山水，赵伯驹，以及南宋四家都被称为"北宗"。"南宗"以王维为首，包括张璪、董源、巨然、元四家等人。这种区分方法是否合适？历代批评很多。王维、范宽都曾画过工笔重彩，这种说法并不科学，对后人影响很大。此理论把写意画和工笔重彩严格分割开了，临摹风气越刮越浓，特别在清初格外盛行，例如清四家，只讲继承传统，笔笔有出处，轻视现实生活写生，绘画的创造性越来越差。

明末清初出现几位杰出山水画家，石涛重视个性的表达，内心感受的抒发，在用笔用墨的变化上创立新境界；石溪、龚贤等人都有所创新。由于民族矛盾的尖锐，整个社会推行"八股文"，只限于少数几位文人画家有所创造，有所前进，多数艺术家变化不大。

在花鸟画方面文人画的发展和进步较快，明代徐渭（徐文长）泼墨淋漓，墨色丰富，突出作者的情感和性格，他继承沈周和陈白阳技法，以单色水墨为主，不仅有限于梅兰竹菊，题材更为广泛。唐寅也画花鸟，他受林良的影响，造型严格，用笔细腻。当时花鸟画提高到一个新台阶。在南宋时与梁楷同时期的法常也有徐渭的这种风格了，其画大胆放任，但是不是典型文人画，而徐渭的画是典型文人画，《水墨葡萄图》上的题字，表达文人的不得意的情感，富有浪漫情调。八

水墨葡萄图轴
明 徐渭 北京故宫博物院藏

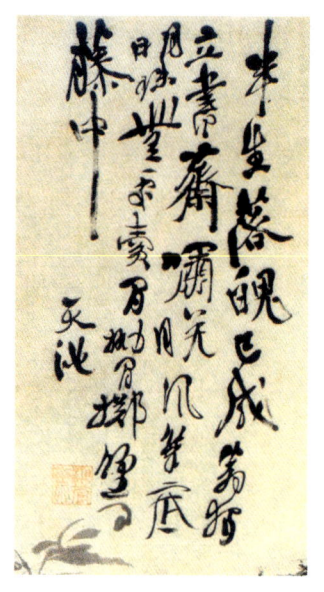

水墨葡萄图（局部）
明 徐渭 北京故宫博物院藏

大山人就是继承这种风格，并且内含一股"怪"气，表达对社会的不满，开辟新境界，在艺术领域八大很孤独，独树一帜。

扬州画派到了乾隆中叶兴盛起来，继承更多宋元的绘画传统，题款增多，结合丰富的色彩效果，对"四王"有很大影响，减弱了"四王"的势力。清代晚期赵之谦、吴昌硕、齐白石继承文人画风格，创造墨与色的结合画法，形成一个全新局面。

文人画在人物画方面的发展，如果从内容上来讲可以追溯到很早，例如顾恺之的《洛神赋》卷，但是要找出内容与技法相结合的典型实例，很难发现。一直到明代陈洪绶，才出现真正的文人画性质的人物画实例，他既有文人气质，又有刚毅奇特的笔法。又如贯休的书法和绘画突出个人的性格，虽然也运用工笔重彩技法，但是内含文人画的气质，题款较多，情感丰富。

文徵明的《九歌图》和《湘君湘夫人图》有大面积题款，所以文人画在人物绘画上发展比较晚，直到扬州八家，如金农的《自画像》和王升的《渔夫》已是典型文人画了，吴昌硕更是具有明显文人画特点。

总之，"文人画"的形成首先是中国社会、文化、艺术、哲学交融结合所产生的结果。从文学理论上来看，"文人画"早在南北朝时期已经诞生，绝不是某天才所创造的。特别要重视文学所起的作用，画家在诗文、书法、篆刻方面的修养很重要，在世界上其他国家里很少有这种艺术形式。

其次，"文人画"的形成是一步一步地逐渐发展起来的，所以要找一个祖师爷是很难准确的，也没有这必要。

再次，"文人画"的根还是建立在画工的绘画基础上，画工的技法的成熟，加上文人士大夫的修养，两者的结合就产生文人画。文人画盛期也正是画工绘画和文学艺术互相交合的时代，例如唐代和宋代，文学和艺术都得到大力发展。

最后，"文人画"画家，例如顾恺之、李公麟都有很高的文学修养，接受过优秀的传统教育，他们的绘画比画工的艺术更为精彩。也有一些绘画工匠经过学习，自我提高，也变为优秀的文人画家，如齐白石、任熊等虽然并非出身于文人，但是也能写诗作赋。所以"文人画"是一个复杂的议题，其内因在不断转化，有待仔细分析和研究。

第五课 启功先生谈董其昌和『南北宗』之说

微信扫码,即可领取:博物馆珍藏画卷高清大图

收听
· 300逾位古今艺术人物的美学思想
· 清华教授讲美学与艺术欣赏

1984年,应中央美院的邀请,启功先生,为美术史系研究生举办"中国古代绘画鉴定"系列讲座,老先生的精彩演讲,丰富的经验,感性和理性相结合的渊博的见解,让研究生们茅塞顿开。在他的演讲中多次提及董其昌和他的"禅学南北宗"艺术理论,可见其影响深远。这引起我极大的兴趣,课后根据老先生的提示和提供的参考资料,写下这篇《董其昌和"南北宗"之说》的感想。

董其昌是明代后期一位书画大家，字玄宰，号思白，又号香山、香山居士、思翁。记得我祖父曾收藏一副对联，落款"香山居士"。有一天我带着几幅家里收藏让金维诺先生过目，金先生问我"香山居士"是谁？我脑子里一片茫然，答不上来，他瞪了我一眼，说道："董其昌！"此事让我终身难忘。

董其昌是明朝高官，官至礼部尚书，谥文敏，曾为神宗皇帝朱翊钧写传。精于鉴赏，收藏甚丰。其书法闻名四海，康熙皇帝最喜爱他的书法，说"非人所及"，十分欣赏。他擅画山水，其祖母是高克恭之云孙女，自谓好画有因，有遗传因子。他是万历乙丑进士，文学底子雄厚，能文善诗。他的书画理论著作相当丰富，有《容台集》《画禅室随笔》《画旨》《画眼》等，提出一系列艺术理论，影响甚远。据考证他祖籍上海，为了避免重役，弃田避迁华亭，所以史书上都说他是松江华亭人。其后连捷登科，显赫一时，在华亭置地造府，十分霸道，在古文献《民抄董宦事实》和《权斋老头笔记》中记载：董其昌欺压百姓之事经常发生，当地百姓盛传"若要柴米强，先杀董其昌"，甚至农民聚众要烧他房子，可见在江南地区他是个十足官僚恶霸地主。

从艺术史上看董其昌是一个极为复杂的人物，很多人在观赏他的传世作品后，并不信服他，他的绘画真实水平与历史文献上的评价是不相符的。但是他留下艺术理论和对古画的评价，如同幽灵一样在中国书画界挥之不去，很多人至今也跳不出他的圈子。今天很多人推崇八大山人艺术风格，即在作品中采用象征寓意手法，大多缘物抒情，将物象人格化，寄托自己的感情。而八大山人的启蒙者正是董其昌，八大山人早期的书法完全继承董其昌的字迹。董源的画多数由董其昌鉴定而记录下来，日本曾出版一本《从王维到荆浩的绘画作品》，书中几乎全部是假画，这些画均由董其昌鉴定。20世纪30年代邓固曾写过一本《唐宋绘画史》文字写得不错，但是书中图片均以董其昌鉴定的作品为基础，所以接受邓固在书中的艺术观点，就间接接受董其昌的艺术理论，他的禅学"南北宗"能延续至今，也必然有其高明之处。

首先董其昌的文学水平很高，文笔潇洒，语词精练，特别是他的小品文是举世闻名，所以他著写的书画理论也是分析细腻，引人入胜，让人不得不信服，如此便掩盖了他的主观、武断的思维方式。董其昌在鉴定王维、董源作品时，他的文章和题跋都说得神乎其神，显得神秘莫测，当人们观赏原作时，就会感到不如他说的那样神圣。

董其昌的书法成就在中国文化史上可称一绝，他17岁师颜体，又学虞世南、黄庭坚等人，后来他在项元汴家看到米芾的真迹以及右军的《官奴帖》，悟得真谛。《明史·文苑传》中说："其昌书始以米芾为宗，后自成一家，名闻外国，尺素短扎，流入人间，争购宝之。"从他遗墨可见他吸收古人各种风格，自成一体，到清代朝野书法界更是均以董其昌为宗师，启功先生也承认自己在书法上继承董其昌的风格。

董其昌的绘画与他的艺术理论是有一定距离的，他心目中的

夏木垂阴图轴
明 董其昌 台北故宫博物院藏

构想并没有在他的绘画实践表现出来，无法实现他在艺术理论上的期望，即"眼高手低"，这类情况很多艺术家都有经历和体会，只是董其昌说得太多，又说得太神了。另外他官大，名望大，根本无法应付日常的应酬，他的绘画时间和技法都有限，熟练程度也有限，只能请人代笔，往往题款，印章是他的，绘画是别人的，这类作品数量很多。对于董其昌的亲笔和代笔的区分，在鉴定中是比较容易鉴别的。

董其昌的画论是有系统的，写作形式上多以小品文的方式出现。《容台集》有正集、别集，《容台别集》特别重要，《画禅室随笔》是后人编写的，另有《画旨》《画眼》都在"随笔"中。董其昌的理论主要有两条中心，一是"南北宗"，把历代的山水画家分为南宗和北宗；二是把艺术家区分为"行家和利家"（力家，戾家）。在中国古代学术界经常出现这样的现象，以个人的主观意识来分析历史发展，即按其个人的爱好来区分历史人物和事实，如此便造成某种学术混乱，还会引起多年的争论。

王维的画是董其昌树立起来的。他的绘画理论中心是把山水画分为"南北宗"，北宗是以唐代李思训父子青绿山水，传至宋代赵伯驹、赵干，以至马远、夏圭为一体。南宗以唐代王维为首的水墨山水，他推崇王维为"南宗之祖"，传到五代荆浩、关仝，直至董源、巨然、元四家。其出发点是以佛教中"禅宗"理论为基础，北宗讲究"渐修"，南宗讲究"顿悟"。他认为李思训父子为首青绿山水，即工笔重彩技法是"师造化"，是工匠画法。而王维为首的南宗讲究"以画为乐""以物寄情"，是文人画。从唐代开始分为此两种不同风格。董其昌把王维的《江山雪意图》（即《雪霁图》）捧为典范，描绘得十分神秘高尚，高不可攀，实际上王维的真迹根本不存在了，《雪霁图》原是宋代摹本，质量并不好。董其昌利用他的华丽文笔把此画鼓吹成南宗的优秀范例。他说：董源、巨然、二米，至"元四家"是南

雪霁图（局部）
唐 王维

宗的基础和系统的中心，从而影响了文徵明、沈周一派，董其昌称他们为"文人画"。董其昌又把画家分为行家和利家（力家，戾家），利家就是外行，他认为利家是跳出框框，抛弃传统绘画约束，不可轻视的一种艺术发展趋势。八大山人是一位大行家，但是他装不懂，表面上是利家，实际上是行家变为利家，这就是董其昌最推崇的艺术风格！倪瓒是一位很在行的画家，也是能吟诗习文，参禅说道的文人，他画的树刚中有韧，画面上笔墨不多而意境幽深，他很少赋色，天真幽淡，寄情于山水，渐江和姜实节追随倪云林风格，没学好。董其昌自己的创作也想追求这类风格，但是他达不到他们的味道。《艺苑掇英》发表一些董源和巨然的山水画，而作品之间的风格、技法各不相同，实际上在其鉴定中是有疑问的。由于董其昌在鉴定古画时，首先考虑的为他自己的设想和目的服务，他认为元四家好，要学习元四家的气质，就在他的艺术理论中大书特书元四家艺术，归纳在他的理论系统内，使人迷信于他所提倡的画派。他对戴义进一派看不惯，也回避评论马远、夏圭的艺术作品，凡事笔道刚劲，用笔有力的画都避而不谈，因为他学不了。我们必须要透过现象看本质，董其昌说："非吾曹所当学也。"实质上是："非吾所能学也！"他学不了，他没有才能当演员，他就选择了当"导演"。

董其昌特别推崇王维、董源和巨然。王维的《雪霁图》由宋徽宗题款"江山雪霁图"，另外有一幅收藏在日本大阪市立美术馆的《伏生授经图》，由南宋赵构题款"王维写济南伏生"。这几件作品是否是王维的手迹，或者是后代的忠实摹本，还有待于考证研究的。董其昌又说赵孟頫的《伏生图》是学王维的，现在没有实物，难以断定。如今董源传世作品有《潇湘图》《夏山图》《夏景山口待渡图》《寒林重汀图》《溪岸图》《笼袖骄民图》等七件。

夏景山口待渡图（局部）
五代 董源 辽宁博物馆藏

江心初雪图（局部）
南唐 赵干 台北故宫博物院藏

其中《潇湘图》和《夏景山口待渡图》比较接近，都是小墨点，即"点子皴"，另外几件作品的风格，技法各有不同。董其昌称董源为"画中龙"，多变，所以这七幅作品的真伪是有疑问的。中国艺术史上有两个人是乱写题跋的，一个是宋徽宗，另一个是董其昌。今天常常以他们的题跋作为鉴定依据，要出问题的。启功先生特别指出："我们应该有自己立足点，鉴定工作要摆脱古董商的标准，才能搞好艺术史。"董其昌就是古董商的大头目，不能跟着他的题跋、注录走，否则就会受骗。启功先生认为《寒林重汀图》可能不是董源手笔，是赵干画的；因为赵干的《江心初雪图》是李后主题跋的，这是十分过硬的题款，而《寒林重汀图》和《江心初雪图》风格和技法完全一致，张大千也持有这样看法，所以

《寒林重汀图》可能是赵干手笔。《潇湘图》和《夏景山口待渡图》绘画风格是一样的，与文献上记录相符，是董源作品无疑。而《笼袖骄民图》上董其昌的题跋说：这是表现宋太祖赵匡胤下江南的盛况，实际上赵匡胤根本没有下过江南。"笼袖骄民"一词在元代是常用于形容在皇帝统治下的百姓生活幸福的语词，说明董其昌的题跋是不负责任的，时常乱题的，小心受骗。

董其昌书法上的成就是不可否认的，他的楷书是师从颜真卿的《多宝塔碑》起步，后又临摹虞世南、黄庭经笔意；行书崇拜米芾，集古人书法之精华，自成一体，有流动感，有时会出现柔弱用笔，后人做假的，专门学他软弱用笔法。恽寿田曾说：每个人知道自己的弱处，就会自我加强提高，如果不努力，弱点就会更明显，而董其昌不是这样，他不努力，宁可有不足之处，也不回头。另外董其昌对于学习书法经验，自谓"学刻字不如学墨迹，书道本如此，历代皆迷也"。他也注重于"古意"，历代碑帖经过百年风吹雨打，常年的拓片，字迹会变粗，分离，被称之"古朴"，董其昌喜爱追求这种味道。后来有一位叫吴易（楚侯）专学董其昌不及格、不合理的作品，只要脑子里有古画的影子，把印象提炼出来，简化出来，成为古画"印象派"。

董其昌的书画很难鉴定，因为他有很多代笔人，连他自己有时也辨别不清，有些假画比真品质量还好，也有半真半假的，例如画是假画，题款印章是真的，也有他画了一半，剩余让别人去完成的。可以查阅《董其昌书画代笔人考》，文中提及七位代笔人，

秋山八景之一
明 董其昌 上海博物馆藏

杨继鹏（彦冲）、常莹（珂雪）、叶有年（君山）、吴振、沈士充（子居）、赵洞（行之）、赵左（文度）。上海博物馆收藏的《秋山八景》色彩非常漂亮，墨色是董其昌自己画的，颜色是别人画的，但是董其昌的很多游戏笔墨册页很可能都是真品。清代四王也有大批代笔人，在《王原祁的画跋》中就提及他拿出10多年前的画作题款后送人，实际上他们箱子里的存货很多都是假画。董其昌的书画质量相差较大，有的非常有功力，有的水品低下，我们必须认真思考，对比，分析。有些半真半假的东西，是有代笔人。董其昌脑里有古画，但是表达不出来，表现手法拙劣，单看墨点和皴法不能代表他的绘画水平，要观赏画面整体效果。他是高官，"店大欺客"，他利用他的地位和理论为自己打开方便之门，说他画得不好，反而说观赏者水平差，不理解他的艺术。所以我们要立稳脚跟，独立思考，要有自己判断力，仔细研究董其昌的书画。

书画的鉴定是辨别其真伪，谢稚柳先生告诫我们光靠书本和古文献来研究书画和艺术家是不可靠的，一定要结合实物，不联系实物是不行的。其一，……例如清代安易洲的注录，有些地方也靠不住，不能不信，不能全信。又如在编写燕文贵和范宽的传世作品时，在史学上没有确切年代记录的，不能随便定论，要严肃一点。在搞鉴定工作时，首先要把画家的年龄和主要活动年代考证清楚，古文献中记录常有误差，有时记录绘制年代画家早已去世，或者画家还处于儿童年龄。其二，对画家印章的考证，对收藏家印章的考证。例如赵孟頫有一枚"赵子昂印"，印章的边缘是弯的，由于他从南方去北方旅行时碰坏的，我们就可以用此推算他作画的大概年代。另外要注意考证印章中回避的字，这与当时皇帝有关，如乾隆年代的"宏"字，变成上面少一点的怪字，从字形上就可以断定其年代。历史上假画很多，明代沈周和文徵明是同时代的画家，沈周的假画把文徵明也搞糊涂了。石涛的假画也很多。其三，绘画的材料，如宋代以前基本都是绢本，纸本的绘画到了南宋才大量使用的。所以鉴定工作是研究古代书画的真伪，并不是其艺术价值，必须达到"真、精、信"，即真实、精确、信用。

第六课 何海霞先生谈传统山水画

微信扫码,即可领取:博物馆珍藏画卷高清大图

收听
· 300逾位古今艺术人物的美学思想
· 清华教授讲美学与艺术欣赏

何海霞先生曾是陕西国画院的副院长,北京中国画院艺术家,著名的国画家,他是张大千的学生,在传统的山水画方面有很高的造诣。1978年10月21日,他来中央美术学院给同学们介绍自己的绘画经验和成长过程。

1.启蒙阶段:他首先提及了一位国画家的启蒙教育问题,他说:"一个人的启蒙阶段很关键,将会决定一个青年人的一辈子,年轻时代能奠定良好基础,对今后的发展很重要,建立了一个良好的起点。"

他回忆自己的童年：他父亲是位书法家，从小给予他爱好中国传统艺术的影响，培养他热爱艺术，启发他对传统绘画的兴趣，而且因自幼居住在历史悠久的北京城里，又生活在琉璃厂附近，那么多古玩店，画廊，古籍书店，让他从小耳濡目染中国传统绘画的精华，为他今后的艺术生涯奠定了基础。

他说从事中国绘画的创作，首先应该从古人那里学习优秀的艺术传统，同时又不能把古代大师们的杰作看成高不可攀的顶点，要创立自己的独特风格。古代的作品有一部分是反映当时社会现实的，用艺术手法再现生活，如《清明上河图》《韩熙载夜宴图》《货郎图》等等，反映生活的绘画作品，值得我们借鉴。

他年轻时代主要是学习宋画，宋画以中锋笔法为核心。宋画又分为南宗、北宗。北宗以宋代画院为代表，严谨，工笔，写实，特别是南宋翰林书画院的风格，讲究法度，构图、用笔、着色都显得华丽细腻，多数是花鸟、山水和宫廷生活题材。他学的就是这一流派，特别是那些亭台楼阁的"界画"。在《芥子园画传》中提及："画中之有楼阁，犹字中之九成宫，麻姑坛之精楷也。夫界画犹如禅门之戒律也，界画洵画家之玉律，学者之入门！"

何海霞先生初学的是清代画家袁江、袁耀的界画。袁江、袁耀为清代界画名家，刻画宫殿楼阁工整精巧，色彩浓郁，善用传统的小斧劈皴和卷云皴，遵行传统规律，讲究画面的平衡、韵律。他临摹了著名的《九成宫图》《梁园飞雪图》《阿房宫图》。然

梁园飞雪图　　　　　　　　　　　山水楼阁图
清 袁江 北京故宫博物院藏　　　　　清 袁耀 北京故宫博物院藏

后他又继续学习临摹明代、宋代的绘画，经过精心的临摹，体会到虽然袁江、袁耀的界画细致华丽，对比宋画却缺乏内在深度，宋画不仅描绘美景，刻画山石树林，亭台楼阁，更富有诗意，更有意境，二袁的画与宋画是无法相比的。

他在20岁到30岁之间主要学习宋画，临摹了大量宋代精品，以卖画为生。他能临摹各家不同风格的绘画，并且能达到以假乱真的水平。当时不仅学习绘画，还练书法，大楷、中楷、小楷、行书、草书都学，没有偏爱。任何一种画派，任何一种风格都要学习。临摹完以后在自己头脑中打个问号？什么可学？什么不可学？要理性分析，不能单凭自己偏爱去选择。古人作画是一件十分严肃的事情，一丝不苟，没有遗留的角落，非常认真的。

所以在启蒙阶段要有严格的传统训练，正宗的传统教育，了解各阶段各个时代的不同画法，如宋代的湿笔中锋，到了元代又有进一步的变化，要掌握各个年代的不同传统特点。

2. 转折点：何海霞先生绘画生涯的转折点是学习和临摹了董源的绘画以后，董源是中国绘画史"别祖"，是开创一代新画风的宗师，相传明末"南北宗"之说，推崇王维为"南宗画祖"，实际上王维传世作品很少，主要以董源、巨然为南宗的典范，善用"披麻皴"和"点苔皴"来表现林麓烟霏的江南景色。董源的每一幅画都不同的，一张一个样，手法和意境各不同，说明他生活经验丰富，观察生活细致。他继承王维和李思训父子的传统，

夏景山口待渡图卷（局部）
五代 董源 辽宁博物馆藏

又开创自己的独特的绘画风格。

在徐悲鸿先生处曾收藏一幅董源的残卷，画中表现树木的笔法丰富多彩，我们应该认真学习。一位年轻艺术家不仅要会临画，而且要学会"读画"，分析画中的特点，吸收前辈创造的经验，化为己用。董源的作品有独创之处，不受古人的束缚，观察现实生活，创造出变化无穷的笔法和墨色，如"披麻皴法""点子皴法""渲染法"，等等，他的技法传授给一位僧人巨然，形成中国绘画史上一代宗师，沈括曾说："江南董源僧巨然，淡墨轻岚为一体。"如今收藏在台北故宫的《万壑松风图》和《秋山问道图》均为巨然代表作，气势雄伟。明代沈周也是继承董巨的技法，《庐山高图》显然是吸收董、巨的精髓。所以学习古人绘画，不能被古人技法束缚住，不能被宋画风格限制住，要学习古代大师创新精神，了解他们的艺术创造的背景和心情，创造自己的风格。何

庐山高图
明 沈周 台北故宫博物院藏

先生对元以后的画看得比较薄，认为其中因袭太多，独创较少。

3. 新中国成立后的变化：新中国成立后在毛主席的革命艺术思想指导下，在石鲁同志的领导下，何海霞先生懂得"艺术来源于生活"，要敢于否定以前学习的一套，从现实生活中寻找创作力量。他认为画中国画的艺术家画速写，收集创作素材，不应该画西洋式速写，不能有什么画什么或见什么画什么，没有自己主观因素的画法，要懂得概括，掺入自己心中意境，写生是来源于生活，但是要添入主观创作思想。这样创作出来的作品才会富有创造性，具有个人特色。

"骨法用笔"，何先生说笔墨功夫表现出一个艺术家的整体才能。用笔不是量的问题，是质的问题，一点一笔要表现出形态，笔无虚发。画家要有激情，有灵感，心里要紧张，笔头要稳健，笔墨是有韵律，有节奏的，注意收笔。在不同情况，不同地方，笔法快慢也不同，粗犷而又心细，心细而又胆大，掌握笔墨中深浅、对比、和谐，形成美感，同时又表现出作者的气质。我们要做作品的主人翁，一位好画家可以自由操纵画面上的骨法用笔。

"传移模写"，何先生不主张临摹复制全张古画，不要蠢干，要多研究，研究作者的出发点，研究其技法，惯用技法和特殊的技法，为后人开辟了一些什么新启发、新创造，不仅要研究画，也要研究字，多做一点"为什么"的研究，总结出表现手法的规律。

"画中有诗"，在骨法用笔方面，古人说"墨分五彩"，何先生说："墨分十彩都可以！"画家应心中有数，时而"惜墨

九寨沟
现代 何海霞 中国美术馆藏

如金",时而"泼墨如水",关键是要"画中有诗"!对于生活的观察和体验,既要广又要深。山水画主要是一个意境问题,画是无声诗,画也是一种语言艺术,给人一种情绪、情操,引人入胜,这就是绘画的魔力!作品的画面简单扼要,表达准确,把作者的生活情趣、理想的追求集中表达在画面上,通过视觉感受,让观众感到画中有浓厚诗意。要画出山水之幽情,林木之深厚,花草之芬芳,有风声、草声,使人感觉"声听却无",引导观众的视觉有俯仰左右无限,广阔深远的联想。古人山水画就是讲究这种意境和诗意。而现代人却画得像照片一样,缺乏想象力,所以我们创作的作品不能局限于真人真事。

各种笔墨的浓淡、疏密、动静、干湿、黑白、工细、长短都要严格控制,古人绘画大处不放松,小处更不能放松。很多古画,特别是重彩画,装饰性很强,画面的色彩、构图、装饰都离不开笔墨,我们必须去研究和吸收其优秀传统,为我所用。

何海霞先生特别强调"学画图不学石涛不行"!石涛是清初著名山水画家,他的"搜尽奇峰打草稿"的创作理念影响深远,石涛常住安徽敬亭山,多次游黄山,由于他的身世经历,又出家为僧,寄情于山水,潜心于艺术,在大自然中索取营养,又继承传统绘画的精髓,两者结合创造出自己特有的风格。张大千先生也认为"学画必学石涛"!何先生说张大千是中国近200年来无人能与他相比的艺术家,自宋元明清至今张大千是一个回光返照。张大千25岁开始学画,用功好学,个人也有很大抱负。他的画没

山水真谛图册之一

清 石涛 故宫博物院藏

山水真谛图册之二

清 石涛 故宫博物院藏

华山图
现代 何海霞

寻幽访胜图
现代 何海霞

有一幅是相同的,各有独特之处,有生气,有活力。早在卢沟桥事变的时候,张大千就说:"敦煌壁画是艺术中心,也是沟通东西方世界的中心。"他又说:"画家分为地方画家,国家级画家,很少有世界级画家,即世界公认的一流画家。"齐白石的画去日本只能放在第四流画家的地位,他感到羞愧。张大千去敦煌生活了7年,用国画临摹大量壁画作品,他说要把敦煌艺术全部继承下来,创造出第二个敦煌,去世界上占一席之地,雄心勃勃。他在日本画一幅《荷花图》,从照片上看比真人还高大,墨色淋漓,震撼日本画坛。张大千学得博,学得广,无论大小名家,或者无名小卒,只要有可取之处,都要学习,非常虚心地学习。他善于发现别人的优点,在一般化中找到特殊点,这是很不容易的。但是一个人在自己祖国土壤里,有营养,有资源,可发展,一旦失去祖国的营养,难以发展广阔的前景,张大千先生晚年是十分可惜的。何海霞先生画一幅《华峰柱天宇,山河尽开颜》,就是给张大千先生的启示。

第七课 单孝天先生谈书法、篆刻艺术

微信扫码，即可领取：博物馆珍藏画卷高清大图

- 300逾位古今艺术人物的美学思想
- 清华教授讲美学与艺术欣赏

"工余拾趣"这八方印章我珍藏了半个世纪，这是我的书法老师单孝天先生专为《新明晚报》专栏创作的。由于自己内心对单先生的敬爱与怀念，他留给我的书法与印章一直随我四处流浪，它们随我从

上海到东北，从东北到北京，又从北京到纽约，整整50多年了，闲余之时常常拿在手中欣赏，回忆单先生的谆谆教导，回想充满阳光，无忧无虑的童年时代。那是1960年左右，我10岁，祖父把单孝天先生请到我家，摆上酒席，让我拜他为师，学习书法。解放前我祖父与邓散木先生是好友。当时邓散木、唐云、沈石迦等书画家常在我家中聚会，饮酒作画。留下不少册页、扇面、中堂、条幅等，在二楼亭子间书房里有满满一柜子的书画。单孝天是邓散木的高足，最有成就的弟子。

拜师后我每星期周末（星期天）上午去单先生家请教，他住在铜仁路，上海展览馆西侧，一所陈旧的木结构房子的二楼，他的书房朝东，窗台正对着展览馆的后院，书房里堆满古籍书册和各种纸张。单先生个头不高，戴着一副厚的近视眼镜，一派文弱书生的模样，脸部轮廓很清晰，尖尖的鼻子，说话很和气文雅。单先生吸烟很多，进入他书房时常常烟味很重。我原先随我父亲在家中练大楷"颜体"和"柳体"，单先生的意见是颜、柳两体个性太强，对年轻人不合适，他的意见是先练欧体，临摹中楷《九成宫》，这是学习书法的基础。《九成宫》的字体结构清晰，用笔紧凑，风格清秀。在《唐人书评》中称欧体"若草见惊蛇，云间电发。又如金刚瞋目，力士挥拳"。特别讲究字体结构与运笔，方圆兼备，劲险挺拔。笔画穿插，点画虚实，一则从"紧"下手，把字体结构理解透彻；二则掌握运笔规律和要领。由于《九成宫》是中楷，今后再发展成中堂大字或蝇头小楷，皆为有利。所以每天临摹三页"九成官"就成了我日常生活中不可缺少之事。周末让单先生批阅，单先生办事认真严谨，一丝不苟，一笔一画地对我讲解，何处结构要紧凑，何处运笔可松弛，耐心示范于我。他认为写得成功之字，他会在字体右侧画上二个或三个红圈，出现败笔坏字，他就在空隙间再写上一遍，指出关键要领。闲着回想起当年情景还历历在目。确实如今带博士研究生也没有这样认真。单先生除教我练书法之外，还教我刻印。当年南京路朵云轩代理单先生接收刻印订单，上海各个报社杂志也常常向他约稿，特别是《新明晚报》约稿较多，如今我还保存很多单先生创作，比如"总路线万岁""人民公社万岁"和"美帝必败古巴必胜"的印章。当时都发表在《新明晚报》文艺版上。所以单先生业余时间刻印繁忙，每周去他书房，总可以见到一些新创作印章。一般我总让他给我多盖几方印章，收藏起来。他常对我说：篆刻如同绘画，篆字间结构松紧、间隙虚实、线条粗细，与绘画中构图与运笔如同一辙。"天地虽小，变化万千，分朱布白，趣味无穷"。有的古朴浑厚，有的清丽秀逸，给人美的享受。这八方"工余拾趣"专栏装饰章，就是当时在他书房里打印的。单先生待人随和，平时有机会我总要求他打印一些印章，或收集一些他顺手练习书法的册页，他总是慷慨同意的。我随他多年唯有一方印章，他没让我打印，此事我记忆犹新。有一天他颇为神秘地向他朋友展示一方大印章，显然是一块名贵石料，足有四或五厘米见方，仅两字"田汉"，他向我们讲述创作过程，篆字的精心巧妙安排，用刀的古朴豪放。这是他较为得意的一方印章。他说此人是从北京来的一位党内大干部，他的印章绝不能随意外流的。当时我年幼，觉得非常神秘。后来我也在北京工作，文联主席孟伟哉先生是我老领导，关系甚密。现在我知道当时田汉也就是全国文联主席的职位，可惜"文化大革命"后不久，1968年他就冤死在狱中。这方印章也就陪伴他度过六七年的光阴。

"工余拾趣"是《新明晚报》在60年代初读者甚广的专栏，单孝天先生为此专栏创作过几十方印章，如今只保留下这八方原作。我离开上海40年了，离开中国也快20年了，《新明晚报》依旧是我最偏爱的报刊之一，"家乡报，倍思亲"，遥祝兴旺。

第八课 艾中信先生谈徐悲鸿的现实主义艺术思想：真宰上诉

微信扫码，即可领取：博物馆珍藏画卷高清大图

敢听
- 300逾位古今艺术人物的美学思想
- 清华教授讲美学与艺术欣赏

1979 年，中央美术学院院长是吴作人先生，教务长是艾中信先生，他们都是徐悲鸿先生的忠实弟子。"真宰上诉"是艾中信先生专为"文革"后第一届研究生和师资班开设的专题讲座。

艾先生首先强调"徐悲鸿先生是忠实的美术教育者，是'五四'新文化运动的同盟者"。徐先生在逝世前两个月曾办过一个美术教师培训班，徐先生亲自主持，并且后来在 1956 年的美术杂志上记载这个培训班的情况。1979 年 4 月 15 日，艾先生来到师资班课堂上举办讲座，情不自禁回忆起当年情景，怀念恩师徐悲鸿先生。

"真宰上诉"是讲述徐悲鸿先生在艺术创作中奉行的现实主

义道路,以及他和"学院派"的关系。徐先生办美术学院与一般美术学院不同,他注重生活体验,注重惟妙惟肖,注重艺术激情和形象思维。徐悲鸿一生以油画和水墨画为主,如果用他的人物创作来分析,涉及面太广。艾中信先生就以动物画为例,那些形象生动的飞禽走兽、骏马、雄狮足以证明现实主义艺术思想贯穿徐先生的各个画种。

真宰上诉
徐悲鸿闲章

徐悲鸿先生有很多闲章,他的闲章不闲,含义深刻。如有"飞将军从天降""九方皋""悲鸿性命""真宰上诉"等印章。当他对自己的创作比较喜欢,满意时,他就会钤上"真宰上诉"这方印。"真宰"就是主宰世界的上帝。这词出源于老子的著作"有真宰"。庄子的著作中也出现过"欲有真宰"的说法。"真宰上诉"是出于杜甫的诗文《奉先刘少府新画山水障歌》,"元气淋漓障犹湿,真宰上诉天应泣"。杜甫是引用"仓颉"作字典故,"仓颉作字,天雨粟,鬼夜哭"。诗中"画障"即是"屏风",杜甫看到屏风上山水画潇洒生动,仿佛笔墨饱满酣畅、淋漓湿润,把自然造化描绘得栩栩如生,就是上帝看了也会深受感动,如果确有"真宰",天也会哭的。说明徐悲鸿先生把"真宰上诉"作为艺术的高标准,要师造化，创作中要"会心造物""悲天悯人"，其含义很丰富，也是很深刻的。

由于徐悲鸿先生曾在法国和德国留学，所以一般人们总称他是"学院派"。欧洲的美术学院早期奉行古典主义风格和教育方式，他们有一套造型程式，关于"美"是有一定规律的。例如画人体时，人体的脚的造型，第二脚趾一定要比大脚趾长一点点，这就是古典主义标准的"美"。在创作题材上，全是圣经内容，这种程式和风格延续到 19 世纪末。大卫、安格尔、布格罗都是学院派的代表人物，都是法国巴黎美术学院院长，古典主义艺术在 20 世纪前在欧洲占据主导地位，几百年里也经历不断发展和变化。从这一系统来看徐悲鸿是属于正统"学院派"，他与这些艺术大师都有"血缘关系"。徐先生留法期间就是在巴黎美术学院费尔南·柯科尔蒙工作室里学习，科尔蒙教授是法国著名古典主义大师，他的巨作《迁都》令人震撼，长达 7 米，高 4 米，至今陈列在巴黎奥赛博物馆的二楼。显然徐悲鸿先生的油画大作《田横五百士》和科尔蒙的《迁都》有密切的继承关系。

徐悲鸿先生提出绘画艺术要"惟妙惟肖"，"肖"是指绘画"技艺"，仅仅画得"肖"，只是"艺"高，能达到"妙"就是"美"了。当艺术家能得心应手，心手相应时，或者能采用不写实手法表达出现实事物，又不违背现实时，就成功了。而且要善于捕获偶然瞬间的现象，那就可以"真宰上诉""悲天悯人"了，徐先生认为"妙"的艺术必定是"肖"的，"惟妙惟肖"是最高境界，

六骏图
现代 徐悲鸿

也是难以达到的。

　　徐悲鸿先生认为"美"有一种超阶级的共同性，这是人类生理上感觉和反映，这是不可否认的，如食品一样，糖是甜的，盐是咸的。同时"美"又有它的特殊性，在画古希腊神话中太阳神阿波罗时，徐先生说描绘阿波罗去挑水就显得不伦不类了，他说阿波罗的脚也不像劳动人民的脚，他认为"美"是有"美的典型"的。

　　作为一名画家，思想深刻，他的艺术品就能感动人。外行人认为欧洲很多名画像照片一样，这并不奇怪，因为欧洲很多艺术大师都采用熟练的现实主义绘画技法，如今有人看了徐先生画的《人体》和《泰戈尔肖像》，说这像照相主义，也是不奇怪的，因为徐先生的油画继承了传统的学院派的写实主义手法。

　　徐先生画"马"喜欢用皮纸，最好的皮纸是贵州生产。他画

逆风
现代 徐悲鸿

的马都是消瘦型,是有意识的夸张造型,显得精干有力,中国古代很少有人画野马,徐先生受苏东坡的影响,专画野马,这是他艺术创作中一大创造。马的鼻子张大,马蹄灵活。艾中信先生特别指出:马蹄子是最难画的,甚至临摹也难以画得像。徐先生一生画了无数骏马,唯一在《九方皋》一画中的马是有缰绳的,他自己解释说:好马遇见了知己,自愿为他服务,所以戴上笼套。

徐先生画过数幅小鸟麻雀,有一幅《逆风》最著名,一只麻雀正在逆风飞行,用笔简练,动态生动,其寓意深远,意味着小人物要有奋发图强的精神,鼓励艺术家们为振兴民族文化艺术尽心尽力,其中小鸟正是他的精神寄托!1953年徐先生逝世后举办过一个回顾展,毛主席在这幅《逆风》前赞誉道:"很有思想!"徐悲鸿先生自己也收藏一幅任伯年的《芭蕉麻雀》,是幅精品。

芭蕉麻雀
现代 徐悲鸿 中国美术馆藏

村歌
现代 徐悲鸿

徐悲鸿画的牛都显得朴实厚道,多数是水牛。他曾画过一幅《鸢》(老鹰),也是唯一一幅没有题款,没有印章的作品。徐先生将一张此画的照片送给艾先生,在照片上亲笔题两字"睥睨"。徐先生也爱画雄狮,他解释说:狮子很厚道的,不到十分饥饿时不伤人的,所以他画的狮子不是伤人的猛兽,而是带有装饰性。徐先生认为学习绘画一定要学习装饰画、图案画,不懂得装饰性构图和色彩是不行的,他非常喜欢意大利和英国的装饰风格的画家。徐先生画竹子用排笔,两边上墨,中间用淡墨渲染,他画风景画吸收很多水彩画的技法。

艾中信先生用自己亲身经历和他与徐悲鸿先生多年交往,给我们生动介绍徐先生的艺术思想和创作技巧,真切感人,收获匪浅。

第九课 徐悲鸿 侯一民先生回忆

微信扫码,即可领取:博物馆珍藏画卷高清大图

 聆听
· 300逾位古今艺术人物的美学思想
· 清华教授讲美学与艺术欣赏

20世纪80年代中期侯一民先生是中央美院副院长,每年开学之际,他经常给新生们讲述美院早年历史,回忆徐悲鸿先生创办艺术教育的艰难经历。1984年4月19日我们美术史系研究生特邀请侯一民先生在十二楼会议室里仔细讲述这段历史,回忆他跟随徐悲鸿先生多年亲密的师生感情,真诚、生动、感人肺腑。

我星星点点地把我们这一代人追随徐悲鸿先生建立中央美院

的情况介绍给大家听听，许多人怀着一片赤诚之心对待人生，对待祖国，往往是打也打不跑，是很感人的。虽然都成为历史了。对大家来说了解一下也许有好处，也联系到一些老师。

我是1946年来到美院的前身"国立北平艺专"的。我们中央美院是在1950年4月1日成立的。解放区来一批人，华北大学的，也就是延安鲁艺的一批人，汇合华北联大的老师，1949年合并而成。1946年日本刚刚投降时"国立北平艺专"有绘画系、音乐系、陶瓷科、图案系、雕塑系。当时在东总布胡同里，后来1950年美院成立时，音乐系就分出去了，建立中央音乐学院。过了几年后，1953年，图案系、陶瓷科分出去成立中央工艺美术学院。所以当时有很多老校友是音乐家，如郭淑贞、陈文等人。"国立艺专"历史比较早，是1919年建立的，名称变来变去，有一个打印的材料可查。抗战以后，北平艺专南迁了，但是在北平沦陷后依然有一个"北平艺专"，南迁的一部分在徐悲鸿先生带领下汇合杭州的力量，到了桂林，又到重庆建立"国立艺专"。1946年夏天日本投降后徐悲鸿带着内地的队伍接收了北平的艺专，当时北平艺专的校长是王石之，徐悲鸿来了以后对人员安排上做了大量的调整，我入学的时间正是徐悲鸿接收这个学校的时候，1946年7月份进校，是第一届。徐悲鸿带来的队伍基本上是抗战时期活跃在后方的人才，涉及绘画、雕塑、版画、漫画各界。徐悲鸿先生广集人才，吴作人是教务长，艾中信是他的学生，叶浅予实际上不是他的学生，是他请来的老师；董希文也不是他的学生，他是杭州艺专毕业的，他在敦煌待了10年，所以他的孩子名字都与"沙蕾"有关系，大儿子叫"沙贝"，二儿子叫"沙雷"，生女儿时已离开敦煌，所以就取名"忆沙"，当时有10多个有志青年在沙漠中工作。李桦也不是徐先生的学生，他在后方从事进步版画事业；还有高庄，20世纪80年代中期去世的，他是一位十分可爱的老师，工艺美术方面成就很大，国徽就是他设计的成型，他还办过娃娃剧团，后来他去了工艺美院。还有一些徐先生直接教过的学生，如韦其美、戴泽、张安治等人。另外有一位齐仁先生，当时还是助教，他是割盲肠死的，他是"五二〇学生运动"中打大旗的。徐悲鸿先生带来的这批人，有一些是直接接受西洋艺术影响，发奋工作，满腔爱国热情的青年，当时都只有30多岁，很年轻的一支队伍。那时画油画也非常艰难，颜料也不像样，质量差，画框得自己钉。吴作人先生要画油画连木条都买不到，用圆木自己锯割，自己钉框。我学了油画以后自己的被单就没有了，做成画布了，哪有现在这么方便，只要去总务处领取即可。徐先生当时对我最大的恩惠：就是送我一盒他从法国带回来的旧颜料，这是给他最喜欢的学生。我1946年入学时就是这样一支师资队伍。徐悲鸿先生是校长，徐先生的经历这里就不多讲了。他身穿大褂，左胸一个铜扣，手持拐杖，实际上当时他才54岁，

徐悲鸿先生

八十七神仙卷
局部

去世的时候58岁。58岁是油画家的一个"关",徐悲鸿58岁,董希文58岁,我如今56岁,还有两年是58。徐先生一副劳碌的样子,头发也白了,看过他传记就知道他非常勤奋。为支援抗日,发奋绘画,办展览。他酷爱古画,在国外看见中国古代名画极力想办法购回,例如《八十七神仙卷》丢失后又购回,全靠自己用画作挣来的钱再购回;又例如在巴黎他看见一张《看戏》油画,他预定后,赶紧作画,又到华侨集中的新加坡,卖画得钱后,再回巴黎购买。他爱画如命,所以大家传说他的一个笑话:他去琉璃厂古玩店,刚进门远远看见院子中厅里挂着一幅他喜欢的古画,他即刻喊:"我喜欢这幅画,我买!我买!"画商赶紧叫人换标签,提高价格。所以有人劝他不要大声嚷嚷,表现淡漠一点,走到画前突然决定购买,这样就不会吃亏了,但是他改不了,就像孩子一样真诚,他是一位性格直率的艺术家。

在入学前我也学过一段时间中国画,现在工作忙,没有时间画油画,在空闲时也画国画,所以我到"国立艺专"考的是国画系,我是国画系的第一名,考试是以西画的路子来考的,徐先生的教育方法是不管画国画还是西画,都要看素描基础,写生基础。一上来让我们先画一张素描:一个馒头。考试开始每人发一个馒头,我也不知何用,就吃了,觉得不解饱。当时李翰祥也在画,眯着眼睛在画,画得很大,我的馒头吃了,只能直接画,不好改,画得也不大。结果徐先生还有眼力,认为我的不错,就录取了。

入学以后我们才了解到徐先生对艺术教育有很大的抱负,正如文章中说的:开学了他首先要看"入学志愿书",每人填一张表格,对于未来理想职业自己画圈,例如"商、军、农、工、自由职业……"大家就乱填乱画。我填的是"自由职业",还写了一个"基督教",实际上根本没有这回事。徐先生看了很生气,他说:"我看了你们所有的志愿书,为什么没有一个人志愿做一个'顶顶了不起的大艺术家'?"当时我们也不懂。据回忆李翰

李翰祥先生

祥说他填写要当艺术家，但是如今也只有他没有成为画家。徐先生是抱有很大决心来改造这个学校的，他对当时"因循守旧"的环境深感不满，主张面向生活，师法自然，当时北平绘画界，每一笔，每一画，必有出处，言必有四王吴恽。从现在看来不管当时风气多浓，影响多大，成就是不大的，这种因循守旧搞了很多年。今天看来"四王"也得重新评价，四王的绘画还是很有功力的，笔墨上功夫还是很讲究的，相比之下今天的国画显得浅薄，他们的艺术修养还是很深的，除了绘画本身以外，还包括文学、历史、书法、篆刻，等等其他方面。所以"四王"不能简单地否定。解放以来，一直宣传石涛八大，他们是有一定的创造性，表现"自我"（用现在的话讲），确有很大突破，对宫廷气息有很大冲击，"八怪"的高古也是这样。现在我们国画系金碧山水就无人继承，铁丝描、游丝描也无人继承，像王蒙、范宽、郭熙这样气势磅礴的国画很少有人画，我们只是继承一支"文人画"，逸笔草草，这太单一了，对历史不要太绝对，可能"四王"有他们的保守性，也不可回避他们深厚功底的好处，同时他们也有革新一面。人年纪越大对历史东西越珍惜，各有各的学问，各有各的趣味，广收博取，作为自己的营养来吸收，否则我们的路子会从这一偏向走到另一偏向。这些历史问题今天有条件我们应该更仔细来了解它，分析它。当时"因循守旧"一派不仅仅是学术问题，而且是受到国民党官方的支持，与徐世昌有联系，与宣传部长张道藩有关，张也曾拜齐白石为师，他也是留法的，但是与徐悲鸿相对立。当时他们这批人排挤齐白石，说齐白石"野狐禅"。徐悲鸿先生在接收这个学校时，还有一些政治上的抉择，例如在日伪时期任课和任教的老师多数辞退了。徐先生重视写生，他给蒋兆和也只是兼课教授，其中主要涉及他在日伪时期的一些表现，但是徐先生爱才，留下任教，另外还有搞篆刻的寿石工。

由于徐先生重视写生，提倡"师法自然"的观点和当时因循守旧的学术观点不同，引起一场国画大辩论。徐悲鸿的阵地是天津的某报纸的文艺副刊，艾中信、吴作人、李桦都是捍卫徐悲鸿观点的主将，参与报纸的编辑工作。当时有两个美术家协会，一个是老的国画界组成的，另一个是徐先生为首的中国美术家协会，两个协会吵架。

徐先生口头上反对印象派，他曾说"吾平生不喜欢猫奈（莫奈）"。实际上他也承认莫奈有新创意，他从法国带回来很多东西是塞尚、高更的印刷资料，他特别喜欢凡·高的画，如《向日葵》《酒店》等等，他给我们欣赏这些印刷品。这些东西是用他的心血积累起来的资料，挂在教室里让学生

向日葵
凡·高

们看，当时没有人偷窃的，他每天夹一个包，包里放些图片，陈列在玻璃柜里，每天换给学生们看，画片边上打上"悲鸿生命"图章，还有题款"购于巴黎最饥饿的时候"云云，还有他自己的素描，以及他老师科尔蒙（Cormon）的原作，曾在新加坡办展览，那幅包厢场景的油画，给我印象很深，也是我第一次看见外国人的油画原作，这么大，技巧这么熟练。徐先生确是满腔心血，热情地来培养学生。

当时国民党也派一些人想来控制这所由徐悲鸿主持的学校，南京中央党部派来李德三当训育主任，另外还有两个人当爪牙的。学生们恨透了他们。他们找我说："你是国画系的新同学，加入国民党后就有公费。"我对他印象不好，恨他，没有听从他们的甜言蜜语的诱惑。

徐悲鸿的教学方法容易把学生引导转向西画或雕塑系。例如刘小岑、曾善庆都是国画系转为西画的。刘小岑为什么学雕塑呢？因为学西画颜料是自己的，而学雕塑的泥巴是学校给的。他每天帮学校扫地，维持生活，后来他的家乡变成解放区，与家隔绝了，生活很不容易。另外一位从内蒙古来的学生，是我们学生会的文娱委员，被取消公费后，就在礼堂前面卖烧饼，维持生活。当时入学学习艺术的学生有几种情况，因为学这一行是没有职业的，很难找工作，一般家庭是不赞同的。艺专的进步活动主要开始于"五二〇反内战反饥饿"运动，那时思想进步的同学们要动员老教授们走出书斋，让他们多接触学生，从感情上取得师生之间的联络，参加社会活动。我们组织了交流会，传阅一些资料书籍与进步报刊。通过这样的活动，决定建立我们自己的学生会，推翻由国民党把持的学生会。那时我还很小，跟着老大哥们一起讨论，辩论自己对内战的态度，是否参加学联组织的学生运动，等等。那时我是小萝卜头，摇旗呐喊，我很兴奋，提出来明天就罢课，多数学生激烈反对内战，反对迫害学生。当时北京就有最早一批学生被捕了，清华大学出来声援，要求释放人。我的堂哥因为办《文艺大众》也被抓捕了。艺专成为反内战，反饥饿"五二○"大示威的发起单位之一，我们拿着臭油在团城上画漫画，在地上画宣传画，用水粉在天安门城墙上画着向炮口要饭吃，李翰祥的画被拍成照片，至今我还保存着。示威那天艺专很出风头。我和曾善庆还被选去参加北大地下室里画漫画，给我印象最深的一幅画面是：一个大炮筒，前面一只饭碗，李桦还以它为主题刻过一张木刻。

"五二○"反内战反饥饿运动，那天声势浩大，举大旗的是高庄教授，小个子齐仁（大麻子）很积极，走在队伍前面，后来他是盲肠炎死的。徐先生、吴先生等10多个教授都在宣言上签名，这是一场涉及全北京的运动。我感到自己和国家的命运联系起来，心中充满力量，忧国忧民，可能也是一种自作多情，不管怎样，这是一种自觉的、很激昂的爱国之心。这次游行示威是从北大的红楼，即民主广场（沙滩）出发的。

那年是1947年的春天，开展一次轰轰烈烈的学生运动。夏天就有一批学生被开除了，先是发一个通知，再挂牌，就是张榜公布，学生会主席和参加游行的积极分子，有七八个人被开除，李翰祥、杨辛、华夏、王克雄等人，都是画得很好的同学。这批学生虽然跟我一起考入艺专，但是他们比我高一届。国民党搞政审，说他们是日本人时期伪艺专的，是伪学生，有赤色的嫌疑，我因为年龄小没事。冯法祀、高庄、李宗津、齐仁等教授也被解聘，徐悲鸿力保，才保住冯法祀、李宗津和齐仁，但是后来齐仁死了。高庄去了解放区，他做人太耿直，画得也好，油画很棒，新中国成立后他回美院，后来又去工艺美院。高庄善于动手，喜欢手工创作，看见哪棵树的树杈大了，他就会爬上去锯树枝，他儿子很像他，他在工艺美院楼顶上筑了一个小窑，烧陶器，家里样样工具都有，高庄在工艺美术方面很有才华。不久前他去世了，大家很怀念他，聚会纪念他。李宗津不像高庄那样耿直，比较会处世一点，嘴上喜欢夸夸其谈。这一代老知识分子的爱国之心不到最关键考验时刻，往往难以被人们认识到。新中国成立后他参加下乡土改，满腔热情搞艺术创作，反映革命历史题材，一片赤诚。后来调到电影学院，四人帮倒台后，李宗津的癌症复发了，手术后他知道日子不长了，搞了一台戏剧，策划电影，又重画《强渡泸定桥》，病很重，坚持绘画。董希文也是这样，患了重病还坚持画画。李宗津后来病情加重，完全不能画图，电影学院派两人照顾他，他自己感到日子屈指可数，浑身痛得厉害。最后他写了一封信，写道："四人帮倒台了，我很高兴，但是我无法工作了，

飞夺泸定桥
李宗津 20 世纪五十年代

当我最想做事的时候，却不能做，这与我的性格不相容的，我不愿意耽误其他同志的时间，我的画你们可以选一些，对教学有用的留下，没有用的全部销毁。"一根铁丝上吊了。老一代知识分子的爱国之心很感人，有一颗赤诚之心。在我们身边有很多这样故事，我可以一个一个地讲给你们听。

　　徐悲鸿当时力保的就是这些教授，徐悲鸿先生值得我们敬佩！那时我还年轻，并不理解徐先生，有时还冲撞他一下。他那时处境和我们不一样，他和李宗仁的关系很好，有事还去找李宗仁帮助。李宗仁是桂系的头，抗战期间很多进步青年和进步知识分子投靠他。徐先生曾在桂林住了很长时间，李宗仁曾给他一个住宅，当时徐悲鸿和张道藩的关系不好，张挖他的墙角，把蒋碧薇挖走了。另外重庆的政治气候对徐先生压力很大，所以他一生对蒋介石不感冒，与李宗仁关系密切，廖静文对此在回忆录中回避了，我认为没有必要，这是历史，而且李宗仁和蒋介石是不同的，最后李还是回国度过晚年，老骨头还是埋在大陆上。我们中央美术学院的校舍就是李宗仁给的，以前是日本人的一个小学，抗战胜利后，徐悲鸿建立北平艺专，李宗仁就批给了他，徐先生非常感激，在礼堂上写了"德林堂"三字。解放军进入北京的第一天，我拿了梯子爬上去把这三个字取下来。徐悲鸿心底善良，有时候像孩子一样单纯，有的时候他并不是对所有政治问题都十分清楚的，我们当时年幼也搞不清，我们都不说话，叶秘书也在场，由于大家年龄还小，并不理解徐先生，他也不好做人，也就算了。国民党抓人时，半夜三更来搜查，把徐先生也叫出来，站在那儿，老头也不好做人，他就在校门口写一条"为艺术而艺术"。

徐先生对基础训练抓得很紧，特别严格。徐先生安排大家画解剖，学解剖，默写解剖。我那时已经是"地下盟"的负责人，内心也不能踏踏实实上课，功课不错，画得也不错，但是旷课多，常常出去找人，找书看，开读书会等等，所谓的"秘密书籍"就是一些世界名著，例如托尔斯泰、巴尔扎克之类小说。1948年初，徐先生要求全校学生（绘画、雕塑专业）集中在大礼堂默写马的解剖，当时我已是学生中的头头，罢课已经罢红眼，一听说默写马的解剖，就决定罢课，反对默写马的解剖，我出头一号召，大家也响应,李天祥说罢课!一起罢课,结果"三青团"也罢课了,他们因为平时不用功,害怕考试。我看见三青团也不参加考试,就开始考虑了,一般他们总是与我们对立行动的,这次也响应我们的号召,就有一点奇怪了,我们立刻商量一下,觉得不对劲,是否反对到徐先生头上去了?决定通过地下盟的联络网一个个串联通知,赶紧到礼堂参加考试,只有三青团成员都不知道,他们没有参加,我还考得不错。那天我正爬在桑树上采桑果,训导处的老头黄警顽来找我,黄警顽曾在上海滩帮助过徐悲鸿,徐悲鸿感恩他,安排他在学校里当一般工作人员,也常常与我通消息。他说:"了不得了!出事了!你被开除了。有人报告徐先生,说你反对默画解剖,徐先生发脾气了。"我立即跳下来,就去找徐先生,徐先生没有出来,廖静文的姐姐出来,我把情况说了,而且说明自己也参加了考试。第三天黄警顽对我说"没事没事,误会了"。此事说明我们对徐先生也不太理解,他的处境与我们不同,我们犯了错误。此后我们也开始越来越懂事了,不再随便罢课闹事。徐先生还亲自教授我们,给我们上课。

我们也办过剧团,叫"综艺剧团",1947年夏季演出郭沫若的《唐棣之花》,李翰祥也参加表演,演了一半,他被开除了,欠了一大笔债,古装戏,有盔甲。于是之的夫人演女主角,刘小芩演国王,导演是从中电三厂来的韩涛,陈文钢琴伴奏。颇具规模,演完了每人还赔了16元银圆,我向老师、朋友借了16元。我们还到清华大学去演出,道具用排子车拉去,在学校演出了《被迫害的》《县官坐堂》等短剧，还编戏骂国民党特务。我们还邀请徐悲鸿先生出来评奖、题款。我在《被迫害的》中演"阿毛"，李天祥演"金嘴"，所以现在大家还叫他"金嘴"。徐先生对我们的《被迫害的》题了一个"表演深刻"送给我们，另外一台自编的短剧题一个"惟妙惟肖"。在徐先生的保护下，在礼堂前面办一个漫画刊物，他给训导处写条子，说学生练习绘画，不要检查。开始仅仅只占一面墙的面积，后来越办越大，礼堂前面全是漫画壁报，过激的内容也出来了，那时已经接近新中国成立了，我也晕了头，不注意隐蔽，发生事情。雕塑系的老师刘小岑，平时粘粘乎乎的，话也不多，沉默寡言。他的一幅漫画太过劲了，平时我们的漫画都是批评物价政策，打老虎打了一只小老鼠，贪污犯逍遥法外，等等，不是很直接的讽刺。而他画了国民党的飞机上坐着蒋介石和宋美龄，蒋介石拿着望远镜正在观望中国大地，北半部全是战火，题字"远看美元不至，下看战火南烧"，这张画太忌讳了，画得很有水平，纸是出版社一位朋友送的，白卡铜版纸。这幅画刚贴出来，第二天就被撕掉了，我们也了解到是庞树仁撕的，已经送到剿总去了，很危险！我们组织严密，信息也快，行动迅速，把刘小岑转移了，当天下午又在原来撕掉地方写了一段讨伐檄文，曾善庄又加画一只大狼爪子，现在看来这事做得非常冒失，临近解放，很危险。以前我们常画些小品，如某同学结婚、生日，画幅漫画开开玩笑，那时没有条条框框，比较自由。我还画过一幅漫画，题为《走不走？》，当时艺专院里三多情况：瘸子多，狗儿多，特务多。我把学校里所有的狗画了一大串，写上这个题目，画了一个大问号"？"，因为临近解放，院里各种人互相叽叽喳喳议论局势，特务们准备逃走，有的人也思想动摇。我的漫画很刺激，造成心里恐慌，有的没有事的朋友也离开大陆去了台湾，如今我们要成立校友会，希望他们回来团聚。

"七九"示威集会后，"八一五"国民党开始大逮捕，各个道口都有岗哨，抓人，报刊上刊登名字，通缉令。艺专有不少人上了名单，学生会主席，两位地下党负责人等，名字见报后，他们还来学校与人家告别，随后就转移了。没有被抓到。清华大学的臧云远的弟弟臧任远比较慌张，他想躲藏在教授哥哥家里比较安全些，想不到他在教授家被捕了。另一位同学逃往浙江杭州艺专，在车站被抓了，被关在西什库监狱里。这些同学在监牢里表现不错，我们就组织营救，徐悲鸿先生亲自出面作保，起了很大作用，在这关键时刻他出来帮助我们，大家格外尊敬他，我对徐先生越来越敬重了。他们释放后多数都去了解放区了，学校的学生运动趋于低潮。

解放前夕南京政府要求把艺专迁往南方，我们获悉后决定组织抵制，召开全院大会反对南迁，我们商量谁在大会上发言最合适，协商后决定由刘小岑发言，因为他入学时经济困难，曾加入三青团，1948年所有三青团都转为国民党，唯一他拒绝了，在国民党的内部文件上他是"赤色分子"。多年来他和我们接近，也参加我们的剧团演出。在同学们的印象里是一位老实人，说话慢条斯理的，很动听，他的发言最有代表性，最能获得同情心，号召力强。艺专的女同学们也都不愿意走。关键时刻我们又端出一个事实，国民党把持的学生会在办伙食上有贪污行为，证据确凿，这事引起哗然，这个反动学生会就此垮台了。有关艺专南迁会议获得成功，拒绝了南京政府的要求。党组织和地下盟鼓动坚决反对南迁，改选学生会。我们就乘机造势，艺专的墙上，宿舍里床单上都写上候选人名单，发扬民主，集中选票，最后钱绍武、李天祥等都成为学生会成员，结果完全是我们的人了，校方徐悲鸿先生给予很大支持。

徐先生很信任吴作人，吴先生是艺专的教务长，我们和这些教授的师生关系很好。冯法祀创作《五二〇学运》一画时，我还当过模特儿，经常上他家玩。徐悲鸿先生的态度我们通过冯法祀早已摸清了，他是不愿意走的。开校务委员会会议时，因李天祥是学生会主席，他参加了，就在现在国画系办公室，讨论迁校问题。在会议之前，地下党已经通过冯法祀做徐先生工作，希望他不要走，留下来，徐先生回答："放心！"田汉受周恩来的委托也来找徐悲鸿先生，电影里记录这一段情节，地下党先通知我，我立即通知冯法祀老师，由冯教授带领田汉面见徐悲鸿，传达周恩来和毛泽东的意见，徐先生表示完全拥护。当时国民党对徐先生压力也很大，据说还邮寄一颗子弹给他。我们特别派人暗中保护他，他是不知道的，那时他住在新车站那里，现在已经拆了。这次校务委员会上争论很激烈，财务科主任窦居仁是国民党老党员，他和训导主任主张南迁，一般教授都不支持离开北京，校长秘书沈宝基，他是搞法文的，他和叶浅予先生等人都表示不走，会议上决定把国民党发的"应变费"全部买成小米，为教师和学生渡过难关用。学校决定不走，大家很高兴。正是这时候，傅作义剿共总部召开会议，也就是电影上拍摄的，这是真事！徐悲鸿为北京解放做出不可磨灭的贡献！那时每一步进展都很关键，这关系到学校的命运、个人命运，形势很清楚，每个人都非常敏感，非常智慧。那天是由吴作人先生护送徐先生去的，事前徐悲鸿和吴作人、冯法祀商量了，他是冒了很大危险去的。傅作义问了大家的意见后，冷场很长一段时间，据我了解徐悲鸿说：为了北平几百万父老乡亲们的安全，为了保存中华民族古老文化，我劝傅座和平解决北平问题。接着北大历史学家杨人梗也站出来说：如果傅座能和平解决，我要在中国历史上为您大书一笔！这样那次会议的僵局被打开了。到关键时刻徐先生起了决定性作用，平时他看起来很天真，内心特别真诚，所以电影里把徐悲鸿描绘得太严肃了，日常生活中并不是这样，他每天来学校教室里看看，转转，回头就在办公室里画马了，很有意思的。

艺专的学生宿舍像狗窝似的，女生宿舍是现在的附中那里，男生住在南边的平房里，我住在"三斋"，是"解放区"，我是1947年的下半年搬住进去的。教授和学生因为共同命运，大家紧密联合在一起。开展几次运动，如"反美扶日""反迫害"等等，主要任务是迎接解放。有些工人准备为解放军带路，我们准备解放的传单，有十几种口号，由城工部给我的手写文稿，李桦建议用木刻作传单，通过王育中告诉我们，动员大家一齐起搞。王育中很胖，骑着自行车负责联系。李桦、董希文、周令钊都起稿子，李桦亲自刻作，其他先生老师画草稿，学生刻木板。地点在叶浅予家里和翟希贤家里，他们住在一个院子里。那时我们成立了"木刻研究会"，但是国民党认为：谁搞木刻谁就是赤色，很危险的。李桦特别忙，他不仅在艺专主持版画指导，还在北大、中法大学指导版画创作，均为赤裸裸地攻击国民党的题材。所以有人说：艺术和政治没有关系，我也不太同意，只是要看是怎样的关系，如何产生更好的效果，这是生活的需要，适应社会发展的需要，艺术的功能，形式也相应发展的。当时如果有人说：艺术不为政治服务，我们简直忍受不了，那时的宣传品是为迎合特殊历史形势需要，当时大家是冒着生命危险来干这些事的。我们在叶浅予家创作，当时叶浅予和戴爱莲是夫妻，戴爱莲很天真，在艺专搞了一个舞蹈训练班，创作很多舞蹈节目。她对同学特别关心，给刻木刻的同学送食品，盖被子，等等，我们经常和她开玩笑，她说："Hi，Girl，今天见到一个Girl，这个Girl在我腿上开饭。"等等，我们有时去找叶先生和她，她会说："等一等，我要去洗一个大脸。"实际上是要去洗澡，她的中国话说不好，她如果在国外可以生活得很好，却选择回国为祖国服务。

在叶先生家院子里完成的宣传品稿子又要送回学校，王育中骑车送稿子,常常遇到国民党的搜查队,这时国民党成立"大刀队",发现共产党嫌疑,可以就地正法。他也十分害怕,把手中画稿藏在袖口里,我们也常常这么干的,那一天遇到了大刀队,他红着脸,假装修理自行车车链,混过了关。董希文有一位朋友在新民晚报工作,他联系印刷厂的工人,秘密印刷,李桦记得印了10万份,我忘了确切的数目,藏在我的"三斋"解放区房顶天篷里,一直放到解放那天,在全城散发。原件在历史博物馆,我现在手头只有影印件,美术史系李树生老师保存一份原件。这些印刷品印完后,还交给地下党的上级领导审查,有几幅没有通过,李桦画的一把刺刀挑起一只大灰狼,标题是:"打倒一切反动分子!"这个口号就太过了,打击面太大;另一幅"保护一切外侨财产",把外国人画得太神气了;"没收官僚资本",画的是一只大手,木板印出来后一只大黑手,等等,这一些宣传品都没有发出去,后来成为美院青年团的办公用纸,用了好几年,现在在档案里都能找到,其他画稿全部散发出去了。当时艺专的老师和同学都是同甘苦共命运,很多人并不是共产党员。例如董希文先生是解放后在土改时才入党的。有一天何溶突然高兴了,冲动起来,那时他也不是党员,他写了一大捆红红绿绿的标语:"共产党万岁!""欢迎解放军!"等,以他自己的理解写的,他通过联络人交给我,我看了很高兴,就夹在棉上衣里,骑车去了亲戚家,一进院子,门被锁上了,门口有两个陌生人,我知道坏事了,我心里也害怕,外院是我伯母住家,我放下车先跳进伯母家南屋把东西掏给伯母,然后才走进内院。正屋里坐着一个大胖子，问我来干什么？我说来吃饭，我确实是经常来吃饭的，他们没有搜我身，因为标语不在身上，也不怕了，后来他们放我走，总算混过来。

　　临近解放北京城内断电，我们日夜在值班护校。东单就有一个小机场，徐悲鸿还劝齐白石不要走，劝下来了。北京机场在崇文门的城墙根，解放军的炮弹都打到机场，但是不放炸药，仅仅吓唬国民党的。1949年北平解放了，国民党的军队往南撤离，我们看着也觉奇怪，不打自走，撤完后，共产党的军队还没来，大家心有余悸，知道解放了，但又不敢相信，内心怀着一种特殊心情，事实上国民党已经走空了。这时我们的漫画壁报《阿Q》召开一个讨论会，就在现在的第42教室，讨论当前的局势，题目就是《现在解放了没有？》，讨论结果：已经解放了！通夜就跳啊！乐啊！第二天一早我们就带着宣传品去全城散发，演讲，我们艺专是东城区第一个冲出来向北京居民宣告已经解放的消息，就在东四牌楼附近宣讲"北平已经解放了"！

第十课 常书鸿先生与敦煌石窟艺术

微信扫码,即可领取:博物馆珍藏画卷高清大图

- 300逾位古今艺术人物的美学思想
- 清华教授讲美学与艺术欣赏

　　常书鸿先生是敦煌艺术研究所的所长、院长,早年毕业于法国巴黎美术学院,一生致力于敦煌艺术的研究和保护,被人们称为"敦煌的守护神"。这座被日本人奉为"人间国宝","东方卢浮尔宫"的莫高窟能得到新生,全依靠这位"守护神"常书鸿先生和他的同事们几十年的努力。1979年3月19日,他应中央美术学院邀请特地从甘肃赶来北京给我们研究生举办《石窟艺术》讲座。给我们留下深刻印象,

课后我随着常先生演讲中提及史料,在美院图书馆查阅核实有关资料,写下这篇简单的读书笔记。

常书鸿先生说:20世纪初英国考古学家斯坦因手拿着500万分之一比例的地图,一步一步地从印度步行到敦煌的,他的这种精神是值得尊敬的,确实是冒着生命危险的行旅。由于他的惊人发现,现在世界上掀起了"丝绸之路"热、"敦煌学"热。

常先生指出:近百年来,到敦煌石窟探险和考察的人无数,他们心怀目的各不相同,有的人是掠夺性质,有的是来抢劫文物,也有的是为了自己的声誉和名望来"镀金"的,也有人就是带着几个学生,收买了几个僧人,到敦煌石窟来收罗一批文物,临摹

20世纪50年代常书鸿先生在敦煌

去敦煌石窟旅行中的斯坦因

一些壁画，满载而归。而敦煌研究院的学者和艺术家们来到敦煌几十年，甚至一辈子，坚持生活在艰苦环境里，为保护、研究、开发敦煌艺术献出毕生精力。如今敦煌石窟每年要接待几十万人的访问和游览，成为世界闻名的佛教艺术圣地。在中国研究美术史的人才是十分贫乏的，美术史的研究必须结合古代文物、遗址的发掘。中国也有类似于欧洲文艺复兴时代的艺术作品遗留下来，在西北一带保存比较好，比较完整，中原地区、南方地区损失很多。10世纪以后新疆的佛教文化艺术破坏较大，而敦煌地区对佛教信仰很重视，得以保存。

中国佛教的东来西去的问题，英国学者斯坦因和法国学者伯希都认为敦煌艺术来自印度的犍陀罗艺术。常先生说：实际上敦煌艺术中包括很多汉人的传统，另一方面还有通过丝绸之路传来的影响。新疆就有14个石窟遗址，要了解并研究国内的石窟艺术，常先生认为必须首先要弄清新疆帕米尔盆地南北的石窟艺术。

佛教来自印度，这是无疑的，在佛教传入中国前，公元前4世纪，即公元前350年左右，希腊的亚历山大大帝统一希腊全境，打败波斯帝国，横扫中亚地区，进入新疆领域，由于遇到塔克拉玛干大沙漠，转向南方直取印度，到达大峡谷犍陀罗地方。亚历山大大帝的军队里带着政治家、艺术家，到处传播希腊的文明。当时世界上五大文明：埃及、希腊、波斯、印度、中国，亚历山大占据了四个。波斯与印度文明史悠久，文化艺术都很发达，自成系统，在希腊大军压迫下，希腊文化艺术也渗透到波斯和印度文明中了。在印度，亚历山大大帝获悉希腊国内有叛乱消息，这时他在中亚地区已经转战10多年了，决定回国平叛，在回国途中他得热病逝世。他死后各地就开始作乱。印度的局势也开始动乱，这时佛教已经开始兴起。希腊的文明也影响了印度的文化艺术，早期的印度宗教是婆罗门教，佛教在早期没有偶像崇拜，没有释迦牟尼的雕像、画像，希腊人就把阿波罗的形象塑造为释迦牟尼的形象，形成印度的佛教艺术雕像。

秦汉时期中国有一批少数民族，因匈奴的抢劫压迫也逃到大峡谷，张骞西域行也曾到达大峡谷，大月氏民族就生活在那里，大月氏国统治着大峡谷地区，不愿再回东部，而张骞带回佛教信仰资料。

希腊的宗教艺术主要反映在雕刻和建筑上，常书鸿先生指出：

法国有一位叫范谢尔（Fancher）的人写过一本《佛教的始源》叙述希腊与印度的关系，主要在雕刻艺术上分析的。他发现犍陀罗雕刻艺术中出现装饰性玫瑰花是四叶单瓣形状，这在希腊是常见的。而佛陀披衣服的形象要联系到中国的影响。希腊人对人体美很重视，有很多裸体雕像，到后期大概是中国丝绸的传播，出现了很轻薄的服式，印度佛教中服式可能与大月氏民族的传统也有一定联系。印度早期的婆罗门教也是裸体的，直到佛教的兴起后，才出现衣服，所以佛教艺术的形成有很多复杂的关系与内因。佛教艺术中菩萨和飞天的形象更为复杂了。在新疆石窟主要是泥塑，很少有石刻。而印度遗留下来的大多数是石刻艺术，只有在巴格（Bagh）和阿旃陀（Ajanta）这两个地方有壁画，壁画上反映的希腊影响也不多，只有在工艺品上可见到。印度在4世纪以后，笈多王朝时期衣饰变化很大，不同于希腊的传统了。

　　常先生认为新疆的东西不一定早于敦煌。斯坦因曾在新疆的丹丹维尔克这地方古代遗址上发现过带翅膀的飞天，后来在一个西汉时期墓葬中也发现佛像和飞天的形象。从壁画方面看，犍陀罗艺术中是没有壁画传统的，印度的佛教壁画也很少见。佛教艺术西来造成的影响，唯一能体现出来的，即是在雕塑上。从敦煌的275窟来看，民族关系很复杂。例如在吐鲁番出土的木乃伊女尸是红头发，新疆地区的维吾尔族在10世纪前是信仰佛教的。当时民族语言很复杂。所以印度的佛教传入中国内陆也发生变化，从敦煌壁画上就反映出我国是一个多民族的国家，各种少数民族、外来民族形象都可以找到。

十六国时期敦煌壁画很粗犷,色彩鲜艳,这是少数民族的风格。隋代的壁画金碧辉煌,这个受波斯王朝艺术的影响,到唐代的敦煌壁画,中原传统艺术风格得到巩固……所以在敦煌保存着各个朝代的特征和地方色彩。

常先生在敦煌壁画中还发现一个叫"米塔尔达达"的画匠签名,这是伊朗人名字,可见当时还有伊朗的画工在敦煌工作。

历史上某些艺术风格常常是传统的文明和原始野蛮的文明相结合而形成的。如欧洲的一种原始文明和希腊文化艺术相结合形成"哥特式";而中国北魏时期佛教石窟雕刻艺术就内含着希腊文明因素和西北地区游牧民族的原始粗犷的文明相结合,出现了云冈石窟和龙门石窟。

中国的佛教艺术可能与西欧的文化复兴艺术一样重要!唐代玄奘在印度的经历和生活,以及他记载当时宗教盛行的记录是十分重要的。我们研究西洋美术史就必须去古罗马游览、观光;常书鸿先生特别指出我们研究中国佛教艺术,不能仅仅停留在阅读古籍书册,还要结合考察各地遗址,去参观研究。例如在天水发现一个很特殊的明代建筑,叫"太模寺"(官府)。发掘出很重要的石窟遗址,有规划,有布局,安排得巧妙,在中国历史上也是很少见的,看照片看介绍不如亲自去看一看!张掖的文殊山也很重要,可惜大多数已被破坏,马蹄寺也没有了。所以我们要多看实物,研究遗址文物,才能获得更大成就!

第十一课 金维诺先生谈新疆石窟艺术

1979年春,美术史系组织我们研究班和师资班部分同学去新疆克孜尔石窟临摹壁画,考察新疆地区佛教艺术,临行前,金维诺先生为大家举办两次学术讲座,让同学们提前做好功课,思想上有所准备,学术上有一定基础,为此我们在校图书馆、系资料室查阅文献,抄录笔记,写下自己心得,供大家参考。关于金维诺先生的专题论文请查阅《美术研究》杂志和他著写的《中国美术史文集》。

首先是新疆古代佛教艺术是什么时候开始的？到底是东来？还是西来？有人认为在雕塑上可能受西来的影响，壁画上没有这种迹象，这涉及佛教艺术的来源问题，显然克孜尔石窟是受帕米扬大佛的影响。

关于佛教传入中国的年代，有的学者认为是在公元前2世纪前后传入新疆，他们根据印度佛教的传播来推算的，因为在印度文献中有"龟兹国"的记载。德国学者认为是公元前109年传入新疆的，因为当时龟兹国已经盛行佛教，在汉代元丰元年的《梁书》上也有"龟兹国"的记载，另外在元丰二年的传播佛教《澡观》上也出现"龟兹国"的记录。一般认为在世纪初，也就是东汉初西汉末。这两种说法均比较武断，印度有佛教，不一定已经传播到中国。《澡观》是生僧用的，是否老百姓也采用呢？无法确定。《史记》中记载班超、班勇驻扎在西域多年，就是在于阗国和龟兹国地区，常年在新疆搞政治工作，当时在他们记录文献中从未提及佛教，汉书中也未提及，说明公元前2世纪新疆还没有出现佛教。

新疆和新疆以西地区统称为"西域"，汉代时期已有很多小国，曾有36个国家与汉王朝有联系，以后又增加到50多个。这些国家和民族系属很多，语言文字复杂，变化多端。在伊斯兰教传入新疆之前，维吾尔人的信仰与现在情况大不一样，除了依靠《史记》以外，还要依靠最新的考古发现。"史记"上一般把汉人以外的民族都称之"胡人"，历史上有多少"胡人"呢？据历史记载有多种特殊语言，于阗语、康居语、突厥语、巴楚语、西夏语和龟兹语等，说明当时西域地区居住着多种民族，维吾尔族是5世纪以后逐渐迁入新疆。新疆地区南、北、西均为大山包围，中间是塔克拉玛干大沙漠，能居住的地方很有限，仅仅在这些山坡边缘和沙漠中绿洲可以住人，气候、土壤都不好，交通不便，生产受限制。张骞通西域以前，新疆处于新石器时代，居民主要过着半游牧生活，有些地方也有定居土寨，从事耕作，但是生产工具和方式还是落后的。所以张骞通西域后，如葡萄、石榴、瓜果，以及马匹、骆驼、酒类带入长安，内地的农业和手工艺技术传入西域，汉朝因军事上的需要，注重边疆建设，建长城，置汉官，进行政治上管辖，屯田管理，中原文化进入西域，从目前出土文物中可以证实，无论在农业、打井、灌溉等等，全是从内地传去的，丝织品和冶炼铸造都是从汉代传入新疆的，甚至服饰、货币、度量衡、作战方式都给西域产生影响，而在汉代以前这里大部分地区是早期原始社会阶段。同时西方的影响也进入西域，由于丝绸之路的开辟，西方造纸术、杂技表演等技艺传入中原。佛教传播主要有两条线索，南边从海路传来，另一条就是经过西域传入中原。佛教传入中国没有确切的记录，至今也没有一致意见，新疆地区可能比中原要早一点，或者同时期。印度的阿育王是佛教的支持者、保护者和传播者，东至缅甸，南至锡兰，都有阿育王时代佛教遗址，在阿育王时期的文献中就有"龟兹"的记载，同时在于阗的《国授记》也记录佛教的情况，所以根据推算佛教传入新疆的时间应该是公元前1世纪左右。

在汉代文献中从来未记载佛教的盛行情况，至今发掘的遗址中也没有过汉代的佛教寺庙，也没有在考古中发现汉代的佛教经文。有人估计在东汉顺帝阳嘉年间到永和年间，中原地区因困于羌乱，无法顾及西域，从而西方佛教乘虚传入于阗一带，这是132—141年间，这一推算是有一定道理的。那么2世纪佛教进入西域后，3世纪中原有一位僧徒朱士行西行求经，他认为当时中原的佛教经典太简单，决心去西域探险。3世纪时于阗已经有大乘、小乘佛教，也有于阗的僧侣进入内地。4—5世纪时西域的佛教达到全盛时期。3世纪时龟兹也已经有大乘、小乘，到了4世纪前后龟兹的僧徒多达万人，可见当时的盛况，并且也出现来中原传播佛经的僧侣。

佛教在西域传播的初期，翻译佛经，建设寺庙，促进当地的文化艺术的发展，作为一种宗教信仰，要译著经文，阅读经文，开发人们思想理念，提高人民的文化水平，对于西域文明的提升起了积极作用。在传播中也必然会结合当地的风俗习惯，艺术风格，不可能完全抄袭照搬的。而且西域地区还存在着"摩尼教""拜火教""巫教""景教"（唐代时期）等各种宗教的影响。同时受从中原传播去的汉文化影响，特别在魏晋以后，僧徒来往增多，如今考古发掘中发现保持中原风格的佛教头像。由于新疆地区的艺术遗址保存完好的很少，大多数被运往欧洲，新发现又不多，要清晰了解这地区的艺术情况存在一定困难。

关于于阗国：张骞第一次赴西域共13年，到了大宛、大月氏、大夏、康居等国，回来后谈及大宛以东有于阗国，在《史记》的《大宛传》中有于阗的一些情况，东边的河水是向东流，南侧是黄河发源地，出产玉石。以后张骞第二次出使西域，到乌孙国时带了很多副使，同时也出使其他国家，包括于阗。在建武以后，即25—56年间，于阗曾派使者来到中原，希望汉帝国能保护他们，要求置于都护管理之下。在汉书上有关于于阗国的记载，这些内容主要是班固提供的：有户口三千三百户，有一万九千三百多人口，有胜兵两千四百人。到东汉安帝末年，班勇记载有户口三万二千户，八万三千多人口，胜兵二万余人，但是都没有提及宗教的情况。

藏文中说"翟萨旦"是于阗的国王，这是译音，译成汉文的含义是"地乳"之意，由土地哺育长大的。他19岁时建立"李国"，就是"于阗国"。他当皇帝的那年正是佛陀涅槃240年，根据佛经记载释迦牟尼涅槃时间是公元前76年，那么于阗国成立于164年左右。在立国之前于阗国是受匈奴的管辖，中国史书中记载了73年永平年间班超在西域的经历，正是这时期，于阗在匈奴势力范围内，所以国王对班超很冷漠。班超传中记载，"且其俗信巫"，这"巫"听说班超到来，就发怒了，并说：为何大王又想投向汉，汉使臣如马，快把马祭祀巫！班超获悉后要求巫师亲自来取马，当巫师来到班超营地时，就把巫师杀了，提着巫师头交给于阗国大王，从此于阗国就归顺于汉朝。这段记载很重要，说明当时于阗信奉的不是佛教，而是巫教。祭祀用马作为牺牲品的宗教，有婆罗门教、拜火教等。在1世纪于阗地区佛教并不盛行，可能已经有佛教传播，不是主要宗教信仰。所以汉文的记载是可信的，后来《唐书》中也写道：于阗"事祆神，崇佛教"，说明有拜火教存在，即"事祆神"，以马祭祀的。

于阗国建国 165 年后，新国王尉迟胜登位，他信奉佛教，5 年后佛教在于阗兴起，成为"国教"，尉迟胜建立寺庙，随后 8 位王爷又建起第二座新佛寺，这在于阗国的史书中记载的。据传在魏甘露五年中原僧侣朱士行到达于阗，但是古文献中记录朱士行是甘露五年才出家的，所以他到达于阗的时间应该是甘露五年（260 年）以后，他在于阗抄写梵文经书，也可能是于阗文，共 60 万字。太康三年（282 年）派遣徒弟把经文送回洛阳，从送经文的日期，就可以推算出他到达于阗的时间。太康元年（291 年）于阗沙门（和尚）无叉罗也参加经典的翻译工作。太康七年于阗沙门祇洛罗又携带经文进入内地，最早的《华严经》的翻译本就是从于阗传入，说明到了魏晋之际佛教在于阗已经非常盛行了，已经是佛教向内地传播的重要传送中心。2 世纪佛教开始在西域盛行，这一推测是准确的，佛教经卡斯米洛传入内地。

1959 年在新疆民丰县一个东汉墓葬中出土一件棉织品，棉布上有印花纹样，底边边缘有龙纹、龙尾巴图案，中间有残余的人脚、狮子爪子和尾巴，估计是一幅驯狮者引领狮子的图面，这在西域是常见的画面。右下角有一幅完整的半裸的女人肖像，有头光和背光，这是佛教绘画画法，胸部坦露，有装饰品，手拿器物，器物内装有葡萄，这一形象并不能说是佛教图像，但是是受佛教

民丰汉墓棉织品

影响的工艺品,有人说是供养人,有人说是供养菩萨。说明东汉晚期于阗佛教已经盛行,棉布是当地土产,其图案显然受到西方和内地的共同影响。

根据于阗的史料记载,在《惠生行记》上谈及惠生和宋远在北朝时曾到过西域,在《洛阳伽蓝记》上也记录一些他们叙述有关于阗的史料。开始于阗国王不信佛教,有一天有一位商人带了一位和尚来到于阗,和尚名叫"毗卢旃",从卡斯米罗来的,商人带领国王与和尚在城南的杏树下见面,和尚要求造一座佛像,能保护国家王位永远盛行,国王要求见到佛陀才能相信,和尚敲钟呼佛,佛陀出现在空中,国王见此奇观,下拜信佛,就在这大杏树下建了一座寺庙。在早期的汉文和藏文文献中都记载了此事,说明于阗地区不仅汉僧人去过，藏族僧侣也到过于阗。估计当时的真实情况是毗卢丹带一个佛像，然后请国王建筑一座寺庙供奉佛事，说明佛教时从西方传入新疆地区。有人认为是公元前76年，有人认为是2世纪，后一种推算比较可靠。《大唐西域记》称于阗的第一所寺庙为"翟摩帝寺"，在于阗城南10余里地方，如今的考古发现证实这一事实，相当于魏晋时期的文物。

魏晋年代法显和尚曾到过于阗，他说，"其国丰像，人民迎生，信奉佛法，以法乐相乐"，僧徒达数万人，主要是大乘教，家家门口有小塔，最小也有二丈高，四边有僧房，供给客僧休息。法显还提及最大的寺院"翟摩帝寺"，有和尚3000人，进入寺院十分严肃，寂静无声，吃饭时也没有声音，可见规模之大，盛况当前！他还看到行像情况，每年的四月举行盛大的佛像游行活动，全城清扫街道，僧侣们推着四轮车，车上安置三丈高的佛像，行走在大街上，行街欢庆要延续14天，14天后国王和王后才回宫殿。《大唐西域记》中也有类似记载。所以我们今天看到的文物基本上是魏晋以后的实物，东汉的文物仅仅是那件棉织品。

关于龟兹石窟艺术：新疆古代的龟兹国，也曾被称之"屈支""屈茨""拘夷"。龟兹和于阗在差不多的年代里建国，如今留下的壁画遗址主要有：克孜尔朵哈石窟、库木土拉石窟、森木赛姆石窟，以及仅次于敦煌的克孜尔石窟，保存着230多个洞窟，是研究新疆古代佛教艺术的重要遗址。

新疆古代龟兹佛教艺术来自于印度，通过河西走廊到凉州，影响中原。龟兹是中西交通要道中一个中转站，其文化既有外来影响，又有本身的特点。以前老学者，或国外的学者认为龟兹艺术就是印度艺术风格，"龟兹乐"是被世界公认的，龟兹的绘画至今没有得到应有的地位和承认，实际上龟兹绘画艺术具有自身特点。如今新疆地区留下的壁画比较多，塑像比较少一些。龟兹文化发达，强调融合和交流，军事上很弱，所以被中断了，对于龟兹语的研究也是20世纪上半叶刚刚开始。

西汉年间张骞、东汉年间班超都到过龟兹，宣帝时直接与龟兹发生联系，建立都护府，抵抗匈奴的入侵。龟兹在翻译佛经方面有很多高手僧侣，3世纪，大约230年左右就有僧徒来到内地，说明在3世纪以前已有佛教和早期的佛教艺术。5世纪初鸠摩罗什是译文大家，早期学小乘教，后来归顺大乘教，他的知识面很广。张骞从西域回来把龟兹乐器带回中原，如胡吹、箜篌（双手抱着弹奏），这是龟兹的重要乐器，南北朝时期龟兹乐是很重要的乐曲，影响甚大，特别在凉州、长安地区，凉州乐就是龟兹乐和中原音乐相结合，改造编排而成的曲子。唐太宗李世民创作古乐中包括龟兹乐，例如《破阵乐》，还排练舞蹈，均吸收龟兹乐因素，加上中原的大鼓。龟兹文的戏剧有佛教题材剧本，他们在音乐、美术、文学上都有成就的。如今在朝鲜半岛地区的音乐中还保存着某种龟兹乐的因素。

阿富汗的帕米扬大佛有人定于7世纪开凿，这种说法太晚了，值得研究的。因为龟兹在3世纪已有很多大佛，他们必然晚于帕米扬大佛，龟兹佛教艺术与帕米扬有继承关系。龟兹佛教艺术肯定早于敦煌，敦煌是420年开凿，新疆地区必然要早于420年。

我们要寻找新疆艺术的自身特点。克孜尔石窟是一个比较集中的实例。克孜尔石窟又称之克孜尔千佛洞，位于新疆拜城东南山谷悬崖上，山下是木扎特河。现存236个洞窟，是我国开凿最早一批佛教石窟，约开创于3—4世纪之间，最兴旺时期为6世纪。整个石窟群包括供奉佛像的"支提窟"，僧侣讲经的"毗呵罗窟"，以及僧侣生活居住的"寮房"和死后埋葬的"罗汉窟"，据考证这里有完整的佛教供奉和生活体系。中国古代著名的高僧鸠摩罗什就出生在这里，他曾受到龟兹国王的款待，据说当他说经拜佛时，西域各国国王都来朝圣。401年他到了长安，从事佛经的翻译，共翻译出70多部佛经，成为中国三大佛教翻译家之一（真谛、玄奘、鸠摩罗什）。克孜尔石窟破坏严重，大部分塑像均已被毁，特别是被德国的考古探险队运走很多完整的壁画，目前仅有70—80多个窟内还保存精美的壁画。我们去克孜尔千佛洞的任务就是

克孜尔石窟外景

临摹这些珍贵的壁画。

例如第 38 窟,开凿于 350 年左右,是利用僧房改建成供奉佛像的洞窟。保存着完整的伎乐天宫画面,壁画中以小乘教为主的本生故事和因缘故事都采用菱形构图,这是典型的早期新疆风格。与 38 窟同期的第 14 窟内还有图案化的兔子等动物形象。第 80 窟也是僧房改建的,时间稍晚,约 5 世纪初。

第 111 窟以小乘教题材为主,属于克孜尔石窟的第二期工程,窟内著名的须弥山壁画装饰性很强,特别是那些树木、树叶的表

克孜尔第 38 窟

克孜尔第 69 窟

克孜尔第 212 窟

现方法值得注意。

第 47 窟、48 窟均为以塑像为主洞窟,中间有立佛雕像,强调"十方佛",窟中主题内容已经不是小乘教,属于大乘教教义。第 47 窟门口绘有装饰性佛像,二层立佛,三层坐佛,上面画有飞天,已是鸠摩罗什时期风格。壁画上出现火焰图案的肩光,和新晕染画法,显然与第 38 窟不同,但是能看出它们的继承关系。第 48 窟内的飞天是后来补画的。

被德国的考古探险队称之"雕像洞"的第 77 窟,也被称为"孔雀洞",窟内有大立佛雕像,人物造型和壁画中晕染画法十分讲究,绘画精致。随着大乘教的盛行,也带来新的因素,新艺术处理方法。

第 212 窟是一个典型的龟兹风格的洞窟,有人认为是在 380 年前后开凿的,有待于进一步考证。该窟保存着完整的壁画,画面优美,技巧成熟。石窟中心是莲花,周围是 13 位"天人"相对,也就是绘有 13 位衣饰华丽的菩萨。本生故事的表现方法不再是菱形图案，而是连环画形式，有连续性内容。后来在库木土拉石窟新发现的洞窟内也保存着类似壁画，画面完整。

新发掘的第69窟内保存着比较完整的壁画，画面上古代龟兹人的服饰清晰可见，均为供养人的形象。第190窟开凿年代较晚，大约6世纪，壁画中的供养人和武士的形象与内地装束显然不同，东西方两种不同绘画技巧相融合了。

关于阿富汗的帕米扬大佛，有人说是1世纪的造像，有人说是4—5世纪开凿的，估计不会太早，从窟形来看也不是最早的形式。新疆龟兹地区的泥塑造型是受帕米扬大佛的影响，均属魏晋以后的东西。

帕米扬大佛（1923年拍摄）

我们综观了克孜尔石窟的装饰性壁画，可以总结出龟兹艺术特征，它在继承印度艺术传统，融合本地的习俗，创造自己特有风格后，又给敦煌和中原传送了重要的文化信息，这也是我们今后一项的研究课题。

关于鄯善国：在南疆的鄯善也有佛教文物出土，史书中记载400年左右就有僧侣活动情况。从目前发掘的文物看，比于阗发现的佛头还要早，遗址也多。最重要的是一幅《须大那本身图》，在新疆壁画中一般都是单幅本生图，而这幅是连续性的，画在装饰纹样中。不可否认它是外来的影响，内含石刻构图，用笔和色彩显然是西方风格。新疆的古文物、壁画、石刻多数收藏在欧洲各国博物馆内，例如于阗出土的龙女、飞天的形象，解剖准确，装饰丰富，十分美丽。

新疆地区的古代佛教遗址和文物有待于进一步发掘考察，现存实物多数收藏在英国、法国、德国、俄国和日本的博物馆里，二次世界大战期间在德国藏品被炸毁很多，对于我们研究西域的文化艺术传统存在一定困难，希望有一天这些珍贵文物都能集中一地，把西域古代佛教艺术清晰地呈现于人类！

第十二课 史苇湘、段文杰和樊锦诗先生谈敦煌石窟艺术

微信扫码，即可领取：博物馆珍藏画卷高清大图

爱听
- 300逾位古今艺术人物的美学思想
- 清华教授讲美学与艺术欣赏

1979年5月，我们随中央美院汤池先生到敦煌实习考察，受到敦煌艺术研究所工作人员的热情接待。史苇湘先生、段文杰先生、樊锦诗先生带领我们参观各个朝代的洞窟，并热情讲解，介绍各个时代的艺术特征。上午聆听先生们的讲课，下午我们拿着大电棒去洞窟里，面对壁画温习先生们的讲解，临摹壁画，晚上记录每天的学习心得和体会。以下的文章就是我回北京后总结的《敦煌实习考察笔记》。

当我们 1979 年来到敦煌时，常书鸿先生、史苇湘先生、段文杰先生和樊锦诗先生等学者在敦煌已经工作了 30 多年了，他们深有感触地告诉我们，几十年来经历了三个阶段：第一阶段在 20 世纪 50 年代到 60 年代期间，他们首先考虑这些壁画"怎么画的"？所以集中精力临摹壁画。到了第二阶段，也就是 60 年代到 70 年代期间，他们进一步考虑这些壁画"画的是什么内容"？为此就开始大量查阅文献资料，搞清每幅壁画的内容。到了第三阶段，也就是 70 年代以后，他们思考这些壁画"为什么要这样"？也就是要深入了解敦煌的历史背景、社会关系、东西方的影响，等等，那些综合性原因。所以敦煌学是一门涉及多方位的学科，它涉及宗教、美术、历史、语言、工艺、科学等各个方面。

敦煌的历史已有 2000 多年，公元前 121 年汉武帝就在河西走廊地区建立四郡，最早是设立九泉和玉门关，这是汉朝为了打开通向西域的道路而建立的，当时汉代已经驻兵屯田，也就是军垦兵团的形式，既开发自然，又保卫边疆。敦煌郡是元封元年建立，在河西走廊最晚建的郡是武威。河西走廊南边是祁连山，北傍贺兰山，中间夹着一条狭长走廊区域。敦煌在 112 年建郡，而莫高窟是 336 年开始建窟，说明中华民族在敦煌生活奋斗了 500 多年后，才开始建造佛教石窟的。目前日本学者称敦煌是"边疆艺术"，这种提法是不合适的，实际上汉代的边疆已经达到乌鲁木齐附近，敦煌是元封元年开发，它东面是苏勒河，南边是登河，水源丰富，开发后立即获得大丰收。所以敦煌最早洞窟之一"275 窟"内塑

1907年的敦煌莫高窟

2014开放的敦煌展览中心

第十二课

造"弥勒"下凡塑像,弥勒佛是"未来佛",意味着天下太平,五谷丰登,吃穿不愁。莫高窟刚开始就供奉弥勒佛。石窟主要被分为两种类型:第一种是"毗可罗窟",这是僧侣生活修行的洞窟;第二种是"中心塔柱式石窟",石窟中间是一个塔柱,四面开龛,龛内是释迦牟尼雕像。朝圣者围绕着塔柱举行祈祷仪式。"寺"最初并不是宗教场所的称呼,是官府的称呼,以前叫宗教的驻地仅仅是"庙",佛像的造型从一开始就是和蔼可亲的。

从敦煌早期石窟形式来看,对外来的东西是加以改造,融合中原传统,创造出敦煌自己特有风格。例如第257窟的南壁下部的《沙弥守戒自杀品》实际上是和尚的教科书,是一个很有意思的故事,三毗和尚为了献身佛教,拒绝一位少女的追求而自杀。这幅画面上有汉代宫殿,姑娘身穿"克孜尔石窟"中西域人的服装,小和尚身着印度袈裟,这是一个亚洲各民族风格的大融合;又如257窟内《九色鹿故事》,也是采用西域人的服装与汉人官府马车、住房同时出现在画面上。

敦煌石窟内十六国时期洞窟有7个,北魏11个,西魏有7个,北周有12个,隋代有79个,初唐有40个,盛唐81个,吐蕃时期46个,晚唐60个,五代有27个,宋代有34个,西夏64个,元代有9个,清代有4个,不明确的洞窟有6个,无法定期的石窟有6个,共计492个洞窟,再加上南区和北区洞窟有600多个窟。隋代隋文帝笃信佛教,平均每年建二三个石窟,例如第427窟,如此规模宏伟的大窟,一年内是难以完工的。

九色鹿故事

从敦煌目前掌握的资料来看,从 366 年开窟到元代至正十七年,也就是 1342 年,经历了近 1000 年的时间。在这 1000 多年间,中原地区转换无数个朝代,爆发无数次战争,每逢战乱,敦煌就割据,这些历史情况都可以从藏经洞里找到,藏经洞实际上就是莫高窟的档案馆,从中可以了解到很多敦煌地区的宗教、政治、文化、艺术、语言等各方面情况。敦煌是河西走廊地区封建势力最保守的地方,历次农民起义都没有触及到这里,也没有战争的威胁,由于中原地区连年战争,大量汉人流入河西地区,最多时高达 60 万人。西凉实际上也是汉人政权。在河西走廊中有很多天然屏障,一个个绿洲之间都是无水,无人烟,无粮食的戈壁滩和沙漠，所以封建割据势力越来越强。

我们在河西《五凉史》中可以了解到，某地区佛教盛行，洞窟剧增，佛教艺术繁荣，不能说是政治经济的繁盛，反而越是佛教盛行，说明人民生活越是困苦。由于生活困难，人们就在宗教信仰中找出路。

到了唐代，敦煌地区遭遇更大艰难，特别是武则天时期，人民生活困苦，税赋沉重，这里既是兵站，又是粮站，徭役繁重，大批人口逃往内地，武则天下令阻止人口内流，在河西地区加强管理，造成人民生活十分艰苦，同时吐蕃经常侵犯新疆和河西地区，为了保卫唐代边疆，反对吐蕃的入侵，这里是重要的兵营和后勤基地，敦煌的居民负担沉重。在这样情况下，佛教兴盛，大量修造佛窟，借以精神寄托，造成开元、天宝年间莫高窟艺术特别优秀。安史之乱以后，河西兵马全部内调中原，吐蕃乘机占领河西地区，但是遭遇了当地封建地主势力的顽固抵抗，最后吐蕃入侵者与这地区领主达成协议，同意保持原地人口，承认地方的自主势力。这协议很重要，使这地区的农业未遭破坏，文化遗产保存下来，吐蕃的奴隶主也没有把这地区的人口虏为奴隶，为70年后张议潮统一河西走廊打下基础。在这70年时间里，莫高窟艺术起了很大变化，以前窟内都是大幅经变图，如"净土变""药师变"等，而这时期内变成小幅图面，风格也有所不同，人民生活深受吐蕃奴隶主的欺凌和压迫，壁画中出现吐蕃人的服饰。所以张议潮收复河西走廊以后，壁画上的服饰立即改变了，不再是头戴红头巾

张议潮出行图（局部）
敦煌莫高窟晚唐156窟壁画

的吐蕃人，而是华丽的晚唐服装，并通过宗教内容曲折反映人民对战胜吐蕃的高兴心情，例如在壁画中描写反对异教外道的场面，表现人们欢庆情绪和归纳汉唐的高兴心情。

五代阶段，河西走廊地区始终没有政权的波动，比较稳定。到了西夏和元代，这地区显得格外重要。成吉思汗建立帝国22年时，敦煌的东面是统治中原的元朝，西部有蒙古人的几个重要汗国，所以敦煌成了重要的驿站，是通向西域的重要关口。

明代以后这里又建立了"卫"，这是自治能力很强的势力范围，每年春天明朝官员从嘉峪关出巡一次，一年中也就这么一次。现在敦煌的汉人都是雍正和乾隆年间迁移来的。因为在明代曾把敦煌汉人全部迁入张掖，把敦煌交给蒙古人管理，现在很多老敦煌居住者多数有蒙古人血统。但是敦煌很多官僚地主的家谱可查到汉代，南北朝年代。例如第 220 窟是贞观十六年开凿的，在甬道里发现唐代和五代时期记录，甬道南侧有家谱，从中反映出自北魏起，这里的世家都是有分工的，有节度使、文官、粮食统领、仓库官吏等等，具有实权的机构均由这 10 多个家族包揽了，他们又互相通婚，形成很顽固的封建势力。这几个家族在莫高窟都有自己的"家窟"，数量众多。所以敦煌这地区是一个"静止"的社会，莫高窟并不是一种积极活跃的社会因素造成的，而是一个保守封建社会造就的，为莫高窟提供建设基础，使莫高窟 1000 多年开凿连绵不断。当然还有一些其他原因，如出征、通商、丝绸之路等等。

佛教最早传播和兴起是在新疆、西域地区，狭义地讲，是中国疆土上的新疆和西藏地区；广义地讲，指整个中亚、西亚、南亚区域。佛教是偶像教，用形象传教的。在公元前印度早期佛教只有本生故事，没有偶像的，用菩提树、脚印、佛塔等物来象征佛陀。直到公元前后犍陀罗地区开创佛像雕塑，用偶像来传播佛教，所以传入新疆地区的早期佛教已经是有偶像的宗教了。犍陀罗开始塑造佛像，是由专业工匠打造空心佛像，每年的四月十八日人们就把佛像抬上街游行，供奉佛祖，场面宏伟，热闹非凡。据史料记载于阗国就有这种风俗习惯，北魏时期大同也搞过这样活动。从目前考古情况看，最早流传到新疆地区的佛像是在东汉初期，在四川东汉墓葬品里也发现佛像，在新疆民丰县墓葬里出土兰花印布上有高鼻子、裸体、手持高酒杯、带有背光的人物形象，富有古希腊艺术风格，显然这是早期佛教供养人。十六国时期更是发现很多佛像，两晋时期佛教盛行，出现大量寺院，特别东晋时佛教僧侣和寺庙猛增，又出现石窟。石窟形式也是来自印度、阿富汗，经新疆传入中原。

佛教传入中国主要通过两条途径：南路和北路。南路是从印度的犍陀罗地区到于阗国，这条路比较近，当年斯坦因就是沿着这条路进入新疆，到达敦煌的。他曾在磨朗发掘一座寺院壁画，发现一幅绘制精美的本生故事图：《须大那太子施舍白象图》。北路是由阿富汗到喀什，经龟兹到高昌，这条路上有三大石窟相连，高昌属于河西走廊地区汉人政权管理的驿站，也成为佛教传播中心。南北两线合并于敦煌。西域地区最早盛行佛教，传播佛教的是大月氏人，即于阗国。龟兹地区到了两晋年代佛教也已经十分流行了。

中国最早出游西域的僧侣是朱士行，他是三国时代的人，"朱法护"出生于敦煌，他出游西域36国，出游回来又去洛阳、长安传播佛教。400年左右"法显"和尚西游，根据他记录的游历文献，于阗有很多寺院，家家户户门口有佛龛，寺院里有僧徒上万，说明佛教盛行。近千年来由于气候和地质变化，新疆地区的佛教寺庙均被埋入沙土里，石窟还在，总数有500多个，集中于拜城、克孜尔、吐鲁番、什姆塞牟等地，也就是古代龟兹、高昌一带。

于阗、龟兹、高昌三地区与中亚细亚关系特别密切。于阗国与印度关系最密切，古印度的一个小国曾统治过于阗，所以印度的艺术风格很自然地传入于阗。龟兹主要和阿富汗有直接联系，阿富汗的佛教艺术风格、雕塑造型和风俗习惯传入龟兹。高昌比龟兹稍晚一些，是少数民族居住区，但是属于汉人的政权，受中原影响大，高昌与敦煌接近，所以高昌的佛教艺术与龟兹是紧密联系的，现在我们在北路，也就是从阿富汗到龟兹，到高昌的一线发现很多石窟，南路还没有发现。

关于佛教传入西域的年代，这是一个争论很大的问题。上限很难确定其年代，有人说东汉，一般大家也认为是在东汉的出土文物中可以找到证据。也有一些外国人认为是6世纪、7世纪传入中国的，也就是隋唐年间中国才有佛教，这是无稽之谈，是一种无知的解释。另一种解释说是两晋时代，这是比较妥当的估量，但是具体的证据也不充足，很难拿出考古出土的实物，只能根据历史情况来看。我们首先看看石窟造型，在克孜尔有几种洞窟形制，是具有新疆的民族特色，最早的洞窟形式是从阿富汗传来的，帕米扬有一座大佛，高达50多米，围绕大佛的腿边有一圈隧道，过去外国考古学家认为是2世纪的作品，现在进一步考证认为是3世纪到4世纪之间建筑的，大佛腿边的隧道是让朝拜者绕圈子朝拜用的，这种形式与新疆早期石窟建筑形制是相同的。在壁画上也可以看到它们的联系，例如释迦牟尼《涅槃图》，其艺术形式与阿富汗的表现方法完全一致，都是描绘释迦牟尼放入棺材里进行焚烧场景。而且往往一个洞窟里有60多个本生故事。关于中心立柱的窟形问题，在敦煌早期洞窟中有很多中心立柱形式，这种窟形先在新疆形成的，也是我国特有的一种石窟形制，石窟中央有一个四面开佛龛的中心柱。这种形式经过三个阶段的发展：第一期是正面有一个佛陀立像，四面壁上画有本生故事；第二期是佛龛内雕塑坐佛，并且在背面也开佛龛了；第三期是出现四面开佛龛的中心立柱，洞窟四壁上画千佛。最后发展到云冈石窟第6窟内的中心塔柱，无比辉煌，让人眼花缭乱，可称之佛教艺术中"巴洛克艺术"！新疆还有两种方形洞窟，一种是倒斗顶，画有藻井；另一种是圆形的帐篷顶。

从早期的壁画中可以看出新疆壁画与敦煌壁画的发展和继承关系。最早新疆壁画多数是涅槃内容，后来出现菱形和方形的本生故事，表现方法很简单，没有曲折的情节，只用两三个人物代表整个故事情节，也只有主要象征性图像。一直发展到第三期时有个别故事才有连续性的情节。例如《须摩提女请佛》的故事，在新疆壁画中是少数民族的服饰和房屋建筑，而在敦煌壁画中是汉人的亭台楼阁，菱形的构图形式也没有了。新疆壁画里人物形象特点是：圆脸，身体健壮，比例准确，身穿少数民族服装，也有外来的裸体形象，构图比较巧妙，描绘人物一般采用半侧面或侧面，很少用正面；动作富有舞蹈韵律，比敦煌壁画里人物动态更活泼一些，但是壁画中勾线白描技法是来自于中原。班超在西域驻扎了近30年，把中国文化艺术传统带入西域，今天我们在考古发掘中发现类似毛笔的文具，其笔头和中原形式相同，而笔杆像现在蘸墨水钢笔的笔杆一样；当时已经运用墨斗来定稿；并且青绿色用得很多，红色比较少；敦煌壁画中的"晕染法"也来自于新疆，但是新疆多数是用"单染法"。印度壁画采用油画画法，新疆采用有色阶的晕染法，装饰性很强，例如菱形构图中的须弥山、菩提树均是图案化的处理方式。在克孜尔洞窟里最新发现佛陀的背光中有一串天鹅，装饰性很强，显然不是中原风格，是少数民族的特征，新疆的石窟艺术，越是向东，与敦煌的艺术形式就越接近。

关于敦煌莫高窟既受西来影响，又继承中原的传统的具体表现。首先是禅窟，敦煌最早发现的是第268窟，纯印度风格，这类禅窟的形式流传到敦煌地区就结束了，没有再向东传播，268窟的正面佛龛两侧有两个希腊伊奥尼亚式的柱头，这种柱头装饰在新疆能见到，而在中原就非常少见的。

敦煌的275窟和新疆克孜尔石窟的第74窟一样，是平顶窟形，顶部四周有台阶，台阶上每一格中有一佛，顶部画有藻井，魏晋时期都采用倒顶式的窟顶，这是我国特有的，不是外来的。

关于本生故事，在新疆石窟里有丰富的本生故事壁画，而传播到敦煌只有30多个本生故事，麦积山和云冈只剩几种本生故事，而且是长条形的构图，到龙门石窟仅剩一种《萨埵那太子舍身饲虎》故事了，画面的处理也由简单发展成越来越复杂，由开始的菱形构图到方形构图，直至连环画性的情节描绘。

关于佛陀身上的披巾是中国特色，这种披巾样式是隋唐时期妇女流行时尚。宝冠是从印度传来的，但是敦煌的宝冠造型变化了，不是印度流行圆形宝冠，而是方形的，是汉人传统中"方圣"装饰。从东方来的中原的影响，是从北魏太和改制开始的，逐渐形成一种中原风格，从而影响敦煌莫高窟。例如云冈 16 窟就是太和年以后开凿的，而不是和平年间开凿的。敦煌在没有佛教传播之前，本身就有中原传来文化基础，所以在接受外来佛教时就已经不自觉地加以汉化改造。在丁家闸的墓室壁画中就反映出明显汉人风格，与敦煌早期壁画有密切的血肉关系，例如用土红涂底子的方法，就是魏晋时代汉人的绘画习惯。

关于维摩诘的人物造型的变化过程：

1. 根据纪年题迹最早的是建弘元年（420 年）建造的炳灵寺中《维摩诘变》，他是少数民族的打扮。

2. 稍晚一点是云冈第五窟门洞上的浮雕《维摩诘变》，这是鲜卑人的形象。

3. 北魏晚期在龙门的《帝后礼佛图》上面有一幅《维摩诘变》，这是少数民族的形象。

4. 北魏时期在麦积山出现一幅巨幅的《维摩诘变》，刻画得十分精致，表现维摩诘在丛林里讲经，他是一位清羸示病的士大夫形象。

5. 500 年前后也就是景明元年，北魏宣武帝时期在麦积山又雕凿一个立体的维摩诘雕像，这是一个鲜卑人形象。

6. 《维摩诘变》的题材传入敦煌已经是北周时代，当时壁画画面是比较简单的。

7. 隋代的画面也是比较简单的。

8. 到了唐代，维摩诘的形象完全汉化了，是一位知识渊博的士大夫形象了。

5世纪末，6世纪后，印度的犍陀罗艺术遭到毁灭性打击，阿拉伯人和伊斯兰教进入北印度、阿富汗，几乎灭绝了当地的佛教艺术。但是在东方自从北魏孝文帝迁都洛阳后佛教信仰大大发展起来，所以中国的佛教反过来影响敦煌、西域、中亚各地。唐代玄奘西游到康居国，那里的佛教已经没有了，目前在中亚地区康居国国都考古发掘中发现一批壁画，俄国专家认定是7世纪的作品。印度阿吉塔的两个洞窟里的壁画，印度专家们认为是中国人画的，这些作品就是孝文帝改制后传出去的。我们在早期石窟中见到半裸的国王和佛陀坐的和床，均为西域少数民族的形式。到

第103窟维摩诘经变（局部）

孝文帝时期壁画和浮雕中国王身穿大袍，头戴通天冠，这是完全汉化了，往后发展又发生变化，隋代开始又不穿大袍了，接受中印度的影响，由于丝绸之路来往的频繁，国与国之间互相交往增多，唐代就接受中印度的风俗，所以唐代洞窟里的菩萨都是半裸体的，一波三折的动态，这种半裸体的菩萨形象直到明代才全部穿上衣服，变为仕女的形象。虽然唐代接受中印度的风格，但是也是加以改造的，例如古印度女性的那种性感的硕大臀部、乳房，在中国石窟里很少见，甚至消失了，只有在新疆石窟里可以发现，到敦煌莫高窟内根本就没有了。

关于宗教问题，中国的道家是神化的儒家，儒家认为人活在世上就是享受，而佛教认为活着就是痛苦，死了才能解脱，所谓"灵魂不灭，因果报应，天堂地狱，生死轮回"这四句话在中国起了很大作用，影响甚大。

敦煌的榆林窟中西夏时期洞窟有25个，唐代洞窟有23个。

关于敦煌莫高窟早期石窟的分期问题：最早的洞窟是275窟、272窟、268窟，这是北凉时期，也就是十六国晚期，这个断代是有一定根据的。在酒泉等地发现的石塔上佛像与敦煌的佛像和壁画在形象上很接近。在吐鲁番发现的北凉时期陶俑和敦煌壁画上人物也非常相近，当时云冈是北魏政权，而去西域的河西走廊是北凉政权统治，北魏是在445年以后开始开凿石窟，所以这几窟可能还要晚一点。

敦煌早期石窟共有32个，经历了四个朝代，北凉、北魏、西魏、北周。北魏进入敦煌的年代是439年,有人认为敦煌石窟的开凿年代不会早于云冈石窟,但是也有人认为在北凉时期敦煌已经开凿洞窟了。北大宿白先生认为第263窟、244窟和288窟是建平公、东阳王时代开凿的,建平公是北魏时期,东阳王是西魏时期。

目前在敦煌早期莫高窟里有确切开凿年代的仅有两处:第一是285窟内有题记记载开凿年代是538—539年;第二个是442窟,这是北周时期开凿的也有题记记载。这32个洞窟地处莫高窟南区中心地段,到隋代就沿着这些洞窟的两侧向南北两方向发展,唐代、宋代和元代依次向两边开凿,宋代又改造了一些洞窟。所以就用下限年代往上推,来确定具体的开窟年代。下限以第305窟、302窟的题记为准,即开皇四年到开皇五年,也就是584年到585年间。石窟断代主要依靠:1.窟形,2.塑像题材和姿势,3.壁画的题材,4.飞天的形态,5.服饰的变化,特别是孝文帝改制后的服饰,6.绘画技巧和图案结构的变化。

第一组是莫高窟最早洞窟,即275窟、272窟和268窟。

第268窟内有禅洞,正面是交脚弥勒像,素壁,这是坐禅式的石窟,壁上画千佛,这是隋代工匠补加绘制的,在墙的底部还有一层壁画,被千佛覆盖了。275窟是个弥勒洞,布局上比272窟更成熟一点,西魏的洞窟有很多倒斗顶,而272窟是蒙古包顶,也被称作殿堂礼拜式洞窟,塑像只有单独一身,不是一组雕像,而且是绘塑结合的形式。衣纹是方泥条纹,又加上阴刻的衣纹,脸型浑圆,壁画中人物色彩采用早期圆圈勾勒方法,以及凹凸画法。袒右式的袈裟是佛陀的服装，裙披式是菩萨，供养人是少数民族的服饰，其中也有汉人打扮，例如男子身穿深衣大袍，女性为狭袖裙衫。飞天的衣服与菩萨相近，裸上身，下穿裙，动作笨拙。关于壁画构图特点请查阅1978年第12期文物杂志上段文杰先生的文章。壁画中单幅画没有故事情节，如同新疆石窟里的情况，装饰图案简单，是两方连续图案。

第二组石窟是第259窟、254窟、251窟、257窟和263窟，这五窟是有明窗的，260窟、437窟、435窟、431窟和248窟，一共10个洞窟。

这10个洞窟全是中心塔柱形式，长方形窟形，前半部是人字坡顶，后半部是平顶，中心塔柱四面开佛龛，龛上有浮雕，正面塑像开始出现一佛二菩萨，其余三面龛内表现释迦牟尼出家、苦修、成道的故事，正面总是说法的造型。上层一般都是坐着的交脚弥勒，衣纹还是方泥条纹，但是带有旋涡纹和双阴刻线。

这时期的脸型是长圆形，体态比较结实，服装也丰富了，除了袒右肩以外，也有通肩式（圆领）和双领下垂的样式，主尊以右袒为主，这是两层衣服，外面一层袈裟，里面一层长袍。菩萨衣着裙披，也有通肩罗衣，右袒，胸前交叉披襟。男供养人戴高冠，衣冠纪缨，高领大袖，腰束宽带，方领，虎头履（方头鞋）。女供养人，大袖襦服，交领，围裙蔽膝。飞天的服饰与以往相同，更生动自由一些，动态更舒服些，有飘带，不露足。在壁画方面，除了有单幅主题性画面以外出现了有故事情节的连环画性本生故事，如《九色鹿的故事》。这十个洞窟可以分为两部分，第二部分和第三组关系密切，例如人10坡的窟顶，没有明窗，人字坡上没有木结构浮雕，采用绘画技法画出木结构。佛陀的脸型方瘦，项长，身体单薄。影塑浮雕开始成组成套地出现。飞天形象瘦弱，动态飘逸潇洒，腿稍略屈蜷，腰间束带下垂，披襟出现锐尖角，这些都是新出现的因素。在254窟的明窗下面明显是后来的一种画压在以前一种画上面。

第三组石窟是第288窟、249窟、285窟、461窟、432窟、247窟。这几个洞窟的窟形有新变化，出现前后室，后面为主室，方形窟，倒斗顶，正面大佛龛，交脚弥勒和思维菩萨都没有了，出现了千佛，塑像清瘦，身体扁平，项长，比较典型的秀骨清像形象，衣纹是尖泥条纹，又加阳刻。壁画中染法也变了，佛像脸颊上略加胭脂。服饰上大量出现襦服，内衬衣，穿大袍，外罩对襟襦服，中间结一条带子，称作"褒衣博带"，典型汉化的服饰。菩萨也穿襦服，穿履，披襟，或交叉串环，以前上裸下裙装扮也有变化，裙子变成两层，披襟从腋下穿过肩上再披下来平放在前面，不再靠墙。男供养人笼冠深袍，另装方领（曲项）前有蔽膝，对襟束腰，戴毡帽。女性供养人身穿大袖襦服，彩色裙子。壁画上飞天也是襦服长袍，带有锐角的裙披，巾披飘扬。这时期还出现大汉民族传统的羽人、女娲伏羲、雷公雷婆、东王公、西王母等等，这可能与东阳王时期的汉人政权有关。

第四组石窟共有11个，438窟、439窟、428窟、430窟、

290窟、442窟、294窟、296窟、297窟、299窟、301窟。这些洞窟窟形均为方形，倒斗顶，殿堂式，中心立柱少了，全是一层佛龛，仿木结构形式没有了。佛龛内出现一佛二弟子，二菩萨的新因素，佛像基本上是说法图，苦修像少了，禅定也很少。浮雕全是千佛，无供养菩萨。脸型方圆，额头短，脸肥，身厚，向隋代的风格过渡了。壁画染色，试图表现光感，鼻梁涂有白色，其凹凸画法与中原的染色技法相似。佛陀的服饰依然是"褒衣博带"，袈裟更为宽大，下摆皱褶多层而复杂，衣纹有阶梯纹，不再是泥条纹了。菩萨上身基本不裸露了，斜领短袖，带披巾，裙子下面摆褶重叠复杂，多达二层以上，披襻样式多种多样，有两道横向披襻，花冠比较矮，没有襦服。男供养人变化不大，女供养人身穿襦服，外披大衣披襻，也有狭衫小袖衣帛。壁画中的飞天又开始露脚，长裙外还穿短裙，披襻飘扬成大圆环，带子很长，头部有大首结，飞天都飞出房子，在空中飞扬。壁画中故事情节更为丰富，出现连续10多个场面的本生故事。石窟四壁的千佛更为突出，甚至顶部都是千佛。

通过以上四个时期的分类，可以比较清楚地为它们断代。

在第三期的285窟的北壁上有七铺说法图，第一、第五铺有纪年发愿文"大代大魏大统四年"，即538年；另一个是"大代大魏大统五年"，即539年，均为西魏文帝时期。"东阳王"在《北史》和《周史》中都有记载：元融（元太融）就是东阳王，他当过瓜州刺使，儿子元康也当过瓜州刺史，后来被女婿邓彦篡位。

他们曾写10多卷经文,都保存在藏经洞内,有明确的年代。证明"东阳王"是在北魏末年,孝昌年间,也就是约525年前后来到敦煌,而到了546年时,敦煌地区属于西魏时期。根据各种迹象说明这批洞窟很可能就是东阳王来这里开凿的,处于北魏末期,以西魏时代为主。

再说第四组洞窟,在隋代的洞窟里第302窟和305窟有"开皇四年"(584)和"开皇五年"的题记,可以作为隋代的上限。旁边的301窟显然是北周晚期。因为石窟的开凿是成组成段的,这组洞窟是546—580年之间开凿的。在第441窟里有一题记值得注意:记载在563年设"鸣沙县",到了隋代又复名"敦煌县",看来与441窟同存的洞窟应该在大统年间以后,开皇年间以前。就拿第302窟和305窟与隋代洞窟相比较,例如窟形、中心柱、正面没有佛龛,而以三躯佛身为主,以及他们的组合、色彩晕染等等,从秀骨清像的形象变成头大身短,服饰单一,人物性格突出的雕像,说明这是向隋代过渡的洞窟。所以第四期的石窟可以定为北周末、隋代初的作品。

再看第一期的洞窟,根据早期的飞天形象,与武威天梯山的飞天相比较;向达先生的文章(载于1963年《现代佛学》)中谈及把壁画中供养人的服饰和炳灵寺情况相比较;同时把这几个洞窟窟形和云冈龙门石窟相比较,不难看出这几个石窟具有早期不稳定状态。结合史籍记载的佛学大师的活动情况,以及麦积山和炳灵寺的石窟发展史,查阅洞窟中的题记等各方面情况来看,肯定还有更早的洞窟存在，只是还不知道上限的年份而已。如今在新疆吐鲁番石窟里发现的供养人服装与这几个石窟里供养人相比，十分相似，所以第一期的几个洞窟可以定为北凉时期开凿的。

第二组的石窟就是440年到529年之间开凿的，这时期可能有一些洞窟与孝文帝太和改制有直接关系，从壁画风格和佛像的造型上反映当时变革情况。

关于重点石窟的记录：

第275窟，北凉时代，即420年到430年之间开凿，是十六国的晚期，当时中原地区已经是北魏统治，敦煌还处于十六国势力范围之内。长方形窟，中间的墙是宋代修建的，平顶，有椽子。中间的是交脚弥勒佛，脸型圆润丰满，头发一绺绺披在肩头，这是受古波斯的影响，西来的形式。头戴宝冠（玉结），两耳垂肩，双手过膝，手面和脚底很平，交脚坐是印度造型，在西域地区很普及，在云冈最早5个石窟里就有双狮座的交脚弥勒像。身穿"扬裙"，据说是三国时期一位太守创造的服饰，也有人认为是犍陀罗艺术风格，方泥条纹袈裟，衣纹紧贴身躯，曹衣出水艺术造型，袒露上身，这是印度习俗，肩上有披巾，身穿西域服饰，弥勒像的背后仅保存左手，作"与愿印"，神态和蔼可亲。坐于双狮座，双狮座在新疆石窟里是常见的，估计也是来自古波斯的影响。弥勒雕像的背后是胡床，三角形靠背，有装饰图案，这在新疆也是经常出现的，在中国内地是见不到的。弥勒佛两侧各有一位未成菩萨的、正在修行的修士。窟内的壁画画法来自于印度，题材是

沙弥守戒自杀因缘
敦煌莫高窟北魏 257 窟壁画

四个释迦牟尼的本生故事。例如《尸毗王割肉救鸽》故事，尸毗王割下身上的鲜肉喂老鹰，拯救鸽子；还有毗勒王在身上钉 1000 个钉子，用脂肪点灯，割下头颅给婆罗门等等。用红色做底色，形成强烈的视觉感。壁画中晕染法与新疆高昌地区吐峪沟石窟里壁画相似，显然晕染画法来自于西域，这是三层染色，加黑线，底色为浅肉红色和深红，再黑线勾勒。石窟里本生故事经历三个阶段发展。1.菱形构图，2.方形构图，3.连环画形式构图。

第 435 窟，北魏早期开凿，中心塔柱式，窟内小菩萨的高浮雕形象生动，值得注意！

第 257 窟，北魏时期洞窟，南壁的壁画下层有一幅《沙弥守戒自杀品》，三毗和尚为了拒绝一位姑娘的追求，献身佛门，选择自杀。画面上宫殿建筑是汉代风格，姑娘的服饰是新疆地区西域人服装，小和尚穿的是印度袈裟，明显是亚洲各民族因素的大

融合。同样在《九色鹿故事》中也是采用汉人马车和住房,西域人的服饰相结合的方法,东西文化的交融。

第254窟,北魏时期洞窟,中心塔柱式,朝圣者围绕佛龛右转行走,朝拜各个不同佛像,转完后再坐禅修行。这是最早木结构的人字形坡窟顶,有明窗。弥勒佛雕塑像,通肩袈裟,紧贴身躯,"曹衣出水"造型。南壁上有《萨埵那太子舍身饲虎》本生故事一铺,在新疆洞窟里仅画一只老虎吃人场面,到了敦煌画面丰富多了,最精彩的是麦积山127窟里的《舍身饲虎》,内含戏剧性故事情节,云冈石窟内就没有这一故事了。南壁上还有《降魔变》,北墙上保存着《尸毗王舍身救鸽》图,要注意用白色画鼻子和眼睛,突出高光效果,服饰是典型的西域人装束,小袖口、长裙、圆口背心,纱巾从头上披下来,这种服装在龟兹壁画中常见,属于龟兹服式,后来维吾尔族人也穿这种衣服,戴毡帽、短衣服,这在麦积山和炳灵寺石窟中是没有的，只有在敦煌北魏洞窟内保存着，另外有《难陀出家因缘变》一铺（有地狱、天宫、扫地、空中树木，等等）绘画技法采用"铁线描"，线条流畅，有节奏，属于"骨头在肉里的铁线描"。"俄国十月革命"后有一批白俄士兵住在此洞窟里烧饭炒菜，烟熏火燎，破坏严重。

第285窟，西魏时期，大代大魏大统四年岁氏中旬建窟。在1908年的照片上可以看到石窟中央有一方台，方台上有一尊双身雕像"欢喜佛"，如今已经被盗。这是一个印度传统的坐禅洞窟，在新疆比较多。窟内的释迦牟尼雕像双肩披上袈裟，衣服紧贴身上，"曹衣出水"艺术风格，佛祖背后有背光；另一种佛像背后有羽衣图案，就像翅膀那样装饰。洞窟的拱门也是西域传来的形式。倒斗顶式，这是中原传来的建筑形式，中原地区很多古墓均为倒斗顶。洞窟佛龛的四周挂着帷幔，此窟是华盖式，四面挂着

敦煌莫高窟西魏第285窟

敦煌莫高窟西魏285窟壁画（局部）

"流树玉宝"。285窟的壁画和天顶画特别丰富，东西方的题材融为一体，既有形象丰满，裸露上身的西域人物，又有秀骨清像的南朝士大夫形象。壁画上有个婆罗门教徒，后面有一位神仙坐着由两匹马拉的马车上，在罗马4世纪时曾出现这种坐马车的神祇。在中国史书上记载传说有一种神是坐马车的，但是从未见过图像。在新疆克孜尔石窟里有很多这样神像，称之"日神"，而内地的石窟中就没有了，云冈龙门都没有见过。印度教里的神祇有96种外道，不同的神像，出现奇奇怪怪的形象。在云冈的第6

第 285 窟《得眼林》壁画

和第 7 窟门口就有一种来自"摩库罗教"的面带微笑的神像。秀骨清像的士大夫形象是北魏太和改制后出现的造型，在敦煌石窟里是 520 年左右才出现的，即东阳王时期，比云冈龙门要稍晚一点，一般是身穿大袍，毛笔勾线。南壁上一铺《得眼林》图，描绘 500 强盗与盔甲整齐的骑兵战斗，被俘后遭酷刑，挖去眼睛，放入深山老林，呼叫哭泣，林中小鹿在吃草，惊奇观望他们，这时释迦牟尼下凡，拯救这 500 强盗，全部归信佛教，立地成佛，在山中修道，清风吹来，全部复明，成为五百罗汉。这故事可能和当时大统年间暴发农民起义形势有关，政府军镇压暴乱。《山林修士》一图描绘一群修士在深山丛林里修行，神态宁静，面带微笑，胸怀开朗，秀骨清像，气韵生动，典型的中原风格；群山中有野猪、小鹿、猴子等小动物，十分生动可爱。还有《毗兰叶加》故事，叙述古印度传说，毗兰叶加因为错案被杀，自己找头，结果找到一只象头，成为印度教里神道，这一形象在古印度的壁画和雕塑里经常出现。285窟的窟顶壁画特别重要，是中原的传统神话和佛教故事相结合的装饰画；出现有羽神仙"凤鸟"；劈雷电击和联鼓"风雨雷电神"；非马非鹿的神兽"飞莲"；嘴吐烟气的猪头神兽"雨师"；佛教中摩尼宝座"伏羲女"；"开明神兽"——这是生活在昆仑山下一个民族的图腾。开明神兽属于西王母管理的，西王母管辖着整个昆仑山区域。"禺短"神兽，在《山海经》里曾提及一种人头鸟身的怪兽，在汉代画像砖上可以见到；还有"朱雀"的形象；"无获"是一种虎头、背上有羽毛的勇士，是秦代的一个力士形象（在响堂山有这种雕像）；"化圣"是从莲花中生长出来的东西，意味着"纯洁"；还有一种像飞天一样的神仙，手持"节"，这是护送死者上天的神祇。壁画上的风景也是中西方技法的融合：例如那幅有猴子的壁画中锯齿形山峰是新疆传来的画法，另一种层层晕染的山峰是中原的传统技法。

第249窟，西魏时期开凿的，倒斗顶式洞窟，窟顶壁画中流云、飞禽、走兽，内容丰富，形成一幅动态强烈，充满活力的效果。南部存有西王母坐凤车画面，北部东王公画面因被毁坏，已经不完整。仅剩白虎和羽人，均为长寿不死的神兽和神祇。加罗罗金翅鸟王，人头鸟嘴、鸟身，四周环绕着天宫伎乐，西域艺术风格，伎乐所居住的房子有两种形式，圆形屋顶属于西来造型，楼阁式房子是中原汉人风俗，羽人身上有披巾，飞天是印度风俗的半裸装束，穿大袍的为汉人服饰。窟内壁画保存着《狩猎图》和《阿秀罗》故事，"阿秀罗"四眼，四胳膊，二脚踩入人海，双手支撑日月，背景上有虚弥山，山上有桃李天宫，四周有城墙。其故事说：有一天阿修罗上山打柴，回家途中遇见一位奄奄一息的和尚，他把和尚扶回家，帮他治疗，为了给和尚治病，阿修罗倾家荡产。和尚痊愈后，为报答阿修罗，让阿修罗力大无穷，双脚踩海水，海水不过膝，双手伸起可攀日月。后来阿修罗与天公作战，战败，被压入山下。

第428窟，北周时期洞窟，原来曾被认为是北魏开凿的。这是北周时期最大的洞窟，东墙上有一幅连环画形式的《萨埵那太子舍身饲虎》，绘画风格与北魏很接近，在供养人的题记中发现是北周时代的洞窟。窟内基本保存着原有的塑像与壁画，窟内有中心立柱，四面开佛龛，背面是苦修像，两侧墙壁上是《说法图》，人字坡形窟顶，四边画有椽子。雕塑和壁画上有两种艺术风格相融合，一种是中原地区流行的"秀骨清像"造型，另一种是印度流行的凹凸法绘画技法。

第296窟，北周时期洞窟，此窟雕像在清代修理过，不是原作了。窟顶保存着北周的壁画，壁画上有两座房子遥遥相对，画的是《未妙缘品》的故事，讲一位尼姑的经历。古代印度习俗，妇女回娘家生育，这位名叫"未妙"的妇女生完孩子，随丈夫，

第249窟《狩猎图》

第428窟《萨埵那太子舍身饲虎》

第296窟《未妙缘品》

背着孩子回家,在半道上丈夫不慎在夜间树下被毒蛇咬死,新生婴儿被森林里野狼吃了,大孩子被洪水冲走。这时她遇到一个婆罗门教徒,告诉她娘家也因火灾烧掉了,极力安慰未妙。从而她就嫁给这个婆罗门教徒,此人是个酒鬼,她生育时,丈夫还殴打她,并把婴儿杀死,油煎后让未妙食用,未妙无法忍受,出逃。在坟地里遇到一位失去妻子的男人,随之结婚,这个男子是个盗坟者,被抓后,按当地刑法,妻子与他一起活埋,未妙被活埋三天后,因为野狼找食,把未妙挖出来,没有死。正遇到释迦牟尼和迦叶下凡,拯救未妙。并告诉她,因上辈子她曾经是一位皇后,害死一个小孩,但是她向天发誓,不予承认;造成这一生的经历,全部报应了。从而未妙出家当尼姑,入佛门。此窟壁画中还有龙车、

凤车、骑马人、供养人，以及《得眼林》故事，绘制精美。

第290窟，北周时代洞窟，此窟的雕像很精彩，特别是小和尚，迦叶和阿难的塑像极为生动。墙上有千佛图。窟顶画有佛传中《释迦牟尼树下诞生》故事，释迦牟尼母亲在山林中行走，在一棵菩提树下休息，从她的胳膊下生出一个孩子，即"释迦牟尼"，他生下就会走路，步步生莲，一手指天，一手指地，说"天下唯我独尊"。还有连环画故事情节"太子练武""箭穿七鼓""九龙灌顶"等。周围画有天宫、伎乐、飞天图案，飞天的服饰也已经汉化。

第244窟，隋代（581—618年）洞窟，窟内雕塑为隋代原作，壁画有一部分是五胡十六国到西夏时代作品。窟顶画有藻井，隋代画的十字梁与部分斗拱。前室和门口是西夏时代画的千佛和菩萨，团花图案，五代时期画的龙王礼佛图；曹议金、曹元德等供养人的肖像，伴随着侍从。东壁两侧顶部画有飞天和天宫拦墙，中部是说法图，其中有西夏时期画的立佛和男供养人。门的南侧也是西夏时代说法图，供养菩萨和云气，门的北侧是隋代的说法图，供养菩萨和云气。南壁顶部也是飞天，天宫拦墙，中间是说法图，立佛，两侧站立二弟子，两菩萨。西壁和北壁的佛座上保存着西夏时期重妆菩萨。

第328窟，初唐时期开凿洞窟，窟内释迦牟尼雕像特别精彩，衣纹细腻，布料质感很强，右壁上菩萨形象妙不可言，值得临摹。

第220窟，初唐时期洞窟，这时一个典型初唐风格的洞窟，第112窟是盛唐时期的代表，已经很成熟了；而220窟是初唐阶段，石窟造型和布局还没有完全成型，窟内雕塑、壁画气魄宏大。人们称之为"翟家窟"，翟家家族是敦煌的仓氶官，敦煌地区的世族，这是私人家的家庙，在1975年清理中发现东门壁上有题记：贞观十六年愿文题榜一方，即642年开窟。洞窟两边壁画极为丰富，表现《净土变》和《药师变》，佛教中"极乐世界"，这两块巨型壁画原来被宋代壁画覆盖的，1943—1944年间张大千铲去宋画，才见到唐代这两幅巨作。南壁上《净土变》的画面海阔天空，场面雄伟，人物众多，形象各异；整个极乐世界被围绕在一片湖水之中，水中漂浮莲花，莲花中亭台楼阁群生。北壁的《药师变》，同样是载歌载舞场面，画上有完整乐队，为唐代"软舞"伴奏，

第 328 窟的佛龛

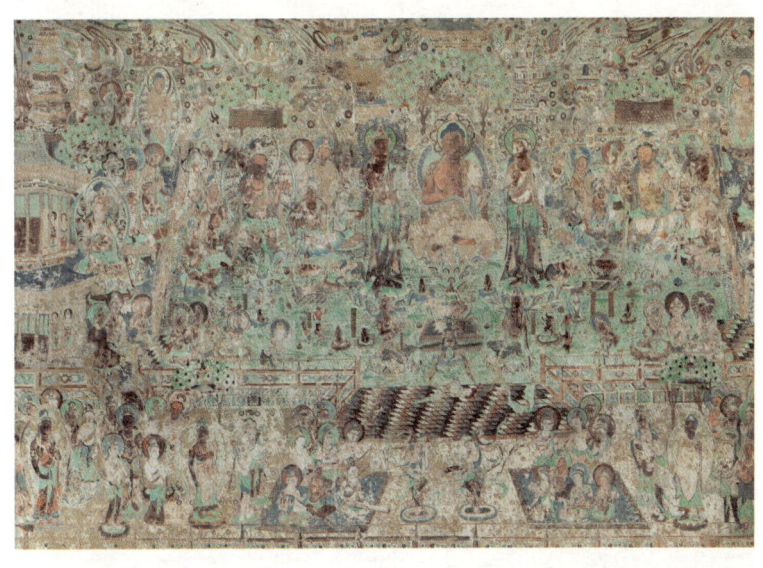

《净土变》（局部）
敦煌莫高窟初唐 220 窟壁画

第 220 窟《药师变》(局部)

乐队中有红皮肤、红头发的奏乐者，边上有精致的灯架、家具，在一块小小圆毡上舞蹈姑娘动态生动，扭曲伸长，用脚跟在地毯上旋转；并且保存珍贵的贞观十六年题记。贞观六年全国大统一，贞观十六年文成公主嫁吐蕃，贞观十七年玄奘大师赴印度取经；贞观年间中国和西域交往频繁，从石窟壁画上就反映出多民族融合的情景。进门两侧壁画也十分精彩，左侧是《维摩诘经变》，在古印度维摩诘是大商人形象，在新疆地区是大魔主形象，到北朝时期描绘成士大夫形象，在唐代壁画中是一位福态的大地主形象。右侧《历代帝王礼佛图》，还有一幅五代时期壁画文殊菩萨肖像，于阗王手牵狮子。旁边是翟家的家谱。

第112窟，盛唐时代洞窟，窟内壁画有《报恩经变》《药师经变》《西方净土变》《法华经变》，均为佛教中天国世界，主要笔墨是描绘佛国世界的繁荣欢乐。也包含着一些小故事情节，画得很简单，例如僧侣在山中修行，禅坐在洞窟静思，洞外有小鹿在喝水戏乐，等等。人物造型精致俊美，描绘结实，骨法用笔，富有个性。显然唐代人物画注重线条变化，追求艺术效果。当时采用贝壳粉调制颜料，而且已经开始用粉本，用厚纸板在粉本上扎针眼，贴在墙上扑粉，把粉本放大在墙上，上壁后再加西部装饰。

第45窟，盛唐时期洞窟，石窟中央佛龛里保存着唐代原作，跌坐佛一尊，阿难、迦叶、观音、大势至、南天王和北天王各一身，此乃唐代雕塑精品，也是莫高窟的镇馆之宝！南壁上是《观音变》，盛唐时期绘画技法成熟多了，与中原地区壁画技法完全一致了，

第112窟《西方净土变》中《背弹琵琶图》

第112窟《报恩经变》（局部）

画前先把墙面染成土黄色,再勾线上色,绘画细部。观音菩萨有 32 个化身,此窟壁画中的观音菩萨是典型盛唐风格,丰满的女性美人。当时正是吴道子活动年代,在壁画上可以体会出吴道子的绘画风格,不用铁线描,而是采用吴装莼菜条画法。榆林窟的第 25 窟也是明显盛唐画,画面上的山脉是先用线描

第 45 窟内的彩塑

勾勒再染色的。丛林的画法很巧妙，用土红色画树枝，用黑色勾叶子，然后用青绿色在黑叶上画圈，形成很茂盛的丛树林，有浅绛山水的趣味。

第 320 窟，盛唐时代洞窟，此窟开凿至今已有 1200 多年，保存完整的倒斗式窟顶，顶部的藻井图案清晰夺目，每当阳光灿烂的清晨，太阳从东方升起，明亮阳光照在石窟地面上，光线反射到窟顶团花图案上色彩绚丽，神奇美妙，可称"莫高窟之奇观"。窟内中央佛龛里是弥勒佛，安乐坐姿，边上迦叶雕像被盗，两侧两尊菩萨雕像保存完好，另外还有观音和佛弟子。南壁上《阿弥陀经变》一铺，1924 年被美国哈佛大学教授华尔纳切割运走两块壁画精品。北壁上有《未生怨》《十六观》壁画，绘制精彩。

莫高窟窟顶藻井图案

第十二课

第十三课 耿世民先生谈西域的古代语言

微信扫码,即可领取:博物馆珍藏画卷高清大图

- 300逾位古今艺术人物的美学思想
- 清华教授讲美学与艺术欣赏

耿世民先生(1929—2012)是中央民族大学的教授,古突厥语文学家、突厥学专家和维吾尔学专家,精通英、俄、德、法、日等多种语言。1979年3月28日,他应邀来中央美院举办"西域的古代语言"的讲座。以前我们对西域古代语言接触很少,这方面知识贫乏,耿先生这一讲座让我们大开眼界,想不到古代西域语言之丰富是"世界之最"!聆听耿先生的演讲后,我感到十分兴奋,并立即整理出这篇专

题心得和感想。有志于研究这方面专题的学者请查阅耿先生的专著。

关于"西域"一词有两种理解

1.从广义上理解，西域是中国以西的地区，包括阿富汗、伊朗、伊拉克、印度等国，直至丝绸之路的中转站土耳其的安条克古城（Anioch）。

2.从狭义上理解，西域是指中国的新疆地区，即塔克拉玛干大沙漠和沙漠以北地域，从地理上看，北、南、西三方向都有大山包围，唯有东侧是平坦的河西走廊与中原相通。史前地质年代这里是一个湖泊地带，因为喜马拉雅山脉的版块运动，这里形成一块干燥区域。这是一个荒无人烟的戈壁滩，依靠灌溉产生文明，出现定居点，沿着河流有村落和居民。从汉代开始，直至明清，每个朝代都有《西域传》，早在《史记》中就有"大宛传"，也就是"费尔干纳"（Fregana）盆地地区（乌兹别克），当时已经是一个城邦国家，具有以灌溉为基础的农业文明，后来的龟兹国、于阗国都达到数万人口的国家，还有很多几千人的小国和城邦。这些国家的文字、语言在唐代以前都是不清楚的。直至7世纪玄奘从印度和西域归来后，我们才了解到西域国家的风土人情和语言文字。如今我们对于西域知识的了解主要依靠20世纪以来世界各国的发掘材料和研究成果，在宗教、文学、语言、美术等方面有了一个概念，建立了学术基础，从而在世界学术界产生"西域学"。西方国家重视这方面的研究,在日本也有丝绸之路的专刊和研究机构。人们现在最关心的是从玉门关到帕米尔的考古发掘情况。

20世纪以来在人文科学方面有三大发现,第一是"敦煌学",第二是"西域学",第三是"死海学"(指以色列和约旦地区的考古发现),专家学者挖掘出大量文献资料,很多是公元前的珍宝。

从历史角度看,如今中国新疆地区,维吾尔族占95%,还有帕米尔人、柯尔克孜人等,柯尔克孜人和维吾尔人讲的是突厥语系,塔吉克人还保留着讲印欧语系(唯一一个民族)。外国人称西域。有的语言专家认为今天的维吾尔族与古代居住在蒙古高原的回鹘族有联系,回鹘人在9世纪迁入新疆地区,通过各民族的融合形成今天维吾尔族。维吾尔族有西方人的形象特征,而回鹘人属于蒙古人种,由于民族的大融合,他们在语言上继承突厥语系,形成于15世纪。如今喀什、南疆地区还保持着这种古老语系。

从宗教上看,今天新疆地区信奉伊斯兰教为主,而古代塔里木盆地是佛教兴盛之地,从中国2000多年文明史上记载有1000多年是信奉佛教的,吐鲁番地区更长。伊斯兰教于10世纪传入,到15世纪才普及。它对佛教文化的破坏很严重,可以说是一场浩劫。伊斯兰教不允许翻译,全部采用阿拉伯文,阻碍了民族文化的发展。在古代所谓文化中心,实际上就是宗教崇拜中心。

关于20世纪以来对西域的考古发现

公元前60年,西汉在新疆地区设立"都户府",标志着新疆地区正式归入中国的版图,宋代明代的管辖已经到达哈密地区,历代都保存大量记载,基本上是政治史,而语言文化艺术方面比较少。对于西域地区人文科学方面发现主要归功于近一个世纪以来的发掘研究,其中英国、法国、俄国、德国最为突出。

1889年,侨居在新疆的英国商人安德鲁·达格利什(Andrew Dalgeish)在从列城去莎车的途中被谋杀,英国政府派汉密尔顿·鲍尔(Hamilton Bower)上尉去追捕凶手,鲍尔上尉在库车的阿奢理斯寺和昭怙厘寺里发现写在桦树皮上的梵文佛经,并在自由市场上又购买到一些手写本,他将这些物件送到印度加尔各答,让鲁道夫·赫恩勒(Rudolf Hoernle)博士研究。通过研究,博士发现这是4世纪用婆罗米文(Brahami)手写的经文,这篇论文发表在医学杂志上,引起欧洲人的注意。1892年,法国迪特里尔·德·莱因(Dutreuil de Rhins)和格里尼德(Grenerd)来到新疆,也买到2世纪的写在桦树皮上的佛经《法华经》,用祛卢字母(Karoshti)书写的,在佛教中称之"驴唇文"。这也促使斯坦因4次来中国探险,主要是在新疆南部,丹丹乌里克、米兰、楼兰等地,前3次获得大量珍贵的文物。1902—1913年,德国派出皇家考古队在丝绸之路的北路发掘大量壁画、雕塑、绢花和文献。1903年,法国伯希和带领测绘与摄影团队来到敦煌,他是一位杰出汉学家、语言学家,伯希和在藏经洞里挑选的精品对于西域古代语言学的研究具有重要意义。

在艺术方面我们对于敦煌、云冈、龙门石窟与印度文化的关系已经比较清楚了，西域地区盛行的犍陀罗（Gandhara）艺术对中国与日本的佛教艺术产生了深远的影响。在3世纪以前印度是没有佛像的，仅用佛陀的脚印、菩提树、转轮等象征物。希腊亚历山大大帝东征，统治大夏国长达200多年，希腊人与本地人融合，接受佛教，将希腊艺术与佛教信仰相结合，把阿波罗的形象引入佛教，成为释迦牟尼的偶像崇拜并创造佛像，这就是犍陀罗艺术中的佛像造型。到了贵霜时期，中国人称之"大月氏国"，这时犍陀罗艺术风格已经达到成熟阶段。佛教传入中原大致可分为三个时期，第一阶段是贵霜时期（3—5世纪），第二阶段吐火罗时期（5—8世纪），第三阶段是突厥时期（8—9世纪）。

德国有一位学者瓦尔施密特（Walschmidt），他是季羡林先生的老师，他写过一本有关犍陀罗艺术的专著《犍陀罗，贵霜，突厥（鞑靼）》（Gandhara, Kushan, Tatar）。德国考古队还在米兰发掘大量佛像，在喀什发现很多壁画，证实突厥时期印度犍陀罗风格和汉文化融为一体，并已传入中国内地。考古队在新疆克什米尔发现的佛像造型柔和，脸型圆润。据斯坦因的介绍和分析有一部分是西亚古代萨珊王朝（Sassanid）的艺术风格，反映在皇冠、披肩的纹样与造型上。在吐鲁番发现的壁画中有摩尼教和景教的内容，后来甚至传到长安。摩尼教是3世纪一位叫"摩尼"的波斯人吸收拜火教、基督教和佛教教义，

伯希和西域探险记

巴黎吉美博物馆

并结合为一体，创立"摩尼教"，他们重视壁画，可惜留下文献很少。而在吐鲁番壁画中有一幅著名的作品叫《圣枝节》（天主教的说法），基督教称之《棕榈节》，此画长期存有争议，有人介绍说是"洗礼"场面，日本学者纠正说这是"星期日棕榈叶"（Palm Sunday），说法不一。新疆的壁画珍品基本上都被运往欧洲，很多精品在第二次世界大战中被炸毁了，消失于人间。法国语言学家伯希和写过一部回忆录《伯希和西域探险记》，记录他所见到的壁画、雕塑。前15卷是新疆地区的艺术作品，后面几卷是敦煌石窟情况。他记载了曾在新疆巴楚（Maralhachi）的图木舒克（Toumchouq）发掘出新疆最古老的佛教寺庙遗址，有丰富的壁画、雕像，这些珍品如今都被收藏在法国巴黎吉美博物馆。德国学者科克（Albert von Le Coq）著写了一部有关新疆高昌地区佛教壁画书籍《中亚古代佛教遗址》，"高昌"在古代

巴黎吉美博物馆展厅

突厥语中称之"巴扎克列柯"(bazaklik),其含义是"有画的地方"。另一位德国的探险家阿尔伯特·格吕内瓦尔德(Alber Grunwedei)被斯坦因称之考古"狼群"之首,他著写的《中亚佛教遗址》和《高昌的文化生活》中,把高昌称为"画家洞窟",有一块壁画上反映龟兹人的服饰和人种,当时有很多西域画家在新疆工作。唐代著名画家尉迟乙僧(Vijayirasanga)和尉迟跋贤(Vijaybadra)均为西域艺术家,善画佛像和外国奇物。关于西域语言学方面有专著《古代西域(新疆)文化宝藏》(英文名),德文原著名为《沿着希腊古代艺术的遗址》,书中涉及的西域地区有17种语言,24种文字。这一数字有点夸张,但是世界上任何一个地方没有如此复杂的语言和文字,这是事实!而且因为气候干燥,古文献、壁画、绢画不会腐烂,保存完好。关于这17种语言列表如下:

 1.汉语.汉文

 2.突厥语(回鹘语).突厥文,回鹘文,摩尼文

3. 焉耆语.婆罗米文斜体

4. 龟兹语.婆罗米文斜体

5. 于阗语.婆罗米文直体

6. 巴楚语.婆罗米文斜体

7. 喀什语.古突厥文

8. 粟特语.粟特文，摩尼文，叙利亚文（福音体）

9. 古代印度语.（梵文，世俗梵语）.婆罗米文斜体，直体，祛卢文

10. 安息语.帕列维文

11. 中古波斯语（帕列维语）.帕列维文

12. 蒙古语.蒙古文

13. 西夏语.西夏文

14. 咽哒语.希腊文

15. 新波斯语.阿拉伯文

16. 阿拉伯语.阿拉伯文

17. 藏语.藏文

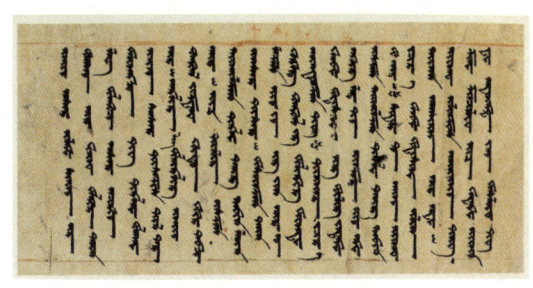

敦煌藏经洞里发现的唐代的回鹘文经文残片

敦煌藏经洞里发现的古代经文残片

可见西域地区古代语言文字之复杂，为世界之最！据语言学方面考证，粟特人的老家在今天的俄国境内，那是他们的发源地。而汉语佛教中很多词汇来自于西域语言的发音，例如"和尚"一词来自于于阗语"Hiarsang"，是"高尚"的意思；"沙门"来自于"Sramenra"。龟兹语中"佛"，发音为"Put"；"菩萨"一词是"Buadha"。另外古代新疆地区佛教圣地的发掘对印度历史起了很大的弥补和完善作用。新疆米兰地区6世纪的佛教艺术属于印度犍陀罗风格；于阗国的统治范围以大乘教为主；从阿克苏到跋禄迦，以及库车，在唐代时期是以小乘教为主，即"一切有部"的部派佛教。直到12世纪伊斯兰教传入新疆，当时北部高昌回鹘王朝还信奉佛教，南部黑汗王朝信奉伊斯兰教，到了14世纪伊斯兰教才统一了整个新疆地区。

第十四课 季羡林先生谈中外文化交流

微信扫码,即可领取:博物馆珍藏画卷高清大图

- 300逾位古今艺术人物的美学思想
- 清华教授讲美学与艺术欣赏

　　北京大学原副校长、国学大师季羡林先生应中央美院邀请举办学术讲座。季羡林先生精通多国文字,特别对梵文、巴利文、吐火罗文有深入研究,他是佛学、梵学方面的专家。1979年初,季先生特为美院研究生举办《中外文化交流问题》讲座,为研究生未来的研究科题和研究方向作指导。

　　首先,季羡林先生提出研究生要扩大知识面问题,他说目前

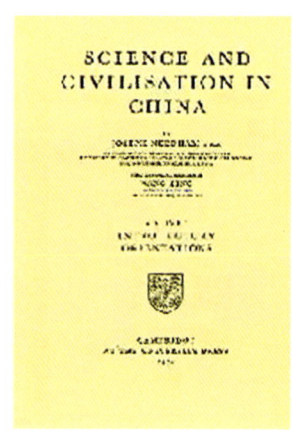

李约瑟的《中国的科学与文明》

当代学者所著写的中国历史书籍就有好几部是站在中国立场上，以中国人眼光来谈中国历史，这样的学术面是否太狭窄了呢？他觉得应该把中国的历史情况和外国奴隶社会、封建社会的分代情况作比较，通过比较再决定中国的分代问题。关于中国古代哲学家"老子"问题，是唯物主义的，还是唯心主义？怎样来评价？一般人都是就事论事，不够透彻的。英国的现代生物化学家李约瑟在1954年写著的《中国的科学与文明》比我们写得深，写得透，写得实事求是。他对"老子"的看法，与我们完全不一样。关于阴阳问题，他从原始社会开始分析的，挖掘得比较深。最早的宗教是命令，并不是祈祷。原始人不理解妇女生育问题，所以崇拜女神，认为女子可以促进生产，阴阳的起因就在于此！印度古代哲学也有这方面的论述。季先生认为英国的李约瑟和印度古代哲学（顺世论）比较实在，是唯物主义的，无论搞社会科学，还是

李约瑟教授

自然科学都要扩大知识面,没有外文基础是不行的。

　　关于新疆的佛教艺术与国外的联系问题,季先生说19世纪末20世纪初,英国考古学家斯坦因来到新疆,发现了很多文物,获得空前大收获,轰动世界学术界。全世界都开始注意新疆敦煌地区的佛教文明和艺术,对我国学术研究有很大的促进。季先生有一位德国老师曾研究过新疆的艺术,他认为新疆是世界三大文明的汇合之处,希腊、中国、印度三大文化汇合在新疆地区,形成现在世界上两个热门学术研究,一是敦煌学,二是丝绸之路。"丝绸之路"有很大部分在中国境内,日本曾有一位画家、一位音乐家、一位作家沿着丝绸之路西行,日本也出版了不少有关的资料、小说、音乐、纪录片。在中国艺术品中发现波斯、伊朗的装饰图案,伊朗的宫廷细密画显然与中国的工笔重彩有千丝万缕的关系。东亚和西亚的很多国家都希望与我们合作,搞清楚这些问题,合作完成。

中国艺术与印度、伊朗艺术联系的专著应该得到出版。但是由于我们知识面太狭窄，目前看来是远远不够用的。

关于希腊文化的问题是极为丰富的，有荷马史诗、喜剧、悲剧、哲学、神话……马克思说过："希腊神话具有永久性魅力！"印度也有2000多年的历史，印度美术也要和印度的史诗联系起来研究，印度的文艺理论也是很有意思的，可惜翻译得很少，其他方面例如戏剧、雕塑、文学等都是很有成就的。我们对于中国历史、中国文学方面的研究的人手还远远不够。日本有一个专门研究《文心雕龙》的学者来中国找导师，北大中文系无人敢出来讲述，说明我们的研究是不够的，四个现代化离开我们这一项，也是不完全的。

关于文艺理论问题，季羡林先生说中国的文艺理论就像希腊、印度的艺术理论一样极为丰富。对于资产阶级的文艺理论要一分为二来看待，例如朱光潜先生讲述的《文艺心理学》在理论上论述较深刻，给他印象很深，例如涉及德国学者、奥地利学者的"心理状态的流落"，对美的理解等，涉及的学问很多。我们现在对于欧美的"美学"上发展还了解甚少。

其次季羡林先生要求大家思想还要积极一点，革命浪漫主义要再多一点。目前我们就是太缺少革命浪漫主义了，例如戏剧电影问题框框太多，剧本的内容太简单，程式化，比较死板。不能引人入胜。《列宁全集》第33卷282页上有一段："一个人没有幻想，也就没有成就了。"郭沫若曾在科学大会上的书面发言，提到"要异想天开，又要实事求是"！各行各业都需要有幻想，我们的条条框框太多，思想还不够解放。例如关于印度历史上土地私有制的问题，马克思、恩格斯在1863年6月14日信中曾提到"印度是没有土地私有制"，因此也就不存在灌溉问题。马恩又说"印度没有土地私有制"是研究印度历史的"钥匙"。在1867年有人提出"印度是有土地私有制的"，至今世界的历史界一直是有争论的。季先生说他在研究佛教问题时，读了《本生经》，读了很多佛传本生故事，如释迦牟尼是王子、苦修士等等。佛教就是利用这些民间故事来宣传教义，从这些本生故事中看不出土地的公有制，反而有很多实例证明印度历史上是存在土地私有制的，这就说明了马克思、恩格斯的结论也是有出入的。我们必须解放思想，大胆地去探索。我们新一代研究生必须有这种精神和胆识！

第十五课 李泽厚教授谈"形象思维"

微信扫码,即可领取:博物馆珍藏画卷高清大图

收听
- 300逾位古今艺术人物的美学思想
- 清华教授讲美学与艺术欣赏

1979年10月26日,中国社会科学院的李泽厚教授应邀给中央美院研究生举办"美学"讲座。主讲"中国传统美学"的特征和进程,严谨生动,叙述深刻,在学术上给同学们很大启发。这次讲座的基本内容就是1981年文物出版社出版的李泽厚先生的《美的历程》。我对于讲座中提及的"形象思维"问题很感兴趣,因为自幼喜爱美术,从事美术工作多年,对"形象思维"深有感触,写下这篇感想和心得,对

于我今后阅读包桑葵的《美学》和科林伍德的《艺术原理》也起了很大帮助。

"形象思维"是研究艺术创作的规律性问题。在学术界存在两种不同看法:一种是否定形象思维,否定艺术创作具有特殊的心理学的观点,搞哲学的学者持这观点较多。第二种是"平行说",他们反对以上说法,认为人类有"逻辑思维"和"形象思维"两种思维,现在多数人相信这一观点。

实际上人类只有逻辑思维一种思维。以上两种观点有一个共同特点,即没有搞清"形象思维"中的"思维"的含义是什么?没有作含义上分析,概念上糊涂,词义不清,用词不精确,所以争论也糊涂了。形象思维中"思维"是包含广义的理解,西文中的"想象"是"Imagination",也就是人类的一种"思维"方式。以上两种观点都认为"艺术就是一种认识",用"认识论"的一般观点来理解艺术。艺术包括认识,但是不能归结于认识!我们通过电影、小说、绘画、音乐、戏剧,等等,并不能立刻认识什么问题,如果真正要认识某问题,不如直接去看历史、哲学著作。这个问题必须得到重视,不能把艺术引向说教式的邪路。艺术包含着认识,不能等于认识,不能归结于认识。因为艺术能表达一种讲不

李泽厚先生的《美的历程》

出来的东西，甚至是语言之外的，文字以外的东西，艺术之"高明"就在于此！例如电影中利用某些象征物和特殊环境表现男女之间恋爱感情，让观众受到感染，用低沉的音乐来表现爱情的发展，使艺术感染力格外丰富，这就涉及艺术心理学的问题。

"美学"分为三个部分：美的哲学、艺术心理学、艺术社会学。"形象思维"是多种心理功能的综合，与审美感觉有共同之处，涉及创作与美感之间的关系。美感内涵是一种直观，也是一个逻辑思维问题，艺术是一种真诚的直观，不是理论和认识能代替的。美感与认识不是一回事，直观也是有基础的，它代表一个人的文化素质、人文修养。它既是感性的，又是理性的，直感是一个很普及的心理学知识，没有什么神秘，要注意艺术心理学的规律。

另外形象思维应该包括感知（感觉，知觉）、想象、理解、情感，这四种心理功能，即心理因素交织在一起，如同复杂的"数学方程式"，美学上的心理学是艺术创作的基础，但是至今艺术心理学还不成熟。

首先是"情感"问题，讨论"情感性"的文章和专著不多，"形象思维"离开"情感"就无法进一步深入研究，也不能构成艺术创作，形象思维的逻辑就是情感的逻辑。以往人们认为艺术特点是"形象性"，这是几十年来流传的理论。那么医学上的挂图也有形象，但是不能构成"艺术"，所以"形象"不等于"艺术"，有一些东西没有形象也构成艺术，音乐没有形象，但是音乐是"纯艺术"。在艺术创作中"情感性"不次于"形象性"，甚至情感性更重要。

例如韩愈的《原道》开篇全是议论，老一辈的学者都推崇此文，文章中有一股"阳刚"之气，有一股气派，有力量，多读对自己内心的强大很有启发，这里没有形象，这种气魄内涵是一种"情感性"东西。关于欧阳修写文章，也流传一个故事，他写道："仕官至将相，富贵归故乡"，他骑马走了500里后，想了一想，又回头来改文章，"仕官而至将相，富贵而归故乡"，文章的气势，文气就不一样了，与韩愈不同，他是"柔和之美"。说明还是一个情感性的东西在起作用，构成艺术的情感性很重要，它支配着形象性！中国古代很早就知道"情感性"问题，最早在美学文章《乐记》中就谈及到"情感"。在西方古希腊柏拉图和亚里士多德讲究"摹仿学"，国外如今也在研究这问题，英国的科林伍德（Collingwood）和包桑葵（Bosanquet），美国的朗格（Lange）提出"情感符号学"（Feeling and Form），艺术是情感的符号，情感的表现，这说法是有一定科学性的。我们不能简单全盘接受，也不能一笔抹杀，要分析接受，作为一个长期沉浸在艺术创作中的艺术家，是最有发言权的。要把内心的抽象的、无形的"情感"客观化，具体化，通过一定手段，即"形象化"的手段，就是采用绘画、音乐、舞蹈、戏剧等艺术手段，把内心的情感转移给别人，让人们接受，让人们感受，感染别人的内心，引起人们的共鸣。写文章就是在痛定思痛的情况下才写出来的，情感表现要通过再次思考和体会，要寄物兴词，触景生情。美学上的"移情说"，解释了艺术创作和审美心理学上基本原理，这种现象是存在的，

高尔基

把现实世界里复杂性表达出来了。以情感为中介,把本质"化"为个性,"化"的同时产生艺术,所谓"中介"就是中间环节。例如高尔基的《海燕》把暴风雨与革命联系在一起,就是通过情感来联系的。同样猛虎、老鼠在不同情况下有不同的理解,这就是通过不同情感来传达的。以情感为中介,形象的含义也就不同。情感是很复杂的,它与逻辑思维和理性公式完全不同,甚至是对立的,例如八大的花鸟就明显带有情感的。科学的东西一旦被人们认识了,也就过去了,而艺术欣赏是可以重复的,而且同样一件艺术品在不同时代,不同背景,不同心情下,会产生不同感觉,这就是情感在起作用。

"理之于诗,如水中盐,蜜中花,体惬性存,无痕有味",艺术中的认识要达到这一点,使人感觉出来,但是又不见形象,这才是真正的艺术思维!

在明代评论唐诗的古籍中提及:韦苏州曰:"灯下人将老,门前树已秋。"白乐天曰:"树初黄叶日,人欲白头时。"司空曙曰:"雨中黄叶树,灯下白头人。"三诗同一机杼,司空为优。三首诗的意思相同,第三首最佳,就如电影的剪裁镜头,两个镜头的组合应包含第三层意思。前二首中"将老"和"欲白"是概念性东西,而司空曙只用生动的形象，表达了形象后面的含义。唐代的高士文人司空图在《诗品》中写道："不着一字，尽得风流，语不涉难，已不堪忧。"中国诗词讲究含蓄，包括情感和感想。又如早期摩登时代电影几乎全是无声电影，又无说教，但是表达的思想是深刻的，卓别林自己也说"他的电影是凭着情感创作的"。

另外关于艺术创作中非自觉性问题：艺术创作过程中常常出现不自觉的表现，作者自己也不清楚，有一种不自觉的发挥。如果把概念变成艺术表现，这是不真实的，是虚假的。只有艺术家的内心的直感的表达，才是真正的艺术。"直感"在创作者内心是有基础的，当艺术家进入创作过程越是表现直感就越成功，不要被外界的理论和概念所约束，不仅不会降低思想传达，反而会增加艺术内容的感染力。艺术创作中"自动化"有两种不同情况：第一种是形式上自动化，例如诗人、画家，在艺术表现形式方面勤学苦练，刻苦学习基本功，熟练地掌握这些表现手段后，就可以自由表达自己的情感，达到不自觉的情况下创造出精彩艺术效果。第二种是艺术创作中有"灵感"，灵感是艺术家长期积累后爆发出来的艺术创造力。例如我们在生活中突然对某个场景，某种色彩，某种印象有一种激情表达愿望，在脑海里呈现出一幅生动画面，这时立刻动手，很可能会获得极佳的艺术效果。有一些音乐家在酒吧里，餐桌上，坐车时灵感出现，把脑海里的旋律记录在便条上，或者餐巾纸上，就可能是一首世界名曲，所以艺术创造是不能用一般固定概念和逻辑思维来解释的。

第十六课 贾兰坡谈原始社会及其艺术

微信扫码,即可领取:博物馆珍藏画卷高清大图

聆听
- 300逾位古今艺术人物的美学思想
- 清华教授讲美学与艺术欣赏

贾兰坡先生是中国科学院院士,也是美国科学院外籍院士,中国著名的旧石器考古学家,他是唯一一位没有大学文凭却登上科学最高殿堂的学者。1979年2月24日,他应中央美术学院的邀请开设《原始社会及其艺术》的学术讲座,探讨人类艺术的起源。

贾兰坡先生是旧石器时代考古专家,他从人类的起源来论述美术作品的出现。他说人类最早的工艺品大约在100万年以前,有一位外国人在甘肃发现的古文物中，出现了最早的工艺品，这类文物在亚洲和非洲发现较多，所以早期的东西比较少，晚期的东西丰富，在美洲仅仅3万年前的材料，他们认为有10万年前的考古文物，贾先生认为是不可靠的。在非洲发现人类最早使用的石刀以及旧石器时代用物。最远可以推到近2000万年前。人类到底产生在哪里呢？欧洲人说一直没有去发掘，而在地中海周围边沿地区发现不少痕迹，非洲的发现就更早、更多了。贾兰坡先生认为亚洲人的起源之说是可信的。以印度、云南地区为中心，这解释是可以理解的。在云南发现了腊玛古猿下颌骨，与人类最接近的猿人化石是在禄半发现的。最近又发现一个头骨，这是惊动世界的考古发现，因为这是能制造工具的人了。东非坦桑尼亚有一个叫奥尔杜维大峡谷，1959年曾在峡谷内发现了"东非人"，有工具、有石器、有骨，还有一批动物化石。根据新技术的测定，大约175万年以前，经过多个国家共同测定，肯定是175万年前左右的文物。我国的测定技术进展比较缓慢。在东非人的遗址下面还发现了"能人"（有能力的人）遗物，从头骨的形态判断比较接近北京猿人，有石器、骨器、动物化石，等等。说明这两种人种是否生活在同一个时代呢？各有各的解释。东非人生活的大峡谷在赤道附近，有一位英国考古学家在那里工作了多年，东非人的这一发现轰动了世界。另外在埃塞俄比亚的阿法尔（Afar）地区也发现了260万年前的石器，吸引了几十名专家在那里工作，由于这些挖掘的新发现，导致地质表也发生变化。

贾先生指出云南元谋人的牙、石器和木炭渣，根据测定距今约170万年，只发现两枚牙齿"中门齿"，三块石器，这是1965年发现的，鉴定为"更新时期"的东西，这是根据周围不同的化石来测定的。山西芮城县发现的西侯度村的化石，不会比元谋人晚多少，这是1961年至1962年间挖掘出土的30多件石器，实际比东非人晚不了多少时间，从石器来看并不是初期的东西，而且制作得十分精细了，这说明我们的历史还得往前推进。关于人类工艺品的制作问题，贾先生指出工艺手段是越造越复杂，最早仅仅把石头加工成一块石器，用来刮削木棒用的，这就是从不会制作工具的猿猴提高到猿人的一步，经历了几十万年的生活，原始人开始从河边捡一些砾石来制作工具，加工过程是先把圆形砾石打磨成"X"形状，再打成石片X，可以打成很多石片尖状器X，再把尖状器石片加工成X石器。通过这一发展，逐渐懂得了对称、平衡。这种加工过程绝对不是最早的人类可以办到的，而是要经历一个较长阶段的发展，加工过程是复杂的，同时也出现雕刻工艺品，有很多像现在刻刀一样的石器，有时也可以见到两边打出刃口的石器，开始知道两边的平衡、对称，这时"工艺品"诞生了。从北京猿人开始有刀斧了，所以也发现类似的石斧很多，与北京人差不多不同时期的，底印厚，前面有刃口，欧洲的石斧刃口是波浪形的，北京人是平的，比欧洲人要更进步一些。到18000—15000年左右，发现"矛头"，矛头是树叶状石器，也被称为"青叶状"，都是用火石打制的，工艺技术很高，但是现在已经失传了，矛头本身就像一件工艺品艺术。20多年前在澳大利亚还发现类似石器，这段时间是石器工艺的高潮。我国在28000年前就有了弓箭用石片打造的，很美，形状是X，整洁锋利，只有小手指指盖一样大小，在山西朔县峙峪地质发现的，出土了很多东西，制作也很整齐，把我国使用弓箭的历史往前推进了。

中石器时代距今7000—10000年之间。以往人们用几何形细石器的制作来是为中石器时代特征某些细石器细小得可握着无法使用，十分精致。这类细石器在非洲延续到200年前，在中国延续到近代时期，所以贾兰坡先生认为以细石器来断定中石器时代的说法是不可靠的。中石器时代出现石墨做成的装饰品，周围对称打磨光滑，中间钻孔。最早石墨制品距今28000年左右。在周口店就发掘出不少用小砾石做的装饰品，两边对钻孔，粗看如妇女佩戴的鸡心一样形状，工艺上有了很大进步，而且对称平衡。同时还发现骨针，针眼是用很尖的尖状物刻出来的，而且有点弯度，说明当时有衣服和缝纫出现了。有针必有线，最近研究证实当时是用鹿经（胫）来做线的。至今黑龙江的鄂伦春人还是用鹿胫来做线，透明的，比生丝还漂亮。那时用兽牙来做装饰品，在牙根上钻孔，一般用兽齿中犬齿，因为犬齿是所有动物口中最少的牙齿仅4枚，而且还是厉害的牙齿，为了表示狩猎的英武、勇敢，要用犬齿作为装饰品，显示英雄好汉的气质，另外也有用海贝、贝壳的装饰品，这就涉及到古地理的研究问题了。

到了3万多年前，贾兰坡先生指出"美术"作品出现了。在欧洲发现绘画、雕刻、泥塑等东西，有人认为是一种其他民族侵入欧洲带来的美术品，各有各的解释。多数是一种人体塑像，有石灰岩的、有骨头的、有象牙的，大多数是女性，可能是偶像，与母系社会有关。现在有些偏僻地区少数民族还没有"父亲"的概念，这种塑像一般肚子大、乳房大、臀部大，大概与生育有关，都是赤身露体的裸体像，面目不清，有的用头发全印盖没脸，头像圆球，也不见眼睛、鼻子，往往腿很短，或者合并成锥子一样，变成一根棍子，有点像现在的立体派现代雕塑。与宗教崇拜有关？与尊重母性有关？是一种偶像？还没有明确的答案，只能说这与母系社会有关，这种雕刻分布得很广，从西伯利亚到意大利，从法国到捷克都有发现。当时还有用骨粉和泥混合后烧制成的陶器和烧陶雕像，这些东西必须结合当时社会情况来分析研究，至今还没有真正令人信服的解释。

贾先生介绍说在2万年前已有绘画作品，最早的线条在石板上和石壁上都有所描绘，在法国一个洞窟里绘制很多哺乳动物重叠混合在一起，有猛犸、犀牛、野牛重复在一起。为什么知道这是2万年前的绘画呢？因为很多动物现在早已灭绝了，例如披毛的犀牛早就已经没有了。这类犀牛在中国100多万年前的华北就有，这是寒带动物，华南较少，后来越来越向北迁移。地球在300万年前之前有5次气候大变化，寒带动物向北移动。另一原因是人类的狩猎和追逐，原来在华北地区猛犸很多，因过多的猎取被赶到西伯利亚地区，如今考古发现的猛犸化石，与古代绘画相比较是

人体塑像

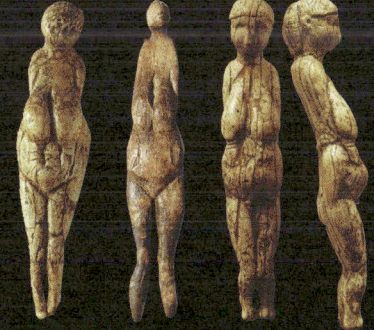

人体塑像

温林多夫维纳斯

相同的。为什么要重叠绘画呢？怎么解释呢？这些岩石肯定是狩猎者画的，现代有修养的艺术家也画不出如此生动的动物形象，由于他们整天与动物打交道，生死搏斗，印象深刻。法国有一种河卵石刻有手拿木锄的妇女形象，还有狩猎男子手举标枪和拿着带有钩子棍子的形象，从壁画中可以了解到当时社会的分工已有陷阱。

贾先生指出早期的绘画都是用刻刀刻的轮廓画，在峙峪和周口店都有刻刀和马骨头，在骨头上刻有很多道交叉形的和排列型，发现了成百块这类型骨头，可能是某种记号，在少数民族中有用木棍刻有记号作为"借物"和"合同"性质证物。在西班牙的洞穴里有距今2万年用红锰石绘画的猛犸画像，简直是写实作品，近代人都难以画出来。法国石窟里也发现披毛犀牛、野牛、野马的岩画，这些作品几乎是百科全书，可以认出他们的种类，说明写实之逼真，在动物身上侧面还画有矛头，这说明与巫术有关。

贾先生在黑板上特地画出"刻刀"的样子，X两边加工有刃口，与现代的刻刀十分相似。

绘画到1万多年前，手法越来越复杂，技术也越来越多样化，西班牙的阿尔塔米拉洞窟内画的马，有很优美的头部，还有野牛，画在洞窟的顶部岩石面上，有长腿，动态生动。是用黑色锰矿画轮廓，再用红赫色涂色，动物学家一看头就知道马匹和野牛的品种。它们距今不到2万年，马德林时期是文化最盛的时代，古代壁画发展达到高潮。用黑红色画外轮廓，再用阴暗画法即渲染的手法

阿尔塔米拉洞窟　　　　　　　三兄弟洞窟（法国）

上色，从直线到点线结合，从半着色到全上色，运用褐色、红褐色、土黄色染绘的，有的狩猎场面有背景，利用岩石天然凹凸来表现动物。与中国水墨画很相似。最突出的是西班牙的阿尔塔米拉洞窟，在法国有个洞穴是三个小孩发现的，在60米深的洞窟里，发现大量壁画，还有泥塑的野牛，取名为"三兄弟洞窟"。在法国洞窟中发现了灯碗。在中国暂时还没有发现类似洞窟壁画，贾兰坡先生相信肯定也有，有待于人们探索、发现！

第十七课 朱狄教授论艺术的起源

微信扫码,即可领取:博物馆珍藏画卷高清大图

收听
- 300逾位古今艺术人物的美学思想
- 清华教授讲美学与艺术欣赏

1978年10月,我进入中央美院的第一堂英语课,是由曾留美的商福家教授让我们翻译《迦登那艺术史》中的《阿尔塔米拉洞穴壁画》一文,从而激发我对原始艺术浓厚兴趣,直至35年后我亲临西班牙阿尔塔米拉洞窟参观,几十年愿望得以实现。1979年秋季中国社会科学院哲学所美学研究室的朱狄教授在美院举办系列讲座,主讲两个专题:《十九世纪以来西方对艺术起源的研究》和《当代西方美学》,朱

狄先生的演讲条例清晰，知识渊博，介绍大量的参考书籍和史学资料，他的严谨学术风格，令人敬佩。1984年和1988年他分别出版《当代西方美学》和《原始文化研究》专著，影响甚广。1979年，我听朱狄先生演讲后，感触很深，十分崇拜他的渊博知识，课后就跟随他查阅各类参考书籍，对原始艺术问题作浅薄的探讨，并写下了这篇关于《原始艺术的起源》的感想。

A. "进化论"的兴起和对艺术起源的影响

关于"艺术起源"问题在19世纪以前是不可能有科学性的研究的，美国一位美术史家、美学理论家亨德里克·威廉·房龙（Hendrik Willem Van Loon）在1937年出版的《人类的艺术》一书开篇中写道："如果我是生活在100年前的人就好了，那么我写这本书就会轻松得多。因为100年前，艺术史简单得就像《圣经》年表一样。当时我们的思想也比较单纯，和蔼的阿歇尔主教告诉大家，世界起源的时间是公元前4004年10月28日星期五，于是我们就相信了，十分自然干脆，毫无争议；

房龙的《人类的艺术》

一切都是那么的理所当然,至于我们祖先亚当到底是出生于公元前4004年,还是公元前40004年,或者公元前400000004年,对我们普通人来说好像也没有什么关系……"因为谁也不愿意去做任何"异端"的争论。

"进化论"对宗教进行粉碎性打击之前,不可能对人类起源有一个精确研究。古希腊历史学家希罗多德曾去过尼罗河,认为希腊文化是从埃及流传过来的,对古埃及文化深为感动,但是没有留下任何记载他看见了什么。最早在德国学者温克尔曼的《古代艺术史》著作中叙述了艺术的发展和变化,但是他也不理解他研究的希腊艺术是不是人类最早的艺术。黑格尔的《美学》第二卷中很多地方是探讨艺术的起源,黑格尔认为艺术发源于理念的发展,这是唯心主义观点。他说史前人类没有留下任何艺术痕迹,他只能停留在对波斯的拜火教的研究和对埃及狮身人面像的研讨。由于他的眼光所限,不能看到史前人类的艺术。黑格尔在1831年去世,到了1856年在德国发现了尼安德特人种头骨,1879年西班牙发现史前洞穴壁画:阿尔塔米拉洞窟壁画。18世纪进化论出现之前人们只是怀疑,很少有人相信人类有几千年的发展史,只有少数有思想的学者才有这种想法。另外爱尔兰的詹姆斯·阿歇尔(James Ussher)大主教发表的一篇《从实践出发来推算人类的边缘》文章,后来此文成为《圣经》的一部分,他推算出上帝创造世界日期是公元前4004年10月28日。

1690年有一位叫康尤斯(Conyers)的药剂师发现古代大象

的骨头和化石碎片，25年以后有一位叫巴格福特（Bagfoerd）的收集了一些石器，他认为是武器，另一位古玩专家约翰·弗雷夫（John Frere）也认为这几块化石是工具，是那些还不懂得金属的人运用的工具，但是他们无法断定年代。17世纪法国学者佩雷收集石片进行研究，并出版著作，他认为这是亚当以前的人类运用的工具。1655年此书被当众烧毁了……这些记载都是地下性质的偶然发现。

狭义上讲"进化论"与"创世说"的斗争，是对中世纪的形而上学方法的反击，实际上是社会科学方面的思想突破。1893年格罗斯著写《艺术起源》时，欧洲各大城市都成立了人类起源的博物馆，展现原始人的生活状况和艺术品，格罗斯花费毕生精力写作这本书。赫胥利与主教辩论时，"进化论"在各个领域发生作用，被科学家们悄悄接受了，"进化论"被称为当时关键性概念，运用于各个领域，包括人类文明，上帝创世说被粉碎了。英国考古学家蔡尔德（V.G.Childe）在《考古和进步》一书中把考古学的变革比作望远镜，成百倍地开拓了人类的各种视野，这个望远镜本身对于相信上帝的人来说也是敌对的。1610年伽利略在信中曾说过"神学家"像毒蛇一样顽固，绝对不愿用望远镜看一下。原始人创作艺术品时，他们自己也根本没有艺术的概念。

达尔文本身对人类审美观点的起源看法是错误的，但是他的学说意义不仅于此，这一场革命是由他发起和命名的！1875年赫伯特·斯宾塞（Herbert Spencer）写作出版《进化》（Progress）

一书，强调艺术的发展规律，从简单到复杂，比达尔文发表《物种起源》早两年。以前人们对他的这部著作并不重视，实际上这是一部十分重要的学术著作，它是艺术史上最早、最多涉及到用进化论来解释艺术发展的著作，复杂性的增加和发展是由"同质"向"异质"的发展，是同质单一的东西向复杂分化方向的发展。艺术的发展和工业的发展具有同样的性质和道理，"美学"就是"同质植物学"。康德晚年也倾向于进化论，但是康德认为艺术技能和才气是无法传授的，与进化论相对立。

从18世纪到20世纪初"美学"方面一直由德国人占领着主导地位，从"进化论"角度来讲英国学者更为重要，例如爱迪生（Addison）是一位重要人物，还有其他学者，所以"进化论"会在英国出现，而不是德国。又如戴维·比代利（David Bidaey），美国的霍贝尔（E.D.Hoebel）都接受斯宾塞的观点。艺术的发展是由于"审美"的推动，艺术从属于美学，美学中包括艺术。那么4万年前的人类是因为追求"美"才创造艺术吗？有待于下一步的研究。马克斯·德索（Max Dessoin）是德国重要美学家，从他以后美学研究重点转向美国。马克斯·德索拥护斯宾塞的观点，60年代还有他的文章，目前国外有关"美学"方面的文章越来越难以理解了。

B. 艺术起源的探索途径

第一种方法是对世界上现存野蛮民族的研究，现存的"原始部落"被称为"社会活化石"，提供一种类比。当然不能等同于史前的艺术，但是今天这种类比也是不可缺少的。英国学者威廉·奈德（William Knight）在 1904 年出版《美的哲学》中提及："要对旧石器下一个明确结论是困难的，诗的起源与音乐和舞蹈一样早已消失在人类发展的迷雾中，我们只能研究我们时代野蛮的现象，而推论出史前时代种族状况，这可能是最安全的方法。"爱斯基摩人认为如果一个人能准确精巧地描绘出一只动物，那么好运气就会降临在他身上，这是一种原始意识。

目前世界上存在着各种各样的原始部落，我们从他们的风俗习惯、娱乐活动、生活常识中提炼出一种共同东西，就可能是史前艺术的性质，例如舞蹈和哑剧，虽然表现形式不同，但是这类方式可能就是史前人类的艺术方式。

"艺术起源于劳动"的说法还缺少很多中间环节，要明确下结论"艺术起源于劳动"未免过早，还有很多问题需要探讨。普列汗诺夫也不是第一个把艺术和劳动结合起来的人，当他在 1900 年完稿时，芬兰艺术史家希尔恩（Hirn）已经出版专著《艺术起源》，有专门章节讨论关于美术和劳动的关系。原始社会中的纹身，盾牌上图案，当时可能具有恐吓、威慑作用，也是对艺术创作的一种推动力。又如在狩猎中与追逐中领悟到一种艺术节奏感，要归纳产生艺术的动力，不能单单归结为劳动。1893年伦敦出版的《原始音乐》一书提及说："人类的音乐舞蹈来自于劳动，而且与战争也有密切关系。"经过有益性的几千年的进化变成纯艺术，艺术本身的固有价值比它的使用价值更为重要，审美是装饰的动力。

第二种途径是从考古学中找答案。1879年西班牙发表了阿尔塔米拉洞穴壁画，牛津艺术史书上说阿尔塔米拉洞窟早在1868年就发现了，最大的动物长达7米，高4米，近似于真实动物的大小，上色是用骨管吹喷上去的，以后在欧洲各地也发现一些类似壁画。最精彩的是法国南部拉斯科（Lascauxi）洞穴，形象生动，色彩鲜艳，动物集中在方框内，1963年因为被野生植物覆盖，停止对外开放了。阿诺尔·博莱特（Arnol.Berleant）在《美的领域》一书中说，"阿尔塔米拉洞窟可以追溯到二万年到四万年之前"，傅雷翻译的《金枝集》说："从巫术发展到宗教，又从宗教发展到科学。"巫术是想控制自然，当控制不了的时候就进行宗教膜拜，当宗教膜拜也不能控制命运时人类才踏入科学。巫术和科学是同一目的：控制大自然，而宗教是一种祈求信仰，所以在原始社会巫术作为一种狩猎的崇拜表现在洞穴壁画上，壁画上是幻想世界，壁画外是现实世界。人类通过描绘动物说明人本身脱离了动物界，在艺术史上是一个空前的里程碑。黑格尔说过："艺术观照起源于惊奇感。"第一个画动物壁画的人，他的动力是什么呢？人们做了猜测，可能岩石与动物体型相似，人们对此就产生灵感和兴趣，加上工具的复制和描绘，人类第一个"造型艺术"就诞生了！

　　第三种探讨的途径是关于儿童心理学的研究。人们常说原始人是人类的儿童时代，这种类比导致对现代儿童心理学的研究和儿童审美心理的探讨，可以追溯到20世纪初罗梭和弗罗贝尔的学术研究。弗罗贝尔是幼儿园的创立者，他对儿童画作了系统的分析，与原始人作品进行比较，找出共同处，经过深入的研究，他认为表面上相似，本质上是不同的。儿童的偶然性很大，随心所欲的表面现象，离奇的拼凑。而原始人追求的是一个真实的内容和画面的整体感，把形象的轮廓当作联系的整体。艺术有两种：一种是"再现"，另一种是"表现"。"再现"是描绘客观世界，"表现"是抒发主观世界。从写实到抽象，是表现因素压倒再现因素的体现。儿童有一种天然的"表现"倾向，人类的艺术是为了表现，并不是再现，艺术是表现自己内心的情感。儿童艺术有一个发展过程：从"乱涂"，到"图解"，再到"写实"。艺术教育可以按此顺序进行，从而产生艺术教育学。有一位心理学家卡彭特（Carpenter）说过："神经系统的机能是顺应练习的模式而成长的。"从而可以建立教育艺术的顺序。部分学者认为儿童艺术与原始艺术完全不同，各有特殊形式，原始人生活在完全不同的环境里，艺术是现实生活的反映，现代儿童生活时代更是完全不同于原始人的弓箭时代，所以不可能有共同之处。对于儿童心理学的研究主要在第一次世界大战之前。

C. 两种主要有关"艺术起源"的理论

19世纪末的西方美学家希望能发现一座"桥梁",即原始人为了生存而创造实用品和非实用品之间的"桥梁"。亚里士多德的"艺术是模仿"说法早已过时,为什么要模仿呢?就说不清了。普列汉诺夫说"现实的美超过意识中的美",说明他还没有真正理解艺术。如今关于"艺术起源"的比较有说服力的理论有两种:"游戏论"和"巫术论"。

1."游戏论"是由18世纪学者席勒提出来的,他认为在原始人的"模仿"后面有一种更为原始的动力,即"游戏",艺术是游戏中的结果。艺术创造归结为"外观"的游戏,"外观"在现代美学中很流行,席勒的外观就是指形象,审美的艺术在原始部落中发展,关键是原始人对外观上的集中精力的大小。

有人说直立的动物就是"人",有人说会制造工具的就是"人",那么企鹅是人吗?猩猩也会使用工具,是人吗?区分动物和人的应该是:第一会使用"火",第二有"语言",第三能创造"艺术"。达到有"艺术"那就是真正的人类了,要达到艺术这一步是十分艰难的,这是目前西方很多人类学家的共同观点。

席勒认为在自然状态中人把世界作为观照,以无形式的东西用某种"形式"来表现,这就是"艺术"了。他认为游戏也是一种艺术,只有在游戏时才会成为真正的人。在游戏后面还有一种动力,即精力过剩。动物精力过剩时仅仅停留在游戏中,仅仅满

拉斯科洞窟(法国)

足于游戏,而人类就寄托于想象和模仿了。

斯宾塞认为游戏和艺术也是精力过剩的原因,游戏的本身没有功利关系。凶猛动物的游戏也是一种生活的练习,生命的必须准备。但是人的身上积累了要求找到出路的精力,在这基础上产生了"游戏说",后来人们就称之"席勒—斯宾塞理论"。

原始人有时运用宗教意识进行游戏,劳动并不能产生艺术,反之休闲会产生艺术。劳动的节奏与音乐的节奏是完全不同的,许多舞蹈不可能从劳动节奏和单纯模仿中产生出来,原始人艺术就是要从日常繁忙的生活中逃脱出来。另一种理论说法是:艺术就是愉快,单纯的享受。英国一位理论家阿诺德·理德(A.L.Reid)说:"一个小孩因为生气跺脚,后来产生兴趣,反复地跺脚,这第二次重复就有审美感觉了。"游戏不是长久性的,艺术是有长久存在的因素。儿童游戏时是自我娱乐性质,而艺术是一种情感的交流。因此每一位艺术家童年都喜欢游戏的说法是不可靠的。

2."巫术论"来自于英国的学者弗雷泽(Frazer,1854—1941),他写了一本《金枝集》大量运用各种宗教仪式,提出原始民族的"交感巫术"理论。很多原始民族认为自己身上的指甲、头发不能落入敌人手里,会损坏本身肉体,这是整体与部分之间关系信仰。原始人认为物体与他的形象之间关系,掌握了某个物体的形象就意味着掌握某物体了。弗雷泽的观点是:巫术、宗教、科学,巫术更接近于科学。人类从开始就一直谋求掌握自然规律,为自己服务。"艺术"是指人类掌握技术、工艺、建筑等手段,另外一种无用的就是"巫术"。芬兰有一位学者在讨论艺术的起源时就运用"交感巫术论"，他认为原始人在自己帐篷里跳野牛舞，那么不管多远的野牛也会跑到猎人行列里来，这就是"交感巫术"的信仰，也就是巫术的信仰。把艺术的思想高度变成艺术的成就高度，实际上也是一种"巫术"心理，即原始巫术的回潮。"巫术论"学者萨洛蒙·赖纳胥（Saloman Rieinal）认为洞穴壁画是狩猎巫术，艺术是一种深思熟虑的祈求手段，用来祈求丰收。另外一位叫吉德逊的（Giedion）教授认为"连绵不断的动物轮廓的追求，是原始人通过形象的描绘，而达到他垂涎想得的动物的占有"。这也是巫术意义上的占有。这种"巫术论"的解释占了压倒性的优势，因为原始人为了回避人们目光，所以洞穴壁画大多数在洞窟深处，特别是尼沃洞穴（Niaux）里的壁画是在800多

阿尔塔米拉洞窟

公尺深处，1909年在法国另一个洞窟里发现了更为极端的例子，他们画在低矮的岩石顶部，别人根本看不见，说明洞穴壁画根本不是为了鉴赏和展览，而是以巫术为目的。重叠的形象有大象，有野牛等等，可能画了以后有效果，那就再次画，希望能再次达到目的，这种重复绘画前后可能相差1000年之久。有相当一部分动物身上有棍棒、矛头打击过的痕迹，有一幅壁画表现一头长毛猛犸掉在陷阱里，这种现象都被解释为"巫术"。这样的巫术也是用实际论来解释艺术，而不是游戏论。山顶洞人用鸟骨做的项链，现在人们解释说是装饰，但是我们怀疑这是一种巫术，正如恩格斯说的"要以历史来解释宗教"，这是唯物史观的证实。人类对于没有把握的事情往往喜欢用符号操作来演习一遍，而狩猎类型的洞穴壁画就有这种目的。柴尔德在《远古文化史》中说"红色可以呼喊生命，呼喊失去的生命"，所以陪葬品或者尸体涂成红色。马林诺夫斯基（B.Malinowski）在《原始心理学》提及："原始人对于他们能掌控的事情不采取巫术，但是对他们无法控制的、偶然性的事情加以巫术。"所以"巫术论"在解释艺术起源问题上占据主要地位。

另外还存在着其他的一些理论，美国学者马卡克（Markack）在著写的《文明的基础》时提出"洞穴壁画是记录天文学上天文现象，和记录季节，推算进行宗教仪式的日子"，这是最早的历法记述。

英国著名美术史家冈布里奇（E.H.Gombrich）提出"投射"

的理论,他利用印第安人将狮子星座认作是龙虾的说法,说这种"投射"是艺术的基础,星星和龙虾、狮子毫无关系,但是它们之间有投射关系,例如云彩、岩石像什么东西,用投射联系起来。

第三种是在美国很时髦的弗洛依德学说,归结为"性"的表现,所有直线是表现雄性,曲线和圆圈代表雌性。

世界上各种理论都是值得我们关心和研究的。认为艺术起源于美,是站不住脚的,康德的理论搬到2万年前是完全不适应的,这仅仅是近代的观念。例如敦煌的石窟艺术并不是因为追求"美"才去创造的,而是为了信仰,为了朝拜、祈祷用的。巫术和宗教是动力,促使艺术创造,如今我们在洞穴壁画中看到生动的动物形象,却忘了它们产生的动力和基础。

D. 关于最早的"艺术形式"探讨

目前我们看到的艺术形式,例如建筑、美术、舞蹈、戏剧等等,在原始社会是没有区分的,是并同一起的。还有一种说法认为最早的艺术是由一种艺术形式引起的,从而导致另一种艺术形成。黑格尔把艺术形成分为一个顺序:建筑、雕塑、绘画、音乐、舞蹈、诗歌。把建筑称为象征艺术,雕塑称为古典艺术,其次的都是浪漫艺术。他认为这个发展过程是理念性的,一步一步摆脱物质材料的束缚过程。诗中理念达到最高境界。

理查德·瓦格纳(Richard Wagner)说,"最早艺术作品是成双成对发展的,分为男人艺术和女人艺术,原始社会男子狩猎,女子制陶(家务性艺术)",这类理论影响不大。

有人认为最早的艺术是从同质发展到异质,斯宾塞认为舞蹈是最早、最基本的同质艺术,具有一种出发点的特征,其他艺术都是从舞蹈发展而成的。舞蹈是人体造型所形成的艺术,当用物质材料代替人体时就产生雕塑和绘画。

有人认为最早的艺术是"建筑",与人类最基本的需求一样,人类抵御自然界最基本的抵挡物,也是最基本心理状态,即空间大小控制感和安全感。最早的原始人是居住在洞穴里,要与洞熊战斗,争夺洞穴,原始人打死动物后,古代尼安德特人把洞熊的骨头搭成奇怪的形状,埋在山洞里,对它表示歉意和尊敬。最早茅房的产生是为了狩猎需要,最早的房屋的圆柱是早在公元前6000年左右就产生了,房屋从半地下形式发展成完全建立在地面上。与游牧民族不同的是,汉族农耕经济发展得早,相应定居早,建筑也早。另外还有要塞性建筑物,水上建筑物,"桩"的发现和创造等等。黑格尔说的建筑是"庙宇",也就是建筑和雕塑的结合。而最早的纪念性艺术是"史前巨石"即"巨石文化",是公元前5000—公元前6000年之间的文化。所以人类首先为"自己"盖房子,后来才给"神"盖房子,黑格尔的论点是错误的。"三石塔"(Trilith)就是神庙的基本造型,古希腊的帕特农神殿的立柱与"三石塔"有直接关系,原理是一致的,也是目前建筑物的组成部分。另外建筑中泥砖和楼梯的发明都是原

洛赛尔维纳斯

始社会向文明社会进步的标志。

  原始雕塑比洞穴壁画还要早。在法国洛赛尔（Laussel）发现《洛赛尔维纳斯》，日本人称她是持角杯的少女，这是比洞穴壁画还早的艺术品，欧洲还发现了4英寸高的《温林多夫维纳斯》（Willendorf）。有人推测最早的雕塑出现在一对情人分别时候，女孩子的身影投射到岩石上，男孩根据投影雕刻成型，由此产生雕刻艺术。这种说法从科学角度上看，并不能站得住脚，这些女性雕像可能是偶像崇拜，是母系社会的产物。这一类雕像的腿部是尖的，可能是埋在土里的，年代可能是28000年以前。还发现一个用猛犸骨头雕刻成的马头，估计都是3万年以前的艺术品。

有人说最早的艺术是"造型艺术"，这个说法不可靠，我们只能说目前发现的最早原始艺术是"造型艺术"，因为这些作品的物质质地最耐久、最坚固。而其他艺术形式诗歌、舞蹈、歌曲都随着人的消失而失传。所以我们不能认为最早的艺术是造型艺术，如今我们仅仅发现了微不足道的一部分，争论相应也比较多。对音乐、舞蹈只能假设和推测。例如弦乐起源于弓箭的发明，这一推测是有可能的，但是无法证实。史前艺术是没有成文之前的历史时期的艺术，那么在文学上是否有可能存在口头文学呢？例如《荷马史诗》就是长期口头文学的流传，印刷术出现以前口头文学比书写文学要多得多。印刷术对艺术的影响很大，原来最耐久的造型艺术变成最不耐久艺术品，因为艺术的复制方面，符号的复制意义不变，而造型艺术的复制意义完全不同了。如诗词的印刷再版与绘画、雕塑的复制其含义完全不同。人类无法防止造型艺术的衰退，而原始社会无法流传的东西却能长久地保存下来。在原始社会中"音乐"比"语言"要发展得更早。有人认为诗、音乐、舞蹈比人类语言早得多。智商低下的原始人语言中"节奏感"慢慢会演变成"诗"的起源。又如何来为"艺术"分类呢？德国的学者霍恩斯说："原始艺术可分为三类，第一种是以人体为媒介的艺术，如纹身装饰，舞蹈；第二种是以无生命物质为媒体的，为了视觉的需要在空间展示的绘画和雕塑；第三种是以声音为媒体的，为了听觉的需要在时间中展现的诗文和音乐。"艺术的本质是一种抽象审美形式，其二是具体事物的模仿，其三是情感的

舞蹈纹彩陶盆（局部）
中国国家博物馆藏

流露，这是最有说服力的论点。

如今存有较大争议的问题是：在原始人的造型艺术中抽象几何形体在前，还是具体形象在前？也就是人类的思维最初是抽象的，还是现实的？

1. 有人说：几何形装饰在先，因为原始人的工具上常常刻有二方连续形图案，他们认为这是人类互相联系的反映，几何形体发生在写实之前，后来越来越向写实方面发展。

2. 有人说：最早的几何图形是从现实事物中变化发展过来的，如编织起源于对太阳的崇拜，几何形是写实的一种特殊方式，阿诺德·豪泽曾说过："最早的绘画是再现和模仿，最早的现实主义绘画是从高潮走向衰弱，几何形就是衰弱的表现。"从半坡的鱼形图案装饰的变化,就可以证实,很多学者持有这一观点,认为原始艺术是由写实走向几何图形。

3. 有人认为几何图形仅仅是一种技术的需要,有一种独立因素,直接从实用中搬过来的。这一争论涉及人类学上很多重要问题。原始工具的制造对艺术起源具有一定意义,原始人在打制定型工具时,头脑里先构成思想模式,一块石头打去多少,留下什么,一件物品的目的随着目的的达到消失,但是手段存在,手段继承下来,这对造型艺术的产生有重大影响。工具早于一切,这是无可辩驳的。

原始艺术起源于对"美"的追求,并不完全正确,由于最早艺术品不是出于创造"美"的目的,一直到了古希腊时代才产生"美学",古希腊对"美"的理解与今天的概念也不同。格罗奇的学生考林伍德(Collingwood)的理论是:"艺术的概念开始不是审美概念,而是指一种手艺,近代才把艺术认为是审美。"有人说"美"是光滑,也不正确,原始陶器中有指甲纹、绳纹,均为粗糙的美。拉丁字母的对称造型,起源于原始人对于对称的审美感。所以"原始艺术的起源"是一个极为复杂的领域,有待于我们继续去探讨和深入研究。

第十八课 熊秉明先生泛论西方现代派艺术

微信扫码,即可领取:博物馆珍藏画卷高清大图

收听
- 300逾位古今艺术人物的美学思想
- 清华教授讲美学与艺术欣赏

　　《泛论西方现代派艺术》是熊秉明先生应中央美院邀请在1984年9月初为美院学生所作的学术讲座,熊秉明先生是旅居法国的华裔学者,已经在国外工作了30多年,任巴黎第三大学东方语言学院中文系主任、雕塑家、画家,以前曾从事哲学研究。我受邵大箴先生委托,在先生的指导下为熊秉明先生整理这篇演讲稿,这里节选部分,供大家参考。

面对西方现代派艺术，一般观众的反应是"不懂"。当我们接触另一种民族的艺术时，可能会有三种反应：第一种是"懂"，或者"不懂"。第二种是对作品欣赏，玩味，从中获得乐趣。第三种是激发自己的创作欲望。第一步首先要"懂"，不懂就谈不上欣赏了，更谈不上在创作中获得启发了。"不懂"是因为不了解西方艺术家在想什么，他们在追求什么，他们的意图和目的是什么。此文试图从这方面做一些解释。

现代艺术的性质有很多特点，其中一个重要特点是"分析性"。今天就以"分析性"为线索来介绍和归类，分析现代艺术的各个流派。现代工业是分工的，现代科学是分析的。每一件艺术品由许多因素构成，线条、色彩、光影、轮廓、构图等等，现代艺术就是把其中某种因素抽出来，加以孤立，突出，甚至绝对化，这就是现代艺术的特点。

每一件艺术品必然包含着艺术加工。文艺复兴以来西方古典艺术是综合性的，对于绘画性的各种因素是平均考虑的。而现代艺术是把绘画技法中的一项因素孤立起来看待的，应始于印象派。印象派把光和色问题特别提出来，如莫奈的《卢昂教堂》，在画面上我们看到是缤纷的色彩，教堂的形体和质地都放在次要地位。莫奈晚年生活在吉维尼（Giverny），他画了很多巨幅池塘睡莲，画面上主要表现的是柳荫在水中的倒影，更是色彩的交响乐，可以说已经接近色彩抽象画。

印象派之后，凡·高和高更认为印象派对光和色的追求限于

卢昂教堂之一
法国 莫奈

卢昂教堂之二
法国 莫奈

睡莲
法国 莫奈

视觉的愉悦是不够的，色彩应该强烈地表现情感，例如凡·高的《教堂》，天空的深蓝浓郁，神秘，给人以压迫和蛊惑，这与凡·高内心情绪是紧密相连的。后起的野兽派、表现派都是用强烈的色彩作为表现手段，在他们的作品里画的什么已不重要，色彩本身传达了画家的思想感情。色彩既然有如此的表现力，那再发展一步，纯粹使用色彩，不凭借客观事物作题材的抽象艺术也就出现了。法国画家马内西（Manecie）的《耶稣的棘冠》可以说是抽象画，在画面上隐约有一个椭圆形和许多小三角暗示荆冠，整幅画的暗红色调象征着悲剧感和戏剧情节，所以在某些抽象画家看来，还不算真正抽象画。德斯堡的画就只是许多色块的拼合，完全抛弃了任何文学性的联想，只剩下色彩之间的对比、和谐、呼应的问题。美国画家马克·罗斯科（Mark Rothko）走得更极端，他的作品只有两三块颜色，叫人来欣赏两三种颜色的微妙和它们之间关系。更极端的就是在画面上只涂一种颜色，叫做"单色画"，法国的伊夫·克莱因（Yves Klein）开过一次展览，全部画都只涂一片绝无变化的蓝色。画单色画的人并不只是他一个，这样的画能不能算绘画呢？即使算绘画，也似乎是不能有大发展的死胡同，但是把色彩问题抽出来，绝对化，在他们看来非走到这一步不可。

第二谈谈构图，西班牙立体派画家尤安·格里斯（Juan Gris）的一幅作品，画的是一把椅子，上面摆着一只水壶，物体的边缘线特别清晰，与莫奈的《卢昂教堂》截然不同，画家的兴趣在曲线和直线的交替变化和各种几何形体的不同拼合上。色彩

奥弗的教堂
荷兰 凡·高 1890年 法国奥赛博物馆藏

静物
格里斯

几何抽象
蒙德里安

简化到仅有三四种色,而且是平涂的。我们能不能看出椅子、水壶已不重要,从这里再跨一步,就变成几何抽象主义。荷兰的画家蒙德里安的作品走到了极端的几何抽象主义,画上只是几条互相垂直的纵线和横线,颜色简化到只有白底黑线和右角上一点红,我们拿它与伦勃朗的《夜巡》相比,能够十分明显地看出蒙德里安把绘画问题简化了,绝对化到怎样的地步,引用蒙德里安自己的话来解释,他说:"我们要求一种新的美学,建筑在纯粹的线之间和色之间的关系上,因为只有纯粹的构成元素之间的美是超世俗的,具神性的。"

第三,笔触问题:中国传统艺术是讲究笔触的,讲究笔和墨,而西方古典绘画是要隐藏笔触的,笔触更不是一种表现手段,直到 17 世纪在哈尔斯和伦勃朗的画上开始可以看到笔触的绘画效果。印象派则把鲜明的色彩和活泼的笔触结合起来,所以中国人到了西方最先能欣赏印象派绘画。中国人爱山水,印象派描绘大自然引起我们的共鸣。另外一个原因就是笔触活泼,后印象派中凡·高的笔触就更为重要了,笔触不仅透露挥扫豪放的乐趣,也是表现情感的手段,他的稻田、柏树像火焰,笔触起了很大作用。法国近代画家卢奥(Georges Rouault)的作品是以宗教题材为主,他善用斑斓粗犷的笔触表现悲剧情调。美国的佛朗兹·克莱因(Franz Kline)作品受日本书法启示,抛弃其他因素只留下单纯的大笔触了;法国苏拉日什(Pierre Soulages)的画也是如此,就像中国水墨画中某局部放大1000倍的效果。又如法国籍德国

佛朗兹·克莱因的作品

画家阿赫东的作品就像一两种笔触的示范样本。

第四是质地感：传统的西方绘画很讲究表现对象的质地感，如钢盔、丝绸、玻璃杯、羽毛、面包、肉体等等。法国现代画家杜比费（Jean Dubuffet）是把质地感孤立起来作为绘画主题的代表，他在50年代画了不少以土地、沙石为主题的作品，就像将一块地面悬起来，挂在墙上，画面上完全没有布局、透视、光影等问题。最杰出的要算是西班牙画家塔皮埃斯（Antonio Tapies），他用特殊的胶混在沙里，然后涂在画布上，很厚，像墙一样，再用刀刻、刮、戳，造成一些效果，形成像乡间土房子墙上自然的蚀毁，或

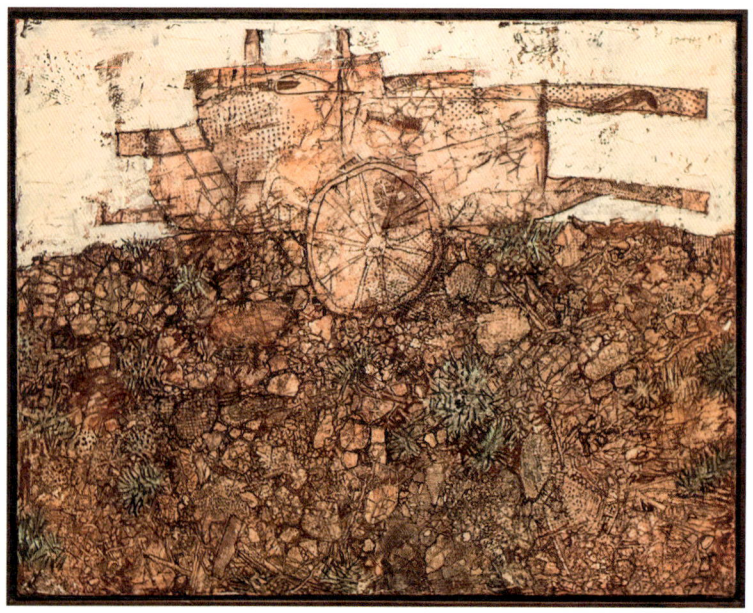

杜比费的作品

者人为破坏的痕迹，充满戏剧感。在这里我们可以特别提到雕刻与质地感的密切关系。大理石给人细腻柔和感，铜给人坚实沉着感，木质又因不同的木材给人不同的感觉……质地本身有表现力，有的雕塑家就突出表现质地，搬来一块花岗岩，只刻上几条深痕，使人感到花岗岩的坚硬，也联想到雕刻家凿打的艰巨。巴黎雕塑家塞盖利，他的一件雕刻作品似乎是一匹马，他堆垒起几块大石头，用不同的石质给人一种触觉上的感受。

颜料感：这里并不指色彩问题，是指颜料本身的质地，如油画的浓厚粘着，水彩画的流畅透明，水粉、蜡笔……各有特色。画家要善于利用各种颜料的特点，例如水墨画在宣纸上洇开来，不会利用就是一种障碍，但是利用得好，就会出现特殊效果，透明感或毛绒感觉。有些现代画家专门表现颜料效果，例如他们运用水墨和宣纸，他们并不要晕散的效果变成虾的透明，或者小鸡的绒毛，他们只要求观者欣赏水墨洇开来的趣味本身。他们要用油料的时候，把颜料堆得很厚，颜料中又混入各种物质，如石头、沙子、石膏等等，表现出各种不同的效果。在法国艺术家中术语称为"Cuisine"（烹调术）。日本画家佐藤（Sato）的画很厚，制作时间也很长，是逐步堆积起来的，时间长了颜料产生裂纹或皱褶，他就有意识地利用这些自然产生的效果，仿佛地壳的地质变化，或者像陶釉在窑里的变化。另一个代表是大家都熟悉的，美国艺术家波洛克（Jackson Pollock），他作画时在油漆罐底部打一个、二个小洞，然后提着油罐让油漆自然而又迅速滴到画布上，

波洛克的作品之一

波洛克的作品之二

形成颜料流滴洒溅的效果，在这方面他也走到了极端。

透视：绘画是在二度空间上表现三度空间的形体。文艺复兴以来，西方画家把科学透视方法用到绘画上，到印象派，特别是后期印象派开始抛弃这些严格规律，他们发现艺术的真正目的是表现。科学的透视方法对艺术的表现往往是束缚。毕加索在1922年画的《海滩上奔跑的妇女》，人物的头、躯体、四肢忽大忽小、忽远忽近，并不符合透视规律，主要突出海洋的宽广和妇女飞奔动态，这是对透视法的自由运用。有的画家把透视孤立起来，绝对化，把透视作为绘画中的唯一主题，这就是"视觉艺术"（Optic Art）。在法国以瓦萨雷利（Vasarely）为代表，他的作品很多将几何形状和鲜明色彩组合起来，在观者视觉上制造幻觉，好像看到凹形、凸形、球形或立方体，等等，画面的色、线、形、结构……

瓦萨雷利的作品

都能产生透视幻觉的。这种艺术在舞台设计、工艺设计、橱窗布置、广告宣传方面都有一定影响。近年来还有艺术家利用激光干涉现象造成的立体幻觉,也就是"全息摄影"来创造作品。

光和影:光和影也是绘画性之一。在西方传统绘画中有三种气质的画家,一种敏感于色彩,一种敏感于形体,另一种敏感于光和影。威尼斯画家对色彩特别敏感,米开朗基罗是敏感于形体的,而伦勃朗是注重于光和影的。在近代,立体派追求光和影,把光和影孤立起来,绝对化。德国摩荷力·那吉(Moholy Nagy)和美国的维德弗莱(Thomas Wiltied)把灯直接引入绘画,他们利

那吉的作品

用透镜、三棱镜、金属片的反光,甚至利用电动机械做一些光和影的游戏。二次大战后最引人注目的是法国的休弗,这类作品很难说是"绘画",由于占有第三空间,可以说是"雕塑",并和建筑有密切关系。有人巧妙地利用很多镜子的反射,放在一个箱子里,看来像个水晶宫那样光彩夺目,产生一种内在的无限空间,近似于万花筒的游戏。这些画家并不要求表现什么人生内容,只是追求视觉感官上的新鲜感。

动和静:绘画和雕塑都是静止的,以静止的形体和静止色彩暗示运动的生命。正如谢赫的六法第一条所要求"气韵生动"。西方画家有两种类型:一种倾向于静止结构,一种企图表现动态。例如文艺复兴时代彼埃罗·弗兰切斯卡(Piero Della Francesca)是代表静止结构一类。丁托莱托是代表动态的一类。在近代,塞尚和立体派是代表静止的,凡·高和表现主义是代表动态的。从艺术史发展来看一个学派总是从"静"向"动"的方向发展,艺术本身要表现动的生命。把"动"孤立起来,现代艺术中大致有三种方法:第一种,是在建筑物上或墙上制造很多棱面,每一面是一种色彩,随着观众的移动,色彩也变化,艺术家阿甘姆(Agam)在巴黎附近创作的建筑物就属这一类型。第二种,是利用风力的,如法国伊夫·克莱因,他的一幅画是用许多金箔剪贴成的,金箔片随风飘扬颤动,产生奇妙效果。美国雕塑家卡德尔做的"——",即"活动雕塑",由悬在空中的铁丝和各种形状的铁片组成,风吹过,铁片浮动。第三种,是电动,瑞士雕

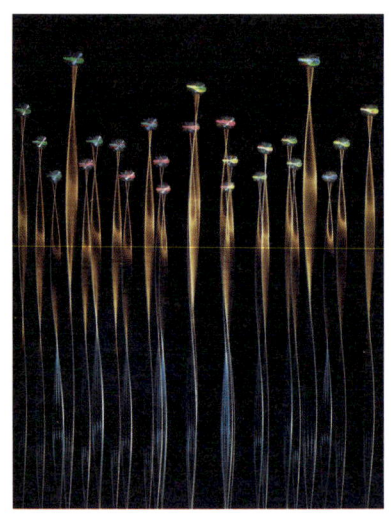

群蕊共妍
蔡文颖

刻家廷格利,用废铁焊接成离奇的破机器,通过电发动,便产生各种笨拙的抖动和转动,并且发出叽叽格格的摩擦声。美国华人艺术家蔡文颖,他利用电动使许多平行的钢丝摇颤振动,产生十分优美的效果。这两个雕刻家,可以说是一个嘲笑机械的愚蠢,一个是赞美机械的美妙。

"象形":大概人类有艺术活动以来,绘画雕塑的一个重要目的在于"应物象形"。抽象主义是到20世纪初才产生,而50年代是全盛时期。那时大家感到抽象主义是绘画发展的最高形式。岂料到了60年代和70年代产生波普艺术和超级现实主义,即照相写实主义,那时的风气不但要写实,而且走向极端写实。照相当然不足为充分写实的,因为黑白照片与现实生活尚有距离,彩色照片与立体现实也还有距离。要达到极端写实,只有做雕像,

汉森的作品

安德烈亚斯作品

涂上色,穿上衣服,与真人一模一样。最著名的是美国汉森(A.Hansen)和约翰·安德烈亚斯(John·d. Andreas),他们做的塑料人像,大小与真人一样,毛发、衣服都用真的,比巴黎蜡人馆雕像要高明得多,巧妙得多。

同时隐喻着对现代人、现代消费世界和肉体庸俗化的嘲讽。形态的写实发展到这一步可以说走到极端了，可是毕竟还不是真的。更进一步是"借实主义""移实主义"，干脆把真实搬过来。立体主义时期毕加索、勃拉克（Georges Braque）就已采用过，把香烟盒、旧报纸贴在画上。马赛尔·杜尚（Marcel Duchamp）不做雕塑，他就搬来瓶的座架和小便池来展览，这时象形逼真问题完全变质了，因为艺术家就拿真东西给观众看。第二次世界大战以后有一批人专门收集一些东西装在箱子里来陈列，如纽扣、洋娃娃、小石头诸类东西，也有把鸡尾酒会后剩余在烟灰缸里的东西收集在透明塑料箱子里。艺术家要人们观赏，反映生活的真实历史资料。这时画家不是"画"实给人看，而是"拿"实给人看，让观众从中体会意义和产生联想，这是观念问题，例如烟灰缸里的烟头移到塑料箱里以后，东西本身没变，而是人们看法改变了，观念变了，把狭义理解的所谓"作品"彻底否定了。

以上我们所讲的都是关于艺术作品的问题。但是现代的艺术家可以认为艺术作品不是最重要的，或唯一的问题。其他如工具，创作过程，艺术家自己……都是重要的，或者更重要的事项。下面我们就看现代艺术家如何把这些问题孤立起来，突出，甚至绝对化，来进行艺术活动，造成新的学派。

工具：现代艺术家在工具上突破主要有两方面，首先是工具的广泛性，综合地利用各种颜料，采用喷色气枪，颜料里加入各种成分，引入照相复制，以及其他复制方法。雕塑和绘画之间已没有什么明确分界线。霓虹灯、磁铁、火力、水力、电影、电视、电焊、电脑、激光都可以作为创作工具。法国伊夫·克莱因曾举办一个展览，请来模特儿和乐队，在音乐声中把颜料涂在裸体身上，让模特儿在画布上印出躯体印子，他称这是"活的笔"。也有画家在自己身上涂上颜色在地上打滚，地上铺着大幅画布，留下痕迹，同时拍成电影，留下"创作"过程。其次是工具本身的暴露与陈列，从印象派开始表现笔触，突出工具的痕迹。第二次世界大战以后发展成专门拿痕迹来给人们看，取名为"点抹派"（Tachism）和"行动派"（Action Art）。这在中国人看来并不奇怪，因为中国传统艺术向来是讲笔墨，并且讲当场挥毫表演的。把画布当主题来展览的画家有彼利（Burri），用几块麻布缝缀起来，然后绷在架子上陈列，给人一种朴实美感。日本画家菅井（Sugai）把很多挤扁的颜料铅罐钉在木板上组成图案，给人以画家和颜料罐的亲切感。

行动艺术：把创作过程作为绘画的一个主要部分，把它加以突出，这就是表演艺术。中国古代张旭、吴道子都是当场表演的。西方艺术家一向在工作室里制作的，直到20世纪才有当场表演的事，法国马蒂尔在1956年当众作一张大画宽12米，高4.2米，用20分钟画完，当时是作为一件惊人新闻报道的。再进一步，就把表演变成唯一的重点，表演之后完成的作品也取消了，这就有了"事件艺术"，艺术家在室内或室外做短剧式表演，如屠羊，把羊血涂在身上，令人惊骇。首先尝试者美国艾伦·卡普罗（Allan

Kaprow）认为生活和艺术的界限越含混越好，没有必要有作品，艺术就是生活。美术家和歌唱家、舞蹈家一样，表演完毕，作品也就消失了。更进一步连表演也取消了，只要艺术家在那里便行。艺术家开始陈列自己，英国的纪勃特和乔治，他们的作品就是《勃特和乔治》，展览会上他们两人站着，为了有别于观众，脸上涂颜色。更为极端的是艺术家陈列自己的同时在身上用刀划出伤痕。法国女艺术家琪娜帕纳，用刀片在脸上或身上划破口子，流出鲜血，给人以颤慄的奇妙之感。这是所谓"躯体艺术"（Body Art），

彼利的作品

卡普罗的作品

多少是自虐狂或暴露狂的发泄，有的较含蓄，有的显得粗暴残忍。奥地利艺术家瓦什考克勒就是由于自残过甚，表演后死去的。也有画家用铁钩子把自己吊在空中，进行可怕的表演，这与吞刀吐火杂技已差不多了。但是他们从哲学观点上解释道："肉体作为存在的基础，隔离开来，孤立起来，用肉体的痛苦给存在做横道，划圈点，让人看摇摇欲坠的脆弱生命。"

艺术创作的思想活动：即构思和意图，古典作品讲究完美、完整。单有好意图还不够，作品必须完整。到近代却不再求作品的完美和完整，在残缺和粗糙中作者的企图往往更强烈。罗丹的很多作品是断躯，表面也还留着制作的刀斧痕，当时是使观众惊讶的，仿佛还是草稿尚未完成，而今天我们在其不完整中更能看出作者的意图。后来构思变得更为重要，如毕加索《山羊头》，这是由自行车的坐垫和自行车的把手组合而成,全无作者的制作经营。"移实派"丢香·维隆(Villon)把现成东西搬来陈列,所谓"成品艺术"(Ready Made),这时思想活动已经完全代替了创作活动。如果有人觉得这种"移实派"太无创作意义了,那么我们可以拿中国古代文学中的"集句"来比较,"集句"就是把前人的诗句(Ready Made,已经做好的成品)引来加以拼合作为自己作品。虽然都是古人句子,一经拼合又给人们以新鲜感觉。俄国一位革命诗人说过诗歌到处存在,一张菜单,一张酒单,沙皇的衣冠清单、火车时刻表都可以成为诗,说明作品本身不重要,关键是欣赏者的观念。发展到后来有人就连"成品"也不要了,只是在墙上挂画位置上写着"这是艺术"(This is Art),或者艺术家自己站在展厅里挂一块牌子,写道:"我是个真正艺术家。"(I am a real Artist)他是在嘲笑自己?嘲笑别人?嘲笑现代艺术的没落?还是嘲笑社会?总之这与其说是作品陈列,不如说是观念的陈列。

"观念艺术"(Conception Art):常常是一组照片,例如有组照片拍的是手拿锯子锯水,从岸边开始连续拍摄,从一岸锯到另一岸,我看后联想到李白诗句"抽刀断水水更流,举杯消愁愁更愁",觉得引起会心的微笑,至于西方人看了反应是什么,我就不知道了。另一组照片是个艺术家躺在草地上,两边各摊铺着一块三角形的布,仿佛是两只翅膀,使我联想到艺术家正在做飞行的梦。法国艺术家伊夫·克莱因曾办过一个"空无"展览,

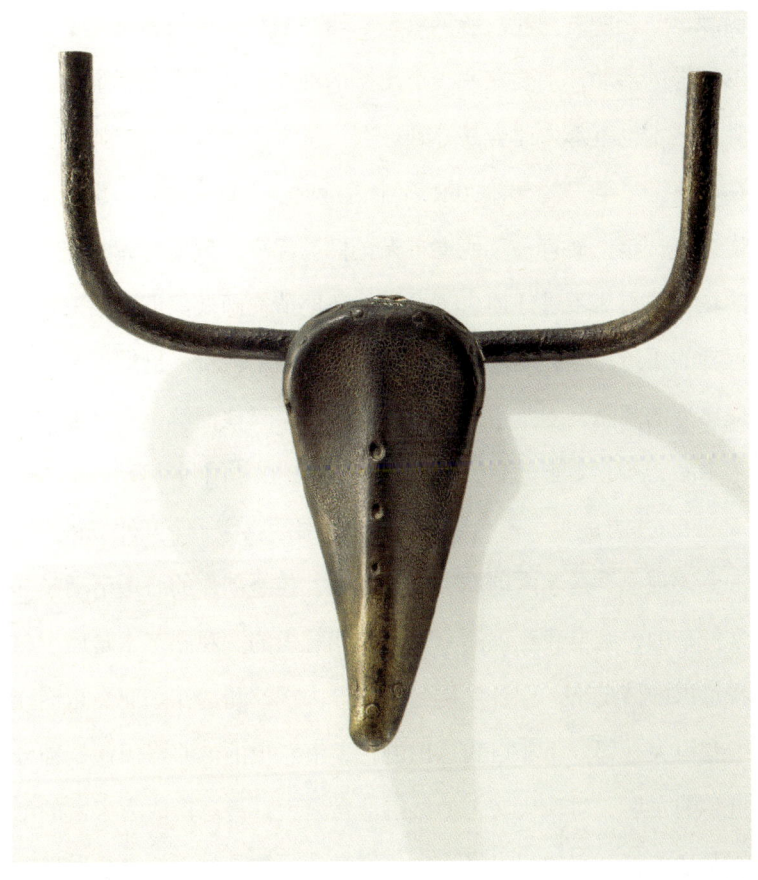

山羊头
西班牙 毕加索

画廊里一无所有，观众所见只是三堵白墙和靠街一面空橱窗。显然这样的活动，主要在有一个出奇的观念，做起来是不难的，但观念艺术也不都如此容易办到。有一位旅美台湾艺术家把自己关在木笼里一年；又一次他在工厂上工计时器上每小时打一次卡片，连续打一年；又有一年他宣布无论白天黑夜，风霜雨雪，他将流浪在纽约街头不进任何房子，当然还要请律师做保证，招来新闻记者的采访。这样的作品显然要付出相当的代价才能做得出来。最典型的观念艺术是用文字来代替艺术，其他图解、表格都成了艺术品。这种倾向一直可追溯到1969年，在德国利孚森城（Lever Kusen）举办的观念艺术展览会，整个展厅就像一个文件资料室。

"观念"是艺术创作中一个部分，但是创作的心理活动是非常复杂的，有自我意识的，有非自我意识的。观念艺术是属于自我意识的情况下，作者怎样想就怎样去设计和创作。而真正创作中有很大一部分是非自我意识的，是潜意识的。弗洛伊德精神分析学的发展，对现代文艺的影响非常之大，潜意识成为丰富的创作源泉，甚至有的艺术家认为只有潜意识才是真正的内心世界。我们脑子里清醒时忍受各种约束，不断进行自我审查，理智克制自己的言行，真正自我无法出现。发掘潜意识的秘密作为艺术家的工作是超现实主义的原则，超现实主义有广义的和狭义的。狭义理解是指法国诗人昂德里·布列顿领导的一群画家和诗人，在1924年发表一篇《超现实主义》宣言。广义上理解，凡是以潜意识作为创作主要源泉的画家、雕塑家和文学家都可以称作超现

维纳斯
西班牙 达利

第十八课

达利的作品

实主义者。在这群画家中最著名的是西班牙画家达利（Salvador Dali），他在技巧上是传统的、古典的、写实的。但是主题却是怪诞的，如维纳斯女神身上有很多抽屉，长颈鹿的鬃毛变成火焰，大象在飞翔等等，都是他梦境和潜意识遐想的描写。超现实主义贡献就是歌颂非理性，把非理性合理化。从此人们过去认为无意义和被忽视的东西都获具意义，发出光彩，以往不认为是艺术的作品都成了艺术品。例如疯人院的画也有他的逻辑。瑞士一位妇女阿洛伊斯（Aloise），死于疯人院，她的画就很有意思。还有"素人"艺术，指没有经过任何艺术训练和修养的人的艺术。法国有一位邮递员什瓦尔（Cheval）用33年的时间凭自己的

阿洛伊斯的作品

什瓦尔的作品

双手建造自己想象中的宫殿,风格是稚拙的,后来被文化部划为国家重点保护文物。还有原始艺术、黑人艺术、印第安人艺术、澳洲艺术,都可以当作第一等的艺术品来欣赏,毕加索的《亚威农少女》就是受黑人面具的影响是大家所熟悉的。儿童艺术中也有可贵的杰作。稚拙派是某些画家有意识创造的笨拙的作品,如卢梭。最近有一派画家专画"坏画",还有"信手画",就是在半催眠状态下无意识留下的信手乱涂。既然原始艺术、儿童艺术……都能被欣赏,那么学院派的画为什么不能被欣赏呢?以前被现代派排斥唾弃的学院派,现在又在抬头了,例如19世纪末学院派代表布格罗,作为法兰西学院院士,美术学院教授,他是印象派的死敌,随着印象派、现代派的兴起,他逐渐被人遗忘,他的作品价格是他生前的十五分之一。最近法国政府在小宫殿举办他的个人展览,价格又回升。这样看来,几乎任何人都可以是艺术家,任何东西都可以成为艺术品。如果我们客观地、谦逊地、科学地对待事物,大概没有什么东西是不值得研究的,也无不值得我们惊诧和赞美的。

艺术的商品性:专业艺术家必然把他的作品商品化,艺术受到经济基础的支配,在西方,买艺术品常常作为一种投资。1974年,美国铁路工人退休金储蓄管理委员会以5000万英镑高价作为投资购买艺术品。当然这种投资是有风险的,因为艺术品的价格不断上升下降。如以上提到学院画家布格罗的例子。伦勃朗的画在100年间上涨10万倍,但是买了伦勃朗的画也不可靠,因为有真伪之别，例如艺术批评鉴赏家布雷丢斯（Bredius）曾制定一份伦勃朗作品真伪表，数年后盖尔逊（Gerson）又拟定一份真伪表格，二人的意见颇有出入，收藏者也是提心吊胆的。另外艺术品的本身价值也在不断变化。第二次世界大战以后，艺术风格和流派三四年一变，这使艺术馆的收藏大伤脑筋，艺术馆收藏收购委员用国家的巨款购买一些破布、破纽扣来收藏，难免招来人们反对。由于艺术品的商品性加强，有的艺术家干脆把作品作为商品，如波普艺术就是这个特点，美国画家安迪·沃霍尔（And. Warhol），他的作品像商品陈列，像商品广告，他的艺术活动包

安迪·沃霍尔的作品

括"经纪人"(Manager)的活动。另外一类艺术家与其相反,是针对艺术品的商业化作抗议的。受到1968年左右的青年运动的影响,一些艺术家不愿意被画商所操纵,不愿被艺术馆、艺术评论家所左右,创作地摊艺术、地景艺术,有时直接在墙上作画,就是不让别人购买,美术馆也无法收藏,这种倾向至今还有余波。

最后,一个艺术作品有它的哲学意义,有人在这个层次上下功夫。讨论传统哲学艺术时,就讨论美,也就是美学。但仅仅用"美"来概括艺术是不够的。例如传统艺术中就有悲剧、喜剧、嘲讽等等,很难以美的范畴来概括。现代艺术尤其如此,许多艺术家要表现丑、脏、乱、怪诞、恐怖、残酷、绝望……这种倾向在西方艺术里本来就有,像19世纪热里柯画的《梅杜萨之筏》,前景筏上横陈变色尸体和垂死人物,一片阴暗悲惨景象。后期这种倾向越来越严重。弗兰西斯·培根是当代著名英国画家,他画的人物就是病态的,形象扭曲,看后叫人十分不舒服。既然艺术扬弃了"美",那么每一派、每一位画家都有他特殊追求的东西,不得不由艺术理论家来作解释,给予理论根据。把艺术理论孤立起来,独立出来,认为艺术理论是艺术的主要成分,也认为艺术理论家就是艺术家。批评家米歇尔·阿贡说艺术批评就是艺术创造,他的工具就是美术家、雕刻家。另一位法国著名批评家叫彼埃尔·雷斯塔尼在20世纪50年代和60年代间与一批艺术家推广"新写实主义"。他创立理论,引导画家们去实践,并为他们的作品做解释,如同一个乐队的指挥。"事件艺术"创导者埃伦·卡普罗说:"所有的

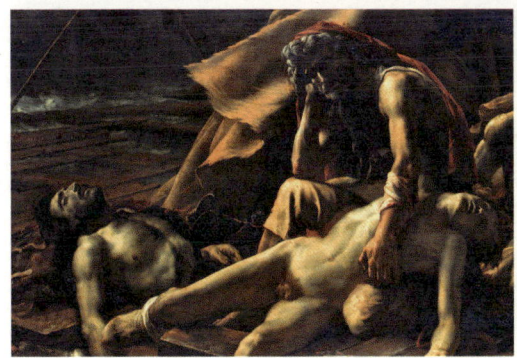 

梅杜萨之筏

法国 泰奥多尔·热里柯 1819年 法国巴黎卢浮宫藏

前卫艺术，与其说是艺术活动，不如说是一个哲学的探讨追求。"艺术活动就是哲学问题，很多艺术品本身很简单，但评论家可以借以写出大篇文章，这些文章或有哲学性，或有文学性，总之可以独立成为作品。也可以说，在他们看来真正的艺术品不在作品，也不在艺术家，而是那一套理论，作品只不过是理论的应用或者实现，艺术家不过是执行者。

艺术是创造，必须是新的，必须是反对因袭的，反对保守的，现代艺术特别注重这一点，似乎很吓唬人。实际上中国画家向来懂得这一点，至于惊世骇俗的行径，魏晋时代的"竹林七贤"之流，在《世说新语》中记载得很多。千奇百怪的西方现代艺术，我们完全可以清醒地观察、了解，去"懂"。在千头万绪的西方艺术启示下，我们应该认识到艺术创造的可能性是极广阔的，艺术品与艺术活动的每一种成分，都可以是我们研究、翻新的对象，我们可以大胆去寻找、试探，上升到哲学层次，但是这种探索是不是漫无标准呢？却又不然，我们要追求的还是真实挖掘自己，往往我们以为找到新路，其实是在模仿别人而不自知。挖掘自己，并不是容易的事，不落实到这一点，艺术就失去意义。但是有时却又要大胆地失去自己，才会回到自己。

第十九课 王琦先生谈麦绥莱勒的艺术

微信扫码，即可领取：博物馆珍藏画卷高清大图

- 300逾位古今艺术人物的美学思想
- 清华教授讲美学与艺术欣赏

王琦先生是中央美院版画系老教授，著名的版画家，也担任艺术理论方面教学工作和全国美协的"美术"杂志总编多年，他特别推崇美国艺术家肯特、德国表现主义画家蒙克、女版画家珂勒惠支和比利时版画家麦绥莱勒的艺术。1978年11月11日，他为研究生班举办《麦绥莱勒的艺术》专题讲座，我以当时课堂记录为基础，整理出这篇《麦绥莱勒的艺术》，同时也深深体会到这些老教授严谨的学术风格。

麦绥莱勒（Franz Masereel，1888—1972）是比利时著名版画家。19世纪末到20世纪中叶，世界上出现数位杰出版画家，例如肯特、蒙克、麦绥莱勒等人。麦绥莱勒于1972年逝世，他一生中在政治立场和艺术风格上变化不大，他倾向于民主思想，坚持进步立场，艺术风格上追求简约、粗犷、坦率的表现手法，与毕加索、马蒂斯等同时代画家不同，他始终坚持自己的艺术道路。

麦绥莱勒出生于比利时，随父母在根特市（Ghant）长大，在17岁时进美术学校学习，仅学两年就退学，他不满意学校陈腐的教学方式，于是走向社会，经历独立生活锻炼和自学，1909年开始在欧洲各国旅行，五年间他去了德国、法国、瑞士等国家，一边从事紧张的劳动，一边从事艺术创作和参观各地博物馆，最后定居在法国。1915年是他生活中的转折点，他来到瑞士遇到一

麦绥莱勒的自画像

批文学家,奥地利的茨威格(Stefan Zweig,1881—1942)、法国作家巴比塞(Henri Barbusse,1873—1935)和法朗士等人,并一起办起《小桌》和《叶报》刊物,为杂志创作插图。1920年整整一年他为《叶报》绘制了近1000幅刊头画,揭露当时社会弊病,第一幅就是《下沉的太阳可能抹去一切痕迹,甚至眼泪的痕迹》。1918—1919年麦绥莱勒的第一本木刻集在日内瓦出版,轰动一时。以后他又创作两套版画《光明的追求》和《我的忏悔》,从而奠定了他在世界版画界的地位。《我的忏悔》是麦绥莱勒的自白,坦率表白人生哲学;《光明的追求》是作者内心对光明世界的渴望与追求,他认为这一切都像在梦境里追求,是可望而不可及的,上天入地也寻找不到光明,反而碰得头破血流,这对当时欧洲知

《光明的追求》组画之一

《我的忏悔》组画之一

识分子来说有切肤体会的。他的这两本版画集在欧洲各国大量出版，影响甚广。麦绥莱勒的木版组画是连环画性质，不用文字，通过画面一目了然，这是他的艺术特点。鲁迅先生曾评价麦绥莱勒的艺术形式是可以借鉴的。这时他又创作单幅的版画《烟》和另一套木版组画《一个人的受难》，主题鲜明，抨击剥削制度的残酷无情。1921年发表的《灵感》是版画组画《光明的追求》的续集，《灵感》中主人翁代表真理，真理处处碰壁，但是真理是扑灭不了的。组画中他提出新课题"真理的追求"和"真理的实现"。

1920年，麦绥莱勒定居巴黎，他认为巴黎是人生的学校，他创作的《回忆故乡》是他对比利时根特的怀念，画中表示：旧时代的弗兰德斯是被宗教束缚的，新时代的比利时是欣欣向荣的。1921年，他在巴黎首次展出自己的艺术创作，石版组画《城市画像》揭露资本家的贪婪和冷酷无情。之后他又创作的106幅木版组画《城市》极为精彩，王琦先生认为这是麦绥莱勒一生中最成功的一套版画，从思想内容、版画技巧等各方面都是完美的，其内容包容万象，从街头到办公室，从商店到剧院，甚至酒吧和妓院，应有尽有，揭露资本主义社会的黑暗腐败，这是一套优秀的现实主义作品。

1923年，麦绥莱勒为了逃避兵役，被剥夺比利时公民权，被驱逐后住在法国与比利时交界处。1925—1927年间他为罗曼·罗兰的《约翰·克里斯朵夫》创作666幅插图，又为戈斯特的小说《乌伦斯皮格尔奇遇记》画了200多幅插图。两年间他创作了1000

《城市》组画之一

多幅版画，加上其他的油画、素描、石版等，可见他的勤奋。他的一生以插图为主。王琦先生很欣赏他为《压迫》小说所做的版图，木刻的技巧发挥得十分巧妙，他的作品风行全世界。1930年，麦绥莱勒在莫斯科举行展览，1935年访苏。法国文学家纪德访苏后，大肆反苏。柯勒惠支访苏后创作了《团结》版画。麦绥莱勒访苏两年后，1938年创作了一套《从黑到白》的一组版画，其内容为从原始社会开始人类开荒生产、勤奋劳动，出现压迫剥削，引起反抗，赢得胜利，建设新社会，期待日出的场景。歌颂人类改造社会的力量，对美好未来的向往，新社会的建立必须依靠全人类的勤奋劳动。

二次世界大战爆发后，他随着难民徒步到法国南部。这期间主要是创作反抗法西斯的主题作品，多数是用笔画的，有大笔触，黑白分明的版画效果。1941年发表了《死的舞蹈》《命运》《莫忘记》等组画，表达人类面临大灾难，面临着被毁灭的可能。作品中带有战争恐怖的情绪。大战末期又发表《岁月》和《青春》组画。他的技法和主题都有了转变。从年轻一代的身上看到人类的希望。《青春》是《从黑到白》的继续，人物形象也有变化，从以往的贫穷、痛苦的表情，转变为明朗、乐观、健康的情绪了，画面情调不再那么低沉了。1945年开始麦绥莱勒创作一批单幅木刻版画《生活》《葡萄》《垄断资本家》《纪念碑》《火神》等等。1954年创作的《为什么》揭发社会上不合理现象，《新军》表现年轻人反对战争，不做炮灰，《自由女神》描绘了一位普通妇女形象，

命运　　　　　　　　　　青春

《从黑到白》组画之一

安德卫普

说明争取自由不是天上降临的，而是人类去争取得来的。20世纪50年代初全世界掀起一场争取持久和平的运动，麦绥莱勒的一生反对战争，要求和平。1958年9月麦绥莱勒画展在中国举办。他认为版画要简单明了，不要搞自然主义、照相主义，艺术品是表现思想的，把生活中的感受集中在脑海里，经过艺术加工，随之使用，不能被素材所束缚，艺术家就好比一个烹饪技术高明的厨师，各种菜肴经过加工，变成艺术品。50年代出版的《我的画册》，这是麦绥莱勒各地旅游，即兴创作的版画，如《汉堡》《安德卫普》等，技巧上看稍稍粗糙一点。1959年还搞了一套《回忆中国》

《回忆中国》组画之一

组画,在"美术"杂志上发表过。最后创作一套《国际歌》版画,1972年麦绥莱勒逝世于法国。比利时在艺术史上出现两位艺术大师,一位是弗兰德斯时期的鲁本斯,第二位就是麦绥莱勒!

麦绥莱勒的艺术作品明朗、强烈。用黑白表现世界,他善于利用光的艺术效果,他吸收借鉴舞台灯光设计的强烈效果利用在他的版画创作中,他很少用灰调子。加强画面的韵律,使黑白互相辉映,产生明快感觉,美国艺术家肯特也是很少用灰调子的,用最少的艺术语言,表现出最丰富的艺术效果。麦绥莱勒重视装饰感,他认为版画更应有装饰感。装饰艺术是现实生活的概括和提高，是经过艺术家提炼与加工出来的，版画艺术家应该重视这一点。他的艺术统一感很强，他还有惊人的记忆力，凡是他经历过的地方，他铭刻在脑海中，过目不忘。回到工作室创作时能随时取来用之。麦绥莱勒勤奋的劳动精神，令人敬佩，他一刻不停地工作，没有节假日，他的画室也十分简单，每天伏桌工作，竭尽全力表达自己的思想。早期作品中主要表现当代知识分子的感情，往往是以自己为模特儿，性格善良、富有幻想、追求真理、向往光明，但是又脱离民众、独往独来、最后遭受失败，与活生生的现实格格不入。所以他早期作品中人物内心矛盾，命运悲惨，在生活道路上经历了严峻的考验，是一个自命不凡的人物，这种人物显然不是我们目前所提倡的，其悲剧性命运可以同情，其渴望光明精神值得尊敬，但是他的生活方式和做法是错误的。王琦先生指出要注意麦绥莱勒的艺术特点是注重外表行动来表达思想，不是通过人物的表情来刻画主题的，所以他对生活的细节很敏感，从不依赖模特儿，常常以自己形象为模特儿，或者是抽象性人物，漫画性人物。同时他又反对脱离生活的形式主义作家，现代欧洲的抽象派，他认为这不是艺术！他坚持自己的艺术道路，不受干扰，面对现代派各种运动，他毫不动摇。麦绥莱勒艺术已经超越批判现实主义的作家，他的作品进入新的现实主义阶段，他自成一派，是一个杰出艺术家，他胸怀宽广，尊重其他艺术家，他的艺术语言明朗、清晰！

麦绥莱勒掌握木刻刀很熟练，很成功，完全用刀代笔，用手刻刀很多，这是他的一种特殊艺术语言，《一个人受难》组画中甚至刻出水墨的感觉。欧洲很多画家的艺术形式和内容是不统一的。而麦绥莱勒的形式与内容特别统一，其内容涉及面空前广阔，他的世界观和艺术观浑然一体，是战斗民主主义思想和深刻的现实主义精神的结合，要学习他不屈不挠的顽强创作精神。但是我们盲目追求他的风格是不行的，要研究，要思考，就如对待毕加索、肯特等艺术家一样。

第二十课 邵大箴先生论埃贡·席勒的艺术

微信扫码,即可领取:博物馆珍藏画卷高清大图

收听
· 300逾位古今艺术人物的美学思想
· 清华教授讲美学与艺术欣赏

　　西方有位评论家说过,近代的欧洲文艺是"都市文艺"。这都市文艺与18世纪文艺的那种温文尔雅的高尚气氛迥然不同,它描绘的是刺激强烈的都市生活。生活在都市里的人,处于机械文明的包围之中,整日为生存,为成功而奋斗。过度疲劳、精神亢奋、寻求刺激、情绪不安定……是生活在都市中的人的特点。而对这种都市生活感受最敏锐的,要算文艺家了。他们似乎比凡人更早患"都市病"。以至有人认为,近代的文艺家是高度变态的人,之所以这样说,一方面是因为这些文艺家们的感觉特别细致,过着与一般人不同的富于刺激性的生活;另一方面,也是更重要的,

19 世纪末的欧洲都市——维也纳

他们作品中鲜明地反映了都市生活的特点。在灯红酒绿，纸醉金迷的环境中，人的精神处于高度的紧张状态，近乎神经质。反映这种生活的艺术家有一段时期被称为"颓废派"。他们自己的意识确实含有颓唐的成分，他们的笔下主要画的是有颓唐心理状态的男女。他们作品中的人物，以至于自然风景，含有一种病态的美。事实上，在他们那里，古典美学的美丑观念已不复存在，他们对丑陋的描绘特别感兴趣，而且也找到了表现的门径，似乎能在世人公认的丑中造出美来。说他们颓废，并非完全是贬斥的意思，他们真实地反映了 19 世纪末 20 世纪初人类精神生活的一个方面。

颓废思潮的绘画，埃贡·席勒的《修道士》

而且，他们感觉异常敏锐和精微，这无疑是现代文明的一种表现。正如英国评论家罗斯金所说：缺少"精微的感觉"（Delicacy）便是"粗俗"（Vulgarity）的表现。从这个意义上讲，这群艺术家所品尝的生活滋味，比起古典艺术家来，不论在内容上还是形式上，都更为丰富、细致和富有变化。

席勒属于这类艺术家，他从印象派走向表现派，但很难把他归入哪个派别。他受到现代思潮的影响，走着自己的路，形成了自己独特风格。虽然他在世上只活了28个年头（1918年，来自西班牙的流行感冒夺走了他年轻的生命）。他的作品在西方近代美术史上还是有一席地位的。

在艺术中，美感和形式永远是有价值的，风格与流派永远是值得研究的。即使人类文明到了更高的发展阶段，也不会抛弃审美，抛弃形式美感，抛弃艺术，也不会中止对风格、流派的探讨，只是在更高的层次罢了。人类的智能和修养越发展，对艺术的需求就越细致，审美的感觉也越微妙。这种趋势不会导致艺术的消亡和毁灭，也不会使艺术和非艺术、反艺术的界限废除。从这个

埃贡·席勒照片

埃贡·席勒颓废思潮的《自画像》

意义上讲,西方流行的"观念"艺术,与其说是艺术的一个发展,不如说是一种哲学的思考。这种哲学的思考可以是想入非非,也可以是一得之见。它究竟有多大价值,需要在实践中得到考验。艺术实践有自己的生命,它永远不会越出审美的范畴,自然、审美的含义会不断地得到扩充和丰富。

上面这些话,有的与席勒的艺术有关,有的几乎没有关系,但都是在看完席勒作品以后的思考,也是为席勒在中国出版画集所写的"序言"。

附录：

1980年，我写作的有关鲁道夫·克利姆特艺术的毕业论文发表后，引起很多艺术家的注意。我在寻找奥地利的分离派资料同时，又发现克利姆特的一位年青学生的绘画作品个性极强，他的艺术风格令人震撼，绘画技法简洁、夸张、大胆、性欲。在中国美术界无人知道他和他的艺术，这就是"埃贡·席勒"！我查阅了北图和美院图书馆的大量资料，写下这篇《埃贡·席勒的一生》。

《埃贡·席勒的一生》

在欧洲和西方世界中，最近几年来克利姆特和埃贡·席勒的绘画风行一时，画价日益上涨。他们浓厚的装饰风格，强调变形和几何结构的艺术夸张手法，以及带有压抑感和感官刺激的画面，使人产生极大兴趣。每一个去奥地利的旅游者都会带着崇敬的心情来到奥地利国家美术馆和尤金亲王的维也纳郊外行宫朝拜，欣赏他们的原作。他们富有幻想的神秘构思，深邃的哲理激动着每个人。虽然他们生前曾遭受各种辱骂和轻蔑，他们的作品也遭到抵制、拒绝。但是近一个世纪来，历史证实他们是成功者！他们是永恒的，是不可否认的艺术大师！

> 对于席勒，我们还没有系统介绍过这位处于德国表现主义和奥地利象征主义画家之间的古怪艺术家。他具有自己的特色，自己的风格，他虽然常常参加维也纳分离派展览会和德国各地展览会，但他又不是他们的成员。他一生忧郁不得志，生命短促，仅活了 28 岁，生活放纵不羁。当他的艺术得到社会承认时，死神也已降临在他头上。

埃贡·利奥·阿道夫·席勒于 1890 年 6 月 12 日出生在下奥地利省的图尔恩，是一位铁路职工的儿子，他曾在图尔恩地方小学，克雷姆斯中学念书。1902 年以后他考取了科洛斯特新堡的州联邦高级中等文科学校，在他的早期的作品中，还能辨认出那里的教堂和修道院。他对正规的学校教育并不循规蹈矩，是一个典型反叛者，学校教育仿佛妨碍了他那丰富幻想的自由王国，从而深感忿恨。他在回忆自己童年时，风趣地写道："在这些日子里，我似乎已经能闻到富有魅力的鲜花和静穆的花园里的清香，听到小鸟的歌唱，在它们闪烁光泽的眼珠中我能看到自己红润脸蛋的折映。经常，在秋天到来时我感到悲伤，当春天降临时，我梦想着充满音乐的生活……以前我的生活时而愉快，时而悲伤，但所有的事情都自由自在，无拘无束。可是现在我劳累的时代开始了，枯燥的学校生活……那些兽性十足的教师成了我的敌人。"

1905年，席勒的父亲逝世，他的叔父利奥波德·克齐哈克泽克成为他的监护人。叔父按照他父亲的遗嘱，准备让年轻的席勒继续在维也纳工业大学学习，可惜他对学究气十足的科学家生涯毫无兴趣，他的志向是当一名自由的艺术家。1906年，他考入艺术学院，被接受为格里佩克尔绘画班的学生。但是他与老师相处得非常艰难，传说有一次这位老院士盛怒不止，甚至大发脾气，对他大吼："你！你！是魔鬼送你来我班的！"可见他们师生之间充满着危机。就在这时候，席勒已经开始寻找与维也纳先锋派的联系。早在1907年，他首次遇到久仰的克利姆特，同年，他在妹妹格特鲁德的陪同下去意大利的里雅斯特旅行，旅行中画了很多素描速写，这些画中体现出当时"青年风格"对他的影响。

1908年5月至6月间，在克洛斯特新堡的一个修道院里，席勒首次公开展出自己作品。展览期间他与海因里希·贝尼希相遇。海因里希先生的儿子就是著名艺术史家奥托·贝尼希，后来成为艾伯蒂娜的会长。事后席勒特地为他们父子俩画了一幅风格独特的肖像画，老贝尼希十分欣赏席勒的作品，购买不少水彩和素描，成为席勒作品的第一批收藏者。时隔多年，老贝尼希还回忆起当时情景："1908年在一个克洛斯特新堡的画家展览会上……我意外地遇到一位青年画家，他的作品立即引起了我的注意力。这些作品都是一些小油画，大多数是风景，画得确实是流畅和富有自信心。他就是埃贡·席勒。"

1909年，席勒在维也纳国际艺术展览会上展出四幅作品，这是他首次在维也纳公众面前露面。其中有两幅是肖像画，是画家汉斯·马斯曼和席勒的妹妹安东·佩希克的肖像。这些肖像画显示出席勒富有特色的造型能力。特别是他的同学马斯曼的肖像画上粒状的布料与精巧的装饰边的运用，与挪威画家蒙克的作品有一种内在联系。席勒早期的表现主义风格比较明显，他的题材选择与蒙克在世纪末的灵感世界和主题选择有密切关系，除了蒙克以外，另一个令人瞩目的影响就是克利姆特，这对于每一个年轻的维也纳画派艺术家是不可避免的。在另外两幅《水怪》的变体画上，席勒对克利姆特表现出毫不隐讳的崇拜，显然是来自克利姆特的两幅早期作品：即1903年《死亡的行列》和1904年《水怪们》。在第一次艺术展览会上的克利姆特的《丹娜厄》，使席勒激动万分，甚至随后他自己也画一张同样题材的画。奇怪的是

克利姆特《水怪们》草图局部

丹娜厄
克利姆特

丹娜厄
埃贡·席勒

席勒的画反过来影响了克利姆特,1917年克利姆特在画《丽达》时采用几乎是与席勒画上同样姿态的女性人物。

但是,席勒作品中克利姆特的影响很快就退消了,他富有个性的独树一帜的风格渐渐占上风。特别是他的素描得到当时同行们和大师们的称赞。尽管如此,席勒一直把克利姆特作为自己的尊师来对待。据罗斯勒的记载,席勒称《贝多芬装饰壁画》是"克利姆特艺术的顶点……整个克利姆特的信念表现在6.5英尺高,20英尺长的镶板上"。这种尊敬也是互相的,有件轶事可说明他们之间深切友情。席勒非常羡慕克利姆特的素描,提议互相交换,留作纪念。而且他愿意以自己数张素描来换克利姆特的一张,克利姆特回答说:"在这世界上你为什么要和我交换素描呢?你画得比我好啊!"最后,他同意交换,也带了数张素描来进行"平等交易"。当时席勒作为一个青年画家经济情况很不稳定,克利姆特为了资助他,介绍了他最重要的艺术保护人奥古斯特·莱德勒,让席勒绘制莱德勒儿子的肖像,又让莱德勒德儿子埃里奇跟随席勒学习素描。

正如克利姆特所预料的,参加第二次艺术展览会的很多艺术家自己组织了一个新艺术团体:"新艺术社团",成立于1909年的第二次展览中。展览召集了很多青年画家,如安·费斯托尔、法让·威格勒、巴里·古特罗斯和汉·波伦,以及佩斯卡和席勒。12月份"新艺术社团"在施瓦岑贝格广场的匹斯柯沙龙中举行首次展览,由费斯托尔主办,显示了奥地利先锋派艺术家的力量,展览会的广告是典型的席勒风格。展览会期间席勒结识了收藏家卡尔、莱因霍斯、奥斯卡·赖歇尔和出版家埃.柯斯玛克（席勒曾画过他的肖像），最重要的是与艺术评论家阿瑟·罗斯尔结为挚友，罗斯尔成为席勒艺术的第一个官方支持者，同时也是席勒传记的撰写人。罗斯尔给我们留下极为生动的席勒的形象："刚见面就会感到这个人在各方面有一种如此古怪特殊性格，事实上，在这种性格面前并不意味着每个人能感到舒服的，甚至他自己也会感到不快。有这样一种感觉，仿佛席勒是来自一个神秘大陆的怪人，如同是从冥府回来的人，现在又带着一个秘密的使命来到人间，同时他又充满了痛苦、恐慌和不安，也不知道谁会来解救他。"

"甚至在欢欣鼓舞的时刻，席勒给人的印象却是一种十分奇怪的，正如我后来常常有机会观察到的那样。高高的，瘦弱的弯曲体型、狭窄的肩头、长胳膊、瘦骨嶙峋的手和修长的手指，他那光光的、晒得黑黑的脸，脸蛋周围绕着一圈乱七八糟的长头发，以及宽阔的，斜斜的布满皱纹的前额。雄辩的脸部表情充满了令人讨厌的严肃感，总有一丝悲哀的情调，似乎有一种内在痛苦，加上他那对大大的黑眼睛，他的目光好像刚从梦中醒来，与他对话时，他总是迫使你与他正面相对。甚至当他充满热情的时候，也能控制自己，显得彬彬有礼。他那无可争辩的，庄严的，具有代表性的，动作微小的手势，他那简略，格言式的语言，产生一种内在的高贵印象，与他外貌是完全和谐的。在与他表情明显一致的性格中，这种内在高贵是深奥莫测的、十分自然的感觉。"

关于这次匹斯柯沙龙展览会，维也纳不少杂志留下详细的评论。其中有一篇是发表在《新独立》杂志上，由A.F.塞利格曼写的，他对席勒作品预言是值得我们注意的："新艺术社团产生了一个完全不同的印象，他们正在施瓦岑贝格广场的匹斯柯沙龙中展览。他们绝大多数是年轻画家，是克利姆特，科柯什卡和新印象主义的模仿者，他们中间有些人必然是天才……他们浸沉于装饰图案，从本质上讲是实用艺术问题。表现手法是故意保持着原始、丑陋，或者多少有点儿潜意识的娱乐……"

"同样，席勒的确是个有才之士，在这里可以欣赏到他的一系列素描和油画，这些画还没有触犯到我们十分迟钝的'社会道德'。他是多么富有艺术天才，而且是那么年轻。但是，如果我没估计错，他可能很快就会发现他会招来一张'可爱'的法庭小传票。"

果然不出塞利格曼的预料，在1912年由于他的人体素描受到控告，席勒被拘留24天，结果无罪释放，虚惊一场。在画人体模特儿时，席勒和克利姆特一样产生灵感的冲动，画得得心应手。在1909年到1910年期间，他的素描表现出一种强烈的将解剖结构几何化的风格，在彻底理解人体解剖的写实基础上进行艺术夸张。特别是一些著名的裸体自画像中更明显，同时反映出一种压抑的、痛苦的气氛。可能也是对他自己内心的写照，或者是自我讽嘲，他把自己作为一个极为欣赏的主题来描绘。另一方面席勒画了不少小孩的人体素描练习和儿童肖像，就因为这些作品遭到

梦中所见　　　　　　　　　　　　三个女孩

社会舆论的非议。他的儿童肖像画上充满了生命力，又含有胆怯的表情，既矛盾又复杂的神态表现得栩栩如生。如少女《波尔迪·罗津斯基》，她脸上露出神秘的微笑，在她生硬细长的双手间内含着难以琢磨的秘密。

1911年席勒携同他的情人沃莉·纽齐尔迁到博赫密希·克龙芒居住（即现在捷克的克鲁姆夫地方），这是他母亲的出生地。他喜欢克龙芒，甚至曾打算长期居住在这里。他在克龙芒的作品属于他早年成熟阶段的第一批重要之作，那些陡峭的山墙，高耸的塔尖都是典型的克龙芒景色。这时，他已抛弃了"青年风格"的影响，发展了自己的几何结构的风格，这一点贯穿了他的一生。

他常常采用垂直构图，勾线填色，不追求空间深度，讲究块面搭配和色彩的互补，仿佛是各种几何体的巧妙配合，所以他的风景画构图极为复杂，但是疏中有密，乱中有理，是经过精心构思的。也有人把席勒归为"表现主义"画家，是因为他所选择的主题和人物常常是丑陋病态，痛苦死亡之类，确实与文学表现主义有一定联系。特别是之前提到的他与蒙克的关系，早期席勒曾画过一张《1910年母亲之死》与蒙克的《青春期》《病中母亲》有直接联系，明显受"桥社"的影响，但是从艺术风格上来讲，是大不相同的，结构上更为复杂，追求微妙色彩效果，使鲜艳夺目的原

母亲之死

色与多层次的灰色统一在一幅画上，这是席勒特有的技巧，而他最有价值的艺术品往往是水彩和素描。

由于放纵不羁的生活作风，他的经济状况始终是艰难的，再加上他和沃莉在克龙芒私通过于热切，生活日益贫困。1911年他与沃莉又搬回到纽莱巴赫。席勒对于金钱既无希望又不现实，同时还反对别人干涉他那混乱的个人事务。偶尔有一次，他母亲责备他整天无所事事，胡混日子，他反驳说："我打算尝试一下这个世界的乐趣，从而我就能创作……我没有钱储存，我现挣现吃，乐在其中……但是，由于你不理解我为了创造需要这一切，从而给予我这种痛苦的不公正的评价。"尽管席勒对他母亲说得振振有词，生活还是现实的，不可回避的，他曾以失望的口气给罗斯尔写信说："一切都会像这样继续下去吗？没有人会帮助我？……我已经没钱买画布，我想作画，可是我没有颜料。"可见当时的困难情景。到1912年春天，更为不幸的事件发生了，因为一张钉在墙上的人体速写，他被控告犯有诱惑青少年之罪，在纽莱巴赫拘留所待了24天，最后调查结果控告毫无根据，无罪释放。这一经历给席勒留下一个不可磨灭的伤痕，使他长时间无法投入艺术创作，同年5月9日他给罗斯尔写信："我是一个可怜人，我告诉你，我的内心是如此可怜。"甚至在9月19日的信中还写道："我必须日复一日地与罪名生活在一起，想到这些诬蔑我就无法工作，只能等待，再等待。从3月份到现在，我根本无法画画，甚至无法思考。"这是席勒一生中最艰难的岁月。

就在席勒处于绝境，处于无休止的徬徨、犹豫之中，遭受贫困潦倒威胁时，他首次运气转变之时也来到了。特别是他的艺术在国外得到重视，秋天他参加慕尼黑分离派的展览和在科隆举行的大型联合展览。1913年6月、7月间慕尼黑的画商汉斯·文尔兹与席勒协商几次，特别组织了一个席勒作品收藏展览，并推选他为艺术家联盟成员。1914年是席勒在德国名声最高涨的时刻，曾多次在德累斯顿、汉堡、慕尼黑、科隆举办个展。《行动》杂志还为他出版一期埃贡·席勒专刊，封面就是他的自画像。

1914年是席勒个人事业上成功与稳定阶段的开端。他在维也纳希特津格大街租了一大间工作室，这工作室一直保持到他去世。就在这里他结识了锁匠技师约翰·哈姆斯的两个女儿：伊迪丝和阿黛尔，次年春天伊迪丝就成为席勒的爱妻。同一时期席勒着手于一组新画，他那复杂的几何构图、有力的造型、微妙的色彩达到炉火纯青的程度。如《向阳花》《青年母亲》《男人和女人》《漂亮的法雷德列·玛·比尔肖像》《汉斯·波伦德肖像》都是在这个工作室里完成的。但是就在1914年7月底，轰动欧洲的一件事件发生了，它破坏了席勒刚刚建立的新生活：第一次世界大战爆发了。

战争开始后的9个月里，由于席勒在体检中不合格，没有应征入伍，他能不受干扰地继续工作，集中精力准备他的个展，并于1914年12月到1915年的1月在维也纳的阿诺特美术馆开幕，海因里希·贝尼希写了目录介绍。席勒和伊迪丝刚在5月份结婚，

向阳花

青年母亲

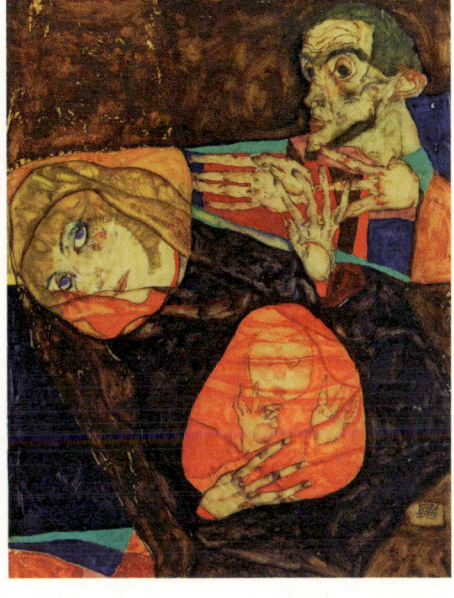
男人和女人

5月底席勒就被应征入伍,命令他在6月21日去布拉格报到。席勒度过两周蜜月后气愤地大骂;"该死的!时间停止吧!"随后一年里他先后在诺伊豪斯、维也纳、穆赫林服役,他的任务是看管俄国战俘,席勒画出一批出色的素描记录了当时生活和战俘的面貌。

1916年春他调防到里斯因,环境也显著改善了,他能自由支配时间,他画了一些风景和肖像,如《穆赫林的城市风景》《叔父约翰·哈姆斯的肖像》等等。正如伊迪丝说的:这里除了优美环境以外,更重要的是一位慈祥的,懂得艺术的军事长官,他让席勒建立起临时的工作室。《休伯特街景》就是送给这位长官的礼物。尽管如此,长时间的部队生活,还是妨碍席勒创作大量作品。1917年初又一次调防,席勒来到皇家供应处办公室工作,很幸运

俄国战俘肖像

叔父约翰·哈姆斯德肖像

地再次得到同情和帮助,办公室主任汉斯·罗斯和他的助手卡尔·格伦沃尔德让席勒从事一系列的"艺术"工作,如设计新表格,椭圆形广告和标题,匈牙利—奥地利肩章等等。更妙的是罗斯决定出版一套供应处速写记录,让席勒和格伦沃尔德去各省总部和工作点旅行,把各地库房、办公室、装备都画下来,虽然没有出版,这些优秀的速写都完整地保存下来。

1916年到1918年的短短两年中席勒创作一批杰出的肖像画,有人称其为"肖像期"。他不仅为同事格伦沃尔德和去南奥地利旅行的伙伴们画了肖像,还有很多朋友亲戚和同时代的人为他做模特儿。如《叔父约翰·哈姆斯的肖像》画于1916年,生动地描绘了一个体弱的老人形象，他穿着一件瘦长的大衣，虚弱的体形反映出病魔缠身的痛苦，身体僵直地靠在椅子上，左手支着头部，那双瘦骨嶙峋的手表现了老人饱经风霜的一生。另一幅肖像画《法让兹·哈丁·哈别德兹尔》，这是奥地利美术画廊的主任，奥地利艺术界的权威人士，画面十分奇特，哈别德兹尔坐在中央，僵硬的手举着一张折叠过的席勒的习作，表明他与画家的密切关系，由于他代表官方对席勒艺术的支持，使席勒晚期获得更大成功。我们可以看到他在这一时期的肖像画特别重视手的描绘，每幅画上的手，哪怕是露出半只手，画家都精心刻画，肌肉、骨骼，包括情感都表现得淋漓尽致。当时评论家指出：席勒画上的双手是画家内心自我表现的媒介物。

婚后的席勒，生活趋于稳定，心情也随之好转，早年彷徨痛苦年代所失去的东西——安全感和亲密忠诚的感情渐渐来到他的身边，这种情调在他的《家庭》一画上体现特别强烈，席勒描绘了他自己、妻子和孩子，画家充满美好的愿望，对自己的小家庭的幸福满怀信心。他妻子伊迪丝也成为席勒经常描绘的对象，被称为"天使般的"模特儿，如《坐着的伊迪丝》《拥抱中妻子》《躺着的女人》都是画家爱妻的形象。

1917年席勒把全部精力投入展览工作，分别在慕尼黑、哥本哈根、斯德哥尔摩和阿姆斯特丹举办展览，还计划组织一个"艺术大厅"团体，目的是想拯救困于战火的欧洲艺术。"团结年轻的，独立的人们，要把由于战争而分散的各个领域的艺术力量集

家庭

躺着的女人

第二十课

中起来……给予画家、诗人、音乐家与公众见面的机会,就像他们原来那样,与日益恶化的文化消亡进行斗争。"席勒亲自出席活动,得到一批名人募捐,其中包括克利姆特、霍夫曼、哈那克、阿尔坦勃克和肖勃格。但是由于奥地利军事形势日益紧张和恶化,扼杀了一切活动,艺术家们也无法逃脱战争恶魔的手掌。

1917年年底谣传战争快结束了,艺术家们格外兴奋,克利姆特在笔记本上写了一个引人注目的单词——"和平"(Friede)?但是随着圣诞节的到来,欧洲大陆上还是战火纷飞,炮声隆隆,与其说是战斗还不如说是筋疲力尽的拉锯对峙。和平,对这批艺术家来说还是太晚了。1918—1919年这可怕的岁月到来,成千上万的无辜者死于饥饿和疾病,克利姆特因患脑溢血于2月6日死于维也纳的第九诊所,瓦格纳由于战争贫困失去抵抗力,在4月死于传染病,莫森因患颚骨癌症死于10月,席勒也没有逃脱死神的降临。

6月席勒最后一次在阿诺特美术画廊举办素描展览,获得很大成功,甚至较为保守的塞利格曼在《新自由报刊》也评论说:"在欣赏埃贡·席勒的素描时总有一种快感。太妙了,它们完全放弃了光线、阴影、色调和色彩,整个生命,整个主题的表现,独特地使用勾线来捕捉形体。"可惜席勒已经没有足够的时间来享受自己的成功,享受家庭的温暖。10月19日伊迪丝染上西班牙流行性感冒,病情恶化了,在她痛苦地发着高烧时,挣扎着在纸上写道:"我是多么爱你!我对你的爱是无限的,也是无法估量的!"

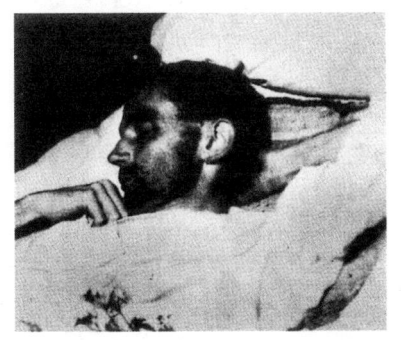

埃贡·席勒遗容

第二天席勒给汉斯·罗希打电话时悲伤地说:"伊迪丝死了。"三天以后,他自己也死于同样的传染病。传记作家罗斯尔记录下了他最后一段话,大意是:"在地球上……也许人类现在将自由。我必须离去了,濒临死亡是既悲伤又艰难的,但是没有比生活再艰难的了,我的一生,受到很多人的攻击。不久,等我死了以后,他们将崇敬和欣赏我的艺术,他们是否会再重新估量一下他们以往的辱骂和对我作品的轻蔑与抵制呢?这种误会总会发生的,对我、对任何人,这有什么办法呢?"

第二十一课 彭万墀谈现代艺术发展

1985年9月于北京中央美术学院

微信扫码,即可领取:博物馆珍藏画卷高清大图

- 300逾位古今艺术人物的美学思想
- 清华教授讲美学与艺术欣赏

    彭万墀先生原籍四川广元人,毕业于台湾师大艺术系,曾是台湾著名"五月画会"的成员,1965年赴巴黎美术学院深造,举办展览。彭万墀先生不慕名利,埋头于艺术创作,被巴黎的《费加罗报》的艺术评论家誉为"素描之王",他的作品受到法国收藏家青睐。他的作品造型独特,线条挺拔有力,刻画细腻,给予观众深刻的印象。1985年他应中国文联和美协的邀请来国内探亲讲学。这是他在中央美术学院举办

的学术演讲。由于文中提及众多的世界各国的艺术家和作品，我们对于艺术家的译名做认真校对核实，尽力注上外文原文，希望有助于读者理解和查阅。

演讲内容主要分为三部分：

第一部分是从学院派到印象派，一直到第一次世界大战和第二次世界大战结束。第二部分是战后的欧洲、美国的抽象表现主义艺术。第三部分是当代的世界上的艺术发展情况。

希望通过这次介绍，能给予大家工作上的借鉴和帮助。这次美协安排我去敦煌、西安、四川、上海、杭州旅游参观，让我对中国大好河山和传统文化有一个大致的全面了解。我长期旅居国外，通过旅行我体会到我们未来艺术必须在这个泥土上发展，在这个历史传统上延伸。中国是一个广阔幅员、历史悠久、文化丰富的国家，我们不可能用其他地区的艺术作为我们的样板，必须在我们泥土上，文化传统上发展。同时中华民族也有宽广的胸怀来了解、研究其他民族和其他地区的艺术的优秀之处，得到借鉴。所以这次我提及的作品片特别注意各个时代、各个社会与经济条件下产生各种各样的艺术，它们都有自己的产生因素。通过这些图片犹如一面镜子，让我们看清前方的道路，用我们自己脚走出一条全新的路来。

我是一位画家，只能面对形象来加以解释，在座的都是优秀的艺术家，正如毕加索所说的"形象比说话更有力"，让大家自己进行思考、欣赏。

第一部分是从学院派到印象派，一直到第一次世界大战和第二次世界大战结束

默索涅埃（Jean-Louis-Ernest Meissonier）

我们先从19世纪最后25年开始谈起。这是一张默索涅埃的素描自画像。他是欧洲学院主义代表人物，当时他在欧洲大陆上红极一时，他的素描基础和艺术才华是无懈可击的，在法国沙龙和艺术教育上占据着重要地位。法国帕尔纳斯（parnasse）的诗人戈蒂耶（Gautier）曾讲过，"从安格尔（Ingres）、德拉克洛瓦（Delacroix）和德加（Degas）以后，默索涅埃是一个继承历史画和宗教画的大师"。画家德拉克洛瓦也曾讲过，"默索涅埃画得最好，能留传百世"。戈蒂耶还说："默索涅埃的画的细部刻画得非常精致，每一次总要工作到在素描上不能再画下去的地步。他的画精细到可以用放大镜来看，甚至称之他的画与历代大师放在一起技巧上并不逊色。"他生前红极一时，垄断了整个巴黎画坛，甚至街道以他名字命名，他死时除了一生荣华富贵的生活以外，还留下200万法郎给他后代。默索涅埃在当时是绝对具有权威的，他逝世时连当时普法战争中作为敌对一方的德国皇帝威廉二世也打电报表示哀悼。那么是否每个人都赞美他呢？

拿破仑检阅龙骑兵
默索涅埃

拿破仑检阅龙骑兵（局部）

也不尽然，写《恶之花》的著名诗人波特莱尔（Charles Pierre Baudelaire）也是一位艺术评论家，对默索涅埃就持相反的论点，说他是荷兰画派风格，而且只是在细部继承了荷兰画派传统，他的画没有色彩，缺乏荷兰画派的魅力和想象力，关键的是缺乏精神上的淳朴。默索涅埃生前思想十分保守，反对一切新事物，对新事物采取绝对反对态度，以最大力量来抵制新生思想。他曾在沙龙中主持落选写实主义大师库尔贝（Courbet）的作品《慕尼黑的妇女》。他死后在卢浮宫和位于巴黎近郊的别墅勃昂贝都树立了他的铜像，当时国家行政院的壁画原定是由他主持，由于他的死改为夏凡纳（Chavannes）来主持。默索涅埃死后他的声誉直线下降，直至他死后20年，印象派取代学院派，他的名字也就逐渐被世人遗忘。所以在座各位老师和同学对他并不十分了解。那么有没有后人对他采取肯定态度呢？有！例如超现实主义画家达利（Salvado Dali）就对他有一种深切的偏爱，达利曾说过：对我来讲，默索涅埃比塞尚（Cezanne）还要重要！

杰罗姆（Gerome）

另一位重要的学院派的大画家杰罗姆，他的素描功夫和对人体的刻画也是十分精细的。当时他既是一个优秀的雕刻家，又是一位优秀的画家，也是巴黎美术学院最重要的导师，39年执教于巴黎美术学院，他几十年如一日用同一种教学方法，对每个学生的教育也是一丝不苟，执教严格。象征主义画家雷东（Redon）曾在回忆录中讲到：当杰罗姆走到他面前来改画时，他们是非常

自雕像
杰罗姆

古罗马角斗场
杰罗姆

小心猛犬
杰罗姆

紧张的,汗毛林立,连身上鸡皮疙瘩都起来了。这幅画画的是《小心猛犬》,上面牌子上写的拉丁文"小心猛犬",应该狗是被铁链子锁起来的。但是,画家把狗换成了人,这幅画是具有一定社会意义的。由于当时正处于印象派与学院派激烈斗争年代，此画被认为是叙事性作品，新艺术家们不能接受的。我们今天从此画中可以看到巴黎学院派的教学方法。

布格罗（Bouquereau）

布格罗，著名的学院派代表人物。去年在巴黎有一个很大个人展览，他是忠实拉斐尔（Raphael）、安格尔（Ingres）的路线下来的，他对艺术一丝不苟，特别偏爱于宗教画和历史画。从文艺复兴到19世纪历经500多年的时间里，把一种艺术语言提炼到绝对精湛的地步。他高举着从文艺复兴的掀起一直到19世纪浪漫主义和写实主义的大旗，法国绘画是有浪漫的文化发展传统的，同样我们作为一个中国艺术家必须对中国诗歌、书法、画论传统有很好修养，才能欣赏传统的中国画，创作优秀的作品。西方绘画也是，基督教文化和希腊文化是他们的两大支柱，西方早期艺术家们在这两方面的修养是很深的。就拿安格尔来说，他的修养并不算好，但比我们现代人来说要强多了。所以我们在西方博物馆和画廊里欣赏美术品，只看技巧，只看画面，很可能洞察不到它们最深度的层面。布格罗就是继承思想、技法两方面经验的杰出代表人物。他的著名作品《年轻的酒神》可以看出他非凡的功力，传统的素描，画面是非常完美的。年轻的酒神的舞蹈，与整个构图是十分严谨的，犹如是舞台上一幕特写镜头。当时他的画在法国市场上价格很高，享有盛名。野兽派旗手马蒂斯（Matisse）在年轻时曾拿画请布格罗指教，布格罗认为没有透视，没有素描基础，他与马蒂斯形成两个无法沟通的艺术观点。最后马蒂斯被他逐出学院,后来布格罗渐渐被人遗忘了。唯一在美术史上写下这一段,即布格罗曾把马蒂斯开除出美术学院的人。

他的《维纳斯的诞生》,各位都知道波提切利(Botticelli)的《维纳斯诞生》,是希腊神话题材,布格罗也精心制作此画。这画制作出来之后,评论家们就发表了反面意见,说画面上过于弯曲的身躯,整个女子裸体在精神上给人感觉并不十分高尚,我们可以从小说家欧文·斯东(Irvin.Stone)写的《凡·高传》(Va.Gogh)里看到,他借用高更(Gauguin)的话说:"它是一种妓女院里作品。"过去我没看到他原作品,在一般美术史书里读到的都是这样的评论,就连徐悲鸿先生也认为布格罗是反面教材(廖静文的回忆录中提及)。在布格罗的晚年,一般批评家对他也是持反对态度,但是他本人还是相当有教养的。另一张我认为在他画展中较为突出的一幅是《巴黎市场》,原画上素描关系,人与人之间关系表现得十分生动,使人回忆起安格尔的画。去年巴黎小皇宫搬出他所有作品来展览,并去美国巡回展出,为他恢复名誉,现代一批中产阶级欧洲人以重新评论眼光对待他,这也是布格罗在生前所预料不到的。说明了新旧艺术的斗争、学院派和印象派的斗争十分激烈,也是互相仇恨、互不相让的。曾经是老师对学生严格训练,老师又在沙龙中落选学生作品,学生再起来对老师作不息的斗争,在整个绘画语言和艺术思潮上进行革新,从1868年马奈(Manet)的《草地上午餐》的落选开始,一直斗争

维纳斯的诞生
布格罗

到 1914 年，进行了整整 50 年的斗争。

蒂塞（Tissot）

法国画家蒂塞长期居住在英国。英国人认为他是法国风格画家，法国人认为他是英国风格画家，他也是学院派的重要画家，印象派的德加与他有深厚的友谊。他对细部的描写非常认真，传统功夫也很好。在他生前，很多评论家讲：蒂塞是一位最肤浅的画家，境界单纯，用极为细腻的技巧来迎合一般市俗的需要。所以大家预测他的艺术生命将是短促的，他死后声誉也直线下降，甚至一幅画只卖几十英镑。但近几年来他身价成倍上升，一幅画达 100 多万英镑。《船上舞会》是他代表作品，今年在巴黎展出，

甲板上
蒂塞

迁都
科尔蒙

在座的很多老师都看到过这幅画。现在欧洲的中产阶级对19世纪有一种怀念感,所以他的作品价格上涨与此有密切关系。

科尔蒙(Cormon)

科尔蒙,他是徐悲鸿先生的老师,艾中信先生曾在书中介绍过《迁都》这幅画,《迁都》是1880年画的,表现出传统素描精神,构图上完整,人体肌肉骨骼精确,当时他感到宗教题材、历史题材已不是唯一的方向,于是他提出创新,他选择了原始民族、原始人作为创作题材。虽然此画还是采用宗教题材中逃亡的情节,亚当的两个孩子:阿尔贝和斯加因,因为弟弟脾气暴躁,伤害了他哥哥,被判于永远逃亡。科尔蒙采用原始人形象,目的是没有历史的因素,也回避宗教因素,单一突出人与天搏斗与自然的搏斗,这是此画基本因素,完成后获得沙龙的最高奖励,在学院里影响也很大,甚至苏联、日本都受其影响。19世纪美术馆(奥塞博物馆)明年将在巴黎开馆,最近这些画都从地下室里被找出来,加以修复,准备与群众见面。科尔蒙不仅是徐悲鸿的老师,也是

科尔蒙《迁都》(局部)

马蒂斯的老师，凡·高的老师，也是印象派画家图卢兹－劳特莱克（Toulouse-Lautrec）和达达主义匹卡皮亚（Picabia）的老师，他们师生之间感情还是很深的。他曾为了帮助图卢兹－劳特莱克，与他一起画插图。由于他喜欢画人体，学生们称他是"大关节"，生前他也感到户外阳光对他的诱惑，所以他的色彩非常接近印象派，当时人们曾这样说："印象派的风在科尔蒙画室里吹。"由于他是学院派的中坚，在学院派与印象派斗争期间，他被推到学院派行列里，因而也被人遗忘。

德加（Degas）

德加的《熨衣女》，毕加索（Picasso）曾受他影响很大，此画与布格罗的《年青的酒神》画于同一年代，可以看出他们之间艺术语言的不同，他是第一个印象派画家，在1910年的巴黎拍

熨衣女
德加

卖中把学院派的默索涅埃打倒，取得最高卖价地位的。

卢梭（Rousseau）

卢梭，是大家熟悉的画家，对现代艺术有决定性的影响。毕加索喜欢他的画，康定斯基（Kandinsky）也很喜欢他的画，不仅临摹，还收藏他的作品。这幅画是他去印度旅行后对印度的感受和想望，画了此画《女玩蛇者》。可见他个性很强，意境深远，作品很像超现实主义的风格。卢梭一生想达到布格罗的水平但始

女玩蛇者
卢梭

星空
凡·高

终未能达到,当布格罗逝世时他十分悲痛。所以现代派与传统艺术之间有一种无形而又奇妙的联系。

凡·高(Van Gogh)

凡·高的画也是大家所熟悉的,影响到表现主义和野兽派,主要突出画家内心情绪的表达。

高更(Gaogouin)

高更对野兽派和象征主义都有很大影响,高更对工业文明反感,所以离开法国去塔西提岛。工业革命虽然引起高更的反感,但对整个世界带来变迁,使欧洲艺术开始发生变化。尽管高更持

塔西提岛姑娘
高更

有这样态度，但他画的塔西提岛，还是反映出欧洲人的传统。

世界各国学院派的情况：

在美国的学院派代表人物，惠斯勒（Whistler）和萨金特（Sargent）至今还是奉为大师的，并没有拿来批判。俄国、英国同样也是，唯一在法国贬低学院派，批判学院派，这里多少包含着一些老师与学生之间的恩怨在起作用。但是最近发生了变化，明年巴黎19世纪博物馆（奥塞博物馆）开放，学院派与新艺术将同时一起展出，希望大家去参观，这对美术史来说是非常重要一课。以上谈的是美术界内部的斗争。

此外还有一个美术界以外的因素。为什么新艺术能为群众和时代所接受呢？从产业革命以后，整个欧洲的历史、社会、经济、文化产生前所未有的振荡，这是美国画家、摄影师在30年代的作品，描绘巨大的火车头的轮子，称之"巨大动力"。火车的发明对人的时间与空间产生很大改变。另一张是摄影师朱贝阿的作品，反映新时代的速度观念。照相机的发明对新艺术观念的变化也发生很大的作用，例如美国画家柯罗斯（Chunk Close）的照相写实主义曾影响到罗中立的《父亲》一画，柯罗斯的大头像是典型的照相写实主义，受到摄影技术影响。这是列帕斯的照片和德加早年的巴黎街景的照片，当时照片技术发明是一个很重要的振奋人心的技术，就连写实主义大师安格尔也深感畏惧的，人们开始利用机械来观察世界。

关于人思想意识上的变化，由于巨大的产业革命动力，20年代到 30 年代，人们的思想发生改变，在欧洲除了马克思对社会、经济、文化有很大影响之外，还有几个人，他们探索的范围与马克思全然相反的，有瑞士的心理分析家 C.G. 融恩（Care Jung）和奥地利的弗洛伊德（Freud），弗洛伊德对欧洲的现代艺术有决定性影响的人，他从个人的潜意识，梦中进行探索，开拓一个新领域。爱因斯坦在 20 年代获得诺贝尔奖，他发现了原子，对当时欧洲知识界振动很大，康定斯基 30 年代作品就受其影响。以上谈到三个人祖籍都是犹太人，对西方近代思想、精神影响是极大的。

大都会
弗立兹·兰格

弗立兹·兰格（Fritz Lang）

弗立兹·兰格是德国著名的导演，1927年影片《大都会》的剧照反映他对新世界的想法，在建筑上、交通上新型的造型。在20年代和30年代，过去宗教神话受到工业革命冲击，一切都在迅猛发展，艺术也不例外。当时电讯技术、电报传送、报纸发行，以至于画廊、博物馆大量出现，使过去艺术家等待订货、等待订单再来创作的现象改变了，艺术家必须自己出来宣传，他们宣传口号就是"前卫"艺术，"前卫"就必须标新立异，要有特征，要变，这对后来艺术的发展起了很重要的作用。

象征主义（Symbolism）

德国象征主义画家勃克林（Bocklin）的《死岛》，有一部分画家对学院主义不满，也对工业革命感到反感，他们逃到自己内心世界里去，他们觉得传统艺术虽有很好的技巧，但没有生命的活力，而新的艺术也没有绘画质量，于是就走另外一条道路，探测内心世界，他们画上采光都是黄昏，他们作品中文学性很强，这个运动普及很广，在英国有拉斐尔前派（Pre-Raphaelit. Brotherhold），在法国有高更、夏凡纳（Chavannes），奥地利的克里姆特（Klimt），德国的勃克林，甚至意大利的莫迪格里阿尼（Modiqliani），它是一个世界性的运动，尽管他们没有革命性，但有深远的影响并且直接影响到超现实主义。

克林格尔（Klinger）

他也是一位向内心发展的画家，采光是黄昏。另一张是克里

潘尼洛普
克林格尔

木特的《韦根夫人的像》,前几年他对国内的影响较大,这里就不多谈了,这是比利时画家,象征主义的马格里特(Magritte)的《艺术家的妹妹》。这三位画家有一种共同的特点:即安静地向内心探索。

马蒂斯(Matisse)

马蒂斯是现代艺术真正开始的一位人物,《收拾盆子—红色的交响》这幅画完全没有叙事性,既无面部的描写也无手的描绘,让色彩成为一种艺术语言。马蒂斯曾经在1936年讲过一句十分重要的话:"我们的感觉并不受外界的影响,而是一种文化的发展,文化的继承。"大战期间马蒂斯一直没有停止艺术探索。另外他

收拾盘子——红色的交响
马蒂斯

又讲:"几何的规律并不是艺术的目的,不过它是最纯粹的艺术表现形式,几何形象会带来色彩的巨大力量。"马蒂斯的《舞蹈》和他老师布格罗的《年轻的酒神》相比,在题材上是受他老师的影响,但艺术语言完全不同,不再是叙事性,也不是舞台场景中一个片断,而是一种全面结构的展现,他的造型能力很强,如果我们欣赏陈老莲的人物,对这幅画也会接受的,在造型手法上有一定的创见。

表现主义(Expressionism)

表现主义的基希纳(Kirchner),现在弥漫于巴黎和纽约的是"新表现主义",而基希纳是老表现主义的代表,桥派(Die

Brucke)的领袖,他的画册现在在巴黎和纽约发行量很大,桥派是在1905—1910年间最活跃最有组织的现代画派,也是与野兽派同时期的画派,他们中间有最著名的挪威画家蒙克(Munch),比利时的安索尔(James Ensor),受奥地利的克里姆特,甚至凡·高、高更和日本画、黑人原始艺术影响。《五个女人在街上》最主要的是表现画家的内心情绪,而不是叙事性。马克(Macke)也是表现主义画家,桥派的名字含意是:通向未来。蒙克《蜡烛前的舞蹈》,他是大家熟悉的画家,前不久曾来中国展出过,《呐喊》是受凡·高的影响。比利时画家安索尔的画,钟涵老师对他有较深的研究,他是一个很孤独的艺术家,但是他的探索能力很强,特别是对自己内心的探索,这是他早期画的《面具》,像他这样个性很强的画家也是少见的。

苏丁纳(Chaim Soutine)

巴黎画派的苏丁纳,是从俄国移居来法国的犹太籍,他一生坎坷艰难,画的是搬行李的工人,但我们看到的只是红颜色和激动笔触,苏丁纳并不是工人,但表现出了画家内心的情绪。

毕加索(Picasso)

这三张照片是毕加索年轻时代在画室里几个阶段。1907年他画了《阿威农姑娘》,此画邵大箴先生曾作仔细介绍,就不多谈了。从画面左边到右边可以看出,艺术家已经受到黑人艺术的影响。阿勃利纳赞美它"可以与米开朗基罗《最后的审判》媲美"。但是,各位还得以自己思考来欣赏它。毕加索的《薇拉像》,立体主义可以分为三个时期，第一时期受塞尚的影响，第二时期是分析立体主义，第三时期是综合立体主义。中国人一般有一种错误的理解，认为立体主义就是抽象画。而实质上立体主义是利用绘画的条件，尽量利用空间而取得最大绘画的真实性，它的立意与抽象绘画是截然不同的。毕加索在艺术史上并不是一个"革命"画家，他一生用各种绘画语言和方法来使画面达到"真实"。

乔治·布拉克（George Braque）

法国立体主义画家乔治·布拉克《弹琴的女人》，在所有立体主义画家中，乔治·布拉克是唯一从头到尾一直以立体主义为自己表现方法的。也反映了法兰西民族的特性，理性分析的传统。西班牙籍的毕加索画了一段时间立体派后就放弃了。毕加索后期画妻子《奥加》像时，又回到传统技巧上来了，只用了少部分立体主义探索方法，他一生画风是十分曲折的，他说自己"始终无法放弃形象的东西"，他觉得形象生活与他还是有更大的牵连。一般中国不了解抽象画的人，把毕加索归于抽象画家是全然错误的。

夏加尔（Chagall）

俄国的画家夏加尔的作品立足于俄罗斯民族，又采取立体主义绘画语言，所以人们称他为带有俄罗斯风味的立体主义画家，画面富有诗意，超

农庄
夏加尔

现实主义趣味很强。

米罗（Miro）

超现实主义画家米罗，早期受立体主义影响，原画是十分精彩的，例如公鸡和鱼画得非常成功。可以看到当一个画家在发展过程中，可能在艺术语言上还不成熟，并不创新，或富有独立性，但也会创作出质量优秀的作品。

莱热（Leger）

分析立体主义的莱热，1914年画的《城市》是典型的立体主义作品，利用形象的对比，形与人还能分辨出来，早期参加立体主义运动，但自从世界大战爆发以后，他觉得单纯为艺术而艺术是不行的，一生徘徊在为生活而艺术，还是为艺术而艺术的两条

米罗的作品

手拿鲜花的二个女人
莱热

三个女人（局部）
莱热

受到狗熊攻击的登山者
莱·弗科尼耶

意大利的精神
马林纳提

道路之间。《三个女人》构图从画面上看不出什么特别,他自己解释说自从第一次世界大战以后他要追求法国的传统,想把 17 世纪普珊(Francois Boucher)的结构性继承下来,从具体的结构中体现出艺术趣味,此画收藏在蓬皮杜中心。

莱·弗科尼耶(Le Fauconnier)

莱·弗科尼耶,他感到虽然立体主义在平面上表现多层次的空间,总是静止的,他需要运动,此画画的是巴黎的桑索玛特公园中红色的埃菲尔铁塔,后来他与妻子索尼亚·德隆尼(Sonia Delaunay)对电动艺术、光效应艺术有一定的贡献。

未来主义(Futurism)

未来主义是一个很重要的运动,创始人是马林纳提(Marinetti),由于后期他成为法西斯党徒,这段历史就变得模糊了,他认为最重要的是速度和运动,他说一台跑车与希腊女神像一样美丽,所有武器具有现代工业的特点,对武器非常偏爱,甚至歌颂战争，他说：战争可以把一个发霉的空气爆炸成一个新鲜的空气，最后他成为墨索里尼的信徒。从塞韦里尼（Severini）的《自画像》中看到运动感，英国画家培根（Francis Bacon）显然是受其影响的。这画派曾波及德国、荷兰、俄国。

波菊尼（Boccioni）

这是未来主义画家波菊尼画的《足球运动员》，表现速度和运动。这张大家熟悉的巴拉（Balla）《带链的狗》妇女脚、狗四条腿和链子的运动很明显的，这运动开始后获得很大的反响。

俄国的绘画

介绍一批俄国画家作品，因为俄国绘画对我们国家绘画有很大影响，"巡回展览画派"对我国油画作出了一定的贡献，使我国产生一批优秀作品，对巡回画派，因大家熟悉不再作报道。

现在介绍一批俄国受野兽派和立体主义影响的画家，当时他

足球运动员
波菊尼

带链的狗
巴拉

黑方块红方块在白画布上
马列维奇

们接受外来影响。这是纯粹主义马列维奇（Malevich）作品《洗澡者》，非常具有表现力。目前法国最红的表现主义画家格莱兹（Gleizes），当美术杂志访问他时他说他受到马列维奇的影响，马列维奇强调块面，强调色彩，追求纯粹性，反对透视，强调一种宇宙的感觉，他在白画布上画黑方块，这是零度的画。他曾在白画布上画白方块，第一幅没有颜色的画。在30年代以后他又回到写实主义风格中去。莱·列斯兹基（EL.Lissitzky）受他影响很大，接受他的理论，把它介绍到西方来。《黑方块红方块在白画布上》是美术史介绍他时的一个典型作品。当时俄国现代绘画是非常复杂的，可以分为三组，一组是纯粹主义，一组是结构主义，另一组是以康定斯基（Kandinsky）为代表的，以毕达哥拉斯的几何形体为基础的抽象绘画，结构主义是强调科技与绘画的结合。这个运动直接影响了法国、美国的现代主义绘画。

劳斯德（Raphael Laughed）

这是拉斐尔·罗斯德与他的妻子蓬切·霍加的画，从光束上发展，追求光束效果，在当时现代绘画中是具有权威性的。这三个方面的斗争很激烈，甚至打斗起来，而且理论超过实践，很多画理论出来了，画还没有，后来的人以他们理论为依据，继续发展。

塔特林（Tatlin）

这是"结构主义"艺术家塔特林的画，显然是受马蒂斯的影响画的《裸女》，这是《第三国际纪念碑》，当时他是很有革命性的。十月革命推翻沙皇时期，他们解散了学院，参加革命，在列宁时代他们十分活跃，到斯大林时期要

第三国际纪念碑
塔特林

空间的速度
佩夫斯奈

胜利
蒙德里安

求他们歌颂斯大林时，他们逐渐放弃绘画，来到工厂画盆子，画花布，也有一部分人迁居去西欧，留在俄国的情况后来也不太清楚。这段历史需要再整理的。

佩夫斯奈（Pevsner）

佩夫斯奈的《空间的速度》，像美国后来的新抽象派艺术家诺兰（Kenneth Norland）的作品显然受20年代俄国"前卫"艺术的影响，让我们也了解到俄国艺术的另外一面。这是俄国结构主义的作品，和罗德琴柯（Alexander Rodcheko）所做的雕像《列宁在演说：和平、面包和土地》的主题类似，西方现在认为他是"自减艺术"（Minimal）最早的代表，最后他也放弃了艺术，深入工厂参加劳动。康定斯基的早期作品，显然有俄罗斯的风格，色彩很美，康定斯基对民族艺术是有贡献的，他在慕尼黑读书时，对慕尼黑周围的民族艺术也有深入研究。

蒙德里安（Mondrian）

这是受到当时未来主义、立体主义影响的荷兰画家蒙德里安的作品，这一幅画是他象征主义的作品。随着发展，他在东德杂志《风格》上发表作品，强调垂直线与平行线的对比，追求红、黄、蓝和白几个基本色的关系，做一种纯粹的艺术上探索。1928年，社会上这种普遍的探索活动就结束了。但蒙德里安继续研究追寻，这是他晚期作品，从爵士乐中得来的灵感，这幅画直接影响到光效应和活动艺术、电动艺术。

音乐会
康定斯基

包浩斯（Bauhaus）

包浩斯在现代艺术的前期具有建设性意义的运动，邵大箴老师曾写过专文介绍过，不久以后从波士顿有一位叫凯匹奇的美国人来访问中央美术学院和浙江美术学院，他是如今唯一留下的包浩斯成员，他将做专题的演讲。康定斯基是包浩斯运动中重要成员，涉及到工业设计、家具设计等有一套系统的理论，对西方影响极大，在一个新的工业文明里面，产生一种建设性的实验手段。这是康定斯基 1910 年画的作品《音乐会》，在色彩运用上、笔触运用上很有节奏感。晚期作品《合奏》显然是受细胞、显微镜、原子分裂的影响。我较能接受此画，是可能因为中国传统的原因。这是一张康定斯基的素描，给他学生做示范的，包浩斯运动产生

肖像
克利

他的特有艺术语言，在基础教育上他有新的教育方式，用线、面、体和色彩的有机结合来塑造形象，在经过 500 年的传统教育后，这时开始一种新的教育方法，效果如何，还待发展，这在美国影响较大。

克利（Paul Klee）

克利，是康定斯基的朋友，也是包浩斯的老师，他画的是内心的感觉，可以看到虽然他们两人是好朋友，但创作方法是截然不同的，他是富有诗意的，而且具有超现实主义的表现力。这是他朋友的一张画《德尼索》，可以看到他如何用绘画语言来表现头像的。中国人一般接受克利比康定斯基更容易些，在西方康定斯基是最重要的。这是克利晚期一张素描，与中国线描有不谋而

空间和速度
莫荷伊·诺迪

合的地方。

莫荷伊·诺迪（Laszlo Moholy-Nagy）

匈牙利画家莫荷伊·诺迪是包浩斯成员之一，他是非常讲究科学实验性的人，画的是《空间和速度》，注意其色彩和空间的变化，在布达佩斯成立了匈牙利的包浩斯学校。后来在欧洲的代表艺术家韦塞尔曼（Tom Wesselmann）和电动艺术家尼古拉·绍伏（Nicolas Schoffer）都是从这个学校出来的。可见一个民族中的优秀艺术家可以创造一种传统，可以继续发展。这是莫荷伊·诺迪（Laszlo Moholy-Nagy）做的一个《洞》和《光和空间》的协调作品，用塑料和铁金属制作的，本身会动，而且利用光的效果，直接影响到电动艺术。

马塞尔·杜尚（Marcel Duchamp）

这是马塞尔·杜尚的画，受未来主义和立体主义影响，曾被沙龙拒绝。他有两个哥哥，雅克·维戎（Jacques Villon）和雷蒙·杜尚·维戎（Raymond Duchamp Villon），都是著名画家和雕塑家，三兄弟的艺术观点都不一样，但都取得很大成就，这些画去美国展览，同去有1200张画，在1913年这展览在美国影响很大。马塞尔·杜尚的《蓝色的裸女》和《裸女下楼》轰动一时，自从1917年威尔逊总统参加大战以后，欧洲的经济中心逐渐移到美国，美国是没有传统的，它连立体主义都无法接受，达达主义对美国影响很大，因为达达主义是一种自由精神的思潮，杜尚就对纽约十分喜欢，杜尚说："我们要忘记过去，生活在我们生长的时代。"当时匹卡皮亚（Picabia）也讲过："纽约是未来主义和立体主义的城市。"这是杜尚的成名之作《泉》，杜尚为什么会这样发展有他的社会因素，由于第一次世界大战以前的未来主义创始人马林纳提（Marinetti）强调速度、强调力量，当时认为宗教信仰已经没有了，科学经济的进步会带来文化的进步、人类的进步，对此产生信仰，战争使他的信仰破灭了，产生虚无主义，达达主义某种程度上就是虚无主义，影响欧美很广泛，中国认为达达主义是很短的一个时期，实际上他对美国有一个长远的影响。

裸女下楼
杜尚

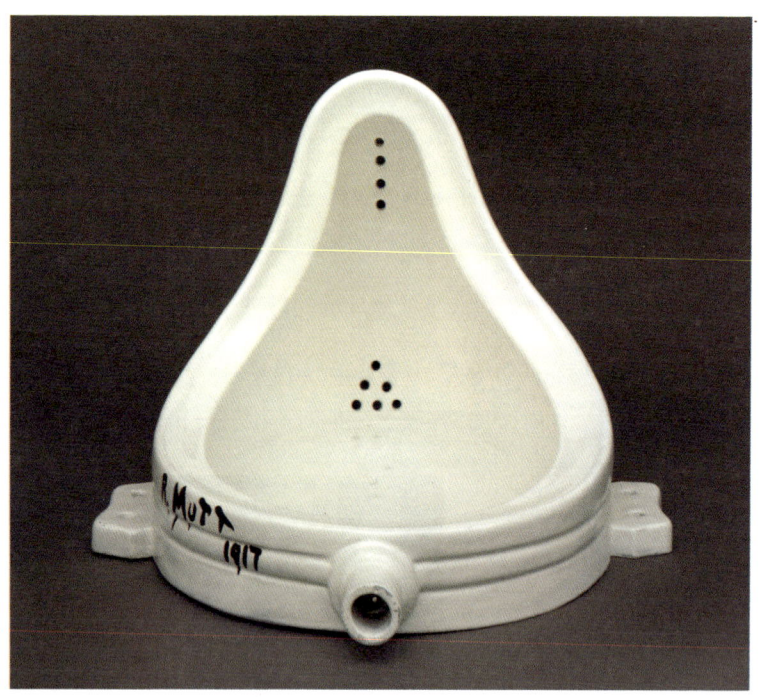

泉
杜尚

认为什么都可以变为艺术,甚至《泉》和《放酒瓶的架子》等等。匹卡皮亚曾说:"艺术是为思想上达达主义服务的。"成为达达主义艺术家玛利亚(Maria)的作品《地景艺术》的来源,所以现代派还是有传统的继承关系。它有发生的根源,有它的民族性,我们艺术也不能脱离我们的时代,我们的根源。

达达主义(Dada)

这是玛利亚(Maria)的摄影曝光和匹卡皮亚的用剪刀做成

匹卡皮亚的作品

的肖像《玛克托夫人的肖像》，他在西班牙办了一个杂志，几乎全部都是达达主义的作品。达达主义在纽约，在德国，特别是德国它有行动性的，反对描写军国主义，俄国达达主义变成左翼艺术家，苏黎士和纽约的艺术运动多少是战后虚无主义表现。阿尔普（Jean hans Arp）从法国迁移到苏黎士，在伏尔泰的咖啡馆里，与罗马诗人查拉（Tzara）一起把咖啡馆做成既是画廊，又是咖啡馆。德国艺术家甚至在教堂里大喊，做一些惊人的事件，又如在展览中任意砍木头,也曾劫持一条船要送往苏联,苏联当局被弄得很棘手,不好处理。

契里柯(Giorgio de Chirico),达达主义以后,意大利出现了契里柯,对立体主义和未来主义是持反对态度,他觉得应该恢复意大利传统,在1930年以后他完全浸沉在意大利传统画中,这是他"形而上"画派的典型作品,在空间上是很有特殊效果的,强调安静。这类作品多看了以后有一种忧郁的感觉,他是超现实主义的桥梁。

卡拉(Carlo Carra),这是卡拉作品,他原来参加未来主义,后来参加形而上画派,主要有三个人即卡拉、契里柯和莫迪格利阿尼,向超现实主义方向发展。

恩斯特(Jimmy Ernst),恩斯特在1922年创作一件作品《两个被夜鹰所吓的小孩》,这是第一件超现实主义作品,用各种木头堆上去而造成一个造境,多少是表现作家潜意识的内心。

契里柯的作品

赛马
卡拉

斯维特斯（Schwitters），斯维特斯本来也是达达主义，后来从事机械艺术，对美国 POP 艺术有一定影响的。

萨尔瓦多·达利（Salvador Dali），大家比较熟悉的艺术家。达利的《西班牙的内战》，描绘生活的超现实主义，对战争深入而又真实的描写。他是传统的学院派。喜欢默索涅埃，喜欢布格罗，但在现代艺术中他是一面重要的旗帜。

马格里特（Magritte），比利时超现实主义画家，马兹晚期作品多少受到福拉芒的影响，《血的声音》是超现实主义作品，把形象变成一种力量，与立体主义不同的是，立体派是重新组合

两个被夜鹰所吓的小孩
恩斯特

视觉形象。契里柯讲:"世界是神秘的,当人们去揭开这个神秘时,变得更为神秘了。"这是形而上画派艺术家的艺术观。

让·米罗(Jean Miro),是超现实主义者,他的抽象倾向更强一些,这幅画中还能看出狗、人的大概的形象,他是现代西方艺术界中重要人物。

里希埃(Germaine Richier),我选了一张里希埃的雕像,他的瘦长的人形大家可能熟悉的,这是一张他超现实主义时期的作品《超现实的鸽子》,说明一个艺术家在形成他的独特语言时,也有一个过程。

于特里约(Utrillo),法国的于特里约,他的艺术特征是印

血的声音
马格里特

象派的理论继续发展，在30年代他被认为是落后分子，毕加索一派立体主义为前进代表。于特里约是一个奇特的人物，是一个开倒车的人。但经过半个世纪以后，他的艺术重新被人评价，去年蓬皮杜中心举行盛大的展览，体现出法国人的传统和生活气息，达到最高售票纪录。

巴尔丢斯（Balthus），巴尔丢斯的作品，30年代很著名，野兽派画家德兰（Derain）的像，他坚持自己的画风与学院主义是有一定关系的，反映他自己的生活感受，长期以来没有受到人们重视。去年和前年法国蓬皮杜中心和纽约大都会博物馆，分别举行了他的个展，被称为当代最前卫的艺术家，这是令我们深思的。

米罗的作品

里希埃的作品

巴黎街景
于特里约

女孩肖像
巴尔丢斯

亨利·马蒂斯（Henry Matisse），1905年作品《尤录利的室内》，可见色彩的力量，他说"我想用这张画作为我'前卫'艺术运动的结束语。"战前他在形式上追求很强烈，战争中法西斯上台，形式感的追求缓慢了，画家也因政治原因分散各处，生活告诉他们新艺术与现实生活距离太远了。

法西斯时期

下面介绍法西斯的艺术：

墨索里尼曾有众多"肖像画"作为宣传品发表在报刊杂志上，例如墨索里尼在母亲节接见意大利的母亲代表，爱抚儿童，他在工厂与农村访问，在车间里询问，在农田里割麦，当群众的模范，

画室
马蒂斯

描写法西斯党的功绩。甚至还有纳粹党党魁希特勒的讲演图像。

德国 19 世纪末学院主义的作品,有些画家的作品是很精彩的(如列勃 Lenbach、芒佐 Adolph Menzel 等人),画的喂奶的母亲、农妇,原作是很精致的,自然主义而且有感情的,而对比之下边上是希特勒时代的画《大地的苏醒》《母亲与孩子》,就显得更为虚假。为了宣扬纳粹的需要而创作的。当时毕加索和马蒂斯是被禁止作画的,说他们是堕落艺术家,所以一旦纳粹取得胜利,艺术史就要重新写了。

《农家》一画,希特勒看了很不高兴,认为画上人物表情木然,期待着什么,因此希特勒拿此画来批判。《选美》是典型的纳粹作品,他们认为日耳曼民族是最优秀的民族,通过古典神话传说来比喻当时,选金苹果的内容,艺术上显得十分虚假。

1937年在巴黎举行的世界博览会,展示穆希娜(Mukhina)大雕像的楼是苏联馆,展示大老鹰的是德国馆。摄影照片,由法国摄影师格切唐松拍摄的,他是著名的摄影师,曾来过中国;他在战前拍摄的法国的近郊,可见当时法国人的生活状况,青年人一对对躺在草地上谈情说爱,一片和平的景象。与上面照片是一个鲜明的对照。

毕加索(Picasso)1937年《格里尼卡》(Guernica)的草稿,邵大箴老师写过专文介绍,但反映出艺术家的敏感性,能预测到时代的变化和政治气氛的转变,战争气息已经很浓了。

米罗(Joan Miro)1938年画的《妇女头像》更接近战争了,画上妇女几乎成了一个战神,用他的艺术语言表达时代感,这是

格里尼卡
毕加索

他对社会的感应。

约翰·希思菲尔德（John Heartfield）

在德国有一部分艺术家对纳粹希特勒是持反对批判态度的。例如约翰·希思菲尔德，达达主义者，作品是照相主义风格，反纳粹的。画上希特勒做致敬状，后面是百万富翁在用金钱支持他。50年代曾来中国展出过，《他们的拯救》表现的不是纳粹拯救世界，而是使世界灭亡！《永远不要再有》画面上充满了刺刀、杀人……他在巴黎有一个很大的展览，很动人的。贝克曼（Max Beckmann）的作品《诱惑》反映纳粹统治德国的气氛，后来他去了美国。

狄克斯（Otto Dix）

这是狄克斯作品，战争期间乔治·格罗兹（George Grosz）去美国，狄克斯还是留在德国，早期他的自画像表现力很强，新表现主义把他作为偶像和前导，个性鲜明，绝不与纳粹妥协，他在美术学院任教，希特勒每天派人去监视他的创作。他在《七个罪恶》（宗教内容）中，把希特勒画在上面，希特勒十分生气，把他送到斯大林格勒去打仗，又关监狱，受尽了折磨，但是他活过来了，战后成了德国的美协主席，获得了世界上很多最高的艺术荣誉。近些年来他的作品在世界各大博物馆展出，为了德国人的命运，他以自己生命来作见证，例如《母亲与死婴》一画表现出巨大艺术感染力。人们称他是20世纪的哥雅（Goya），对于我们中国人来说是深有体会的。日本的侵华战争，是一段难以忘

诗人肖像
格罗斯

怀的历史。墨西哥里维拉（Rivera）的作品《纳粹的文化》也是强烈批判法西斯政权的绘画。

第二部分是战后的欧洲、美国的抽象表现主义艺术。

上面我讲的艺术是在特定历史、经济、文化的环境下产生的，欧洲在 19 世纪末 20 世纪初经过产业革命、法国大革命、美国的独立战争、俄国大革命后，在社会和政治上产生很大变化，而且在科学上突飞猛进，还有两次世界大战给欧洲人带来空前未有的灾难。所以在这样一个变化万端的历史背景下，使欧洲的传统绘画与它的传统的美学、宗教都受到非常严重的冲击。在这种情况下艺术如何面对现实，如何给予人的生命以更高的信念的确是一个前所未有的复杂和困难的情况。

在两场战争中欧洲人与美国人都参与了战争，敌对的两方面都有不同的政治信念，后来虽然战争结束了，但在人们心理上留下烙印，无法适应新的环境。今天综观一下战后的欧美生活环境、艺术状况，可以了解到人们如何用艺术语言来解答他们的处境。

20世纪早期美国绘画

美国绘画：这是20世纪初的美国乡土绘画《美国哥特式》，一对美国夫妇站在小木屋前面的肖像画，伍德（Grant Wood）画的，手拿铲子，具有乡土精神，而且是有美国精神的代表作品。霍帕尔（Edward Hopper）《旅馆的房间内》这是30年代作品，写实主义画家曾在法国留学，没有选择立体主义与野兽主义，以美国的感觉来创作，形成美国风格。在70年代以后变成非常重要的画家，直接影响到超写实主义，他绘画中反映一个画家在发展过程中，一个民族、国家的感情对创作有决定性影响。《审判》画上二个人是麦加锡时代被控告为无政府主义者的政治犯，实际上此案至今也毫无头绪。下面是真实照片，上面是根据照片画的画，风格上很有个性，是沙恩（Ben Shahn）的代表作，他是40年代50年代美国相当重要的具象画家。当时米罗绘画风格影响到纽约的抽象表现主义，他的《狗与人在太阳面前》空间，平面是多层次的，受立体主义影响，色彩组织与形象的安排很好，有抽象意味。

美国哥特式
伍德

法国唐吉是第二期超现实主义画家，他是最早采用"自发性技巧"的人，直接影响到表现主义的抽象画。美国表现主义根源还在欧洲，二次大战期间大量欧洲画家移居美国，超现实主义理论家勃勒东（Andre Breton）也到了美国，还有蒙特利安、夏加尔都到美国。勃勒东非常保守，连英语也不愿学，但欧洲的超现实主义画家移居美国后和早期俄国抽象表现主义戈尔基（Arshile Gorky）交换各自的艺术见解，建立密切关系。马松（Masson）的《在沙上画的鱼》，展示出20年代法国画家已经运用"自发性技巧"作尝试，后来波洛克就是受马松的影响。马达（Robert Matta）是智利的画家，第二期超现实主义画家，他的画具有几种文化传统交融，南美的玛雅文化和北美洲文化，既有印第安人文化，又有欧洲文化。他的活动能力很强，今年他的联展是为表现主义追源的，特别提出了马达的作品。他画的人形象中还包含着各种形象、结构，人物很难看出来，又好像能看出来，犹如是火星、太空中形象。与达利画是不同的，达利利用真实的景象，而他是比较抽象的，立体主义因素也包含在内。

　　戈尔基（Arshile Gorky）是纽约表现主义画家，俄国人，代表作是《磨坊的水》，最早走上表现主义手法的艺术家，他有很好的立体派和野兽派修养，特别是在色彩与空间处理上，西方评论家们认为他是从欧洲过渡到纽约表现主义的桥梁，他受毕加索与米罗影响很大，他的命运坎坷，一生贫穷，死了两年后，他才被世人所认识，他是自杀而死的。

这是杰克逊·波洛克（Jackson Pollock）早期的作品，波士顿博物馆来京展出时曾展过他的原作，他是美国30年代乡土画家伍德的学生，后来又随墨西哥三杰西盖罗斯（Siqueiros）学习，同时他受毕加索影响也很大。当时纽约在战后成为世界大都会的中心，由于大都会冷酷的背景，艺术家的心情是很矛盾的，一方面是对战后生活产生荒谬感，如同欧洲存在主义的哲学观，是极端个人主义的人文思想，陶醉于个人境界中，与社会疏远。他在技巧上表现出巨大生命力，他承认受到马克思和弗洛伊德的影响，也有印第安文化影响，他的画图方法就像印第安的祭祀一样，他

磨坊的水
戈尔基

第二十一课

波洛克的作品

并不坐在画架前绘画,他认为这样做对于整个画面是极为狭窄的。所以他把画布铺在地上进行,倾注了自己全部力量。现在欧洲美国把他捧得很高,是有一定社会原因的,也是由时代背景而形成的,成了时代的代言人。他自己的一生与他的艺术也是一致的,壮年时代车祸而死。我认为他是存在主义在战后的欧美代表人物。

纽约画派的佛朗兹·克莱因(Franz Kline),很多人认为他是受中国书法的影响,其实并不是这样,他说他画的是纽约的建筑、桥梁,他爱用粗黑线,但并不是一气呵成的,而是慢慢地用细笔画成的,画完成后在情趣和感觉上与书法比较接近,出发点上完全不同。

形象八
法郎士·克兰

美国西海岸的表现主义代表人物马克·吐比（Mark Tobey），受东方书法影响，特别是日本书道的影响，利用西方的构图方法和文化根源，同时选取东方艺术作滋养，他是一位融合东西方艺术文化的画家。斯蒂尔（Clyfford Still）的画，常常采用大块面黑色，没有什么变化，形式统一，画面醒目，艺术的发展性有局限的。马塞韦尔（Motherwell）是表现抽象主义艺术家，他是比较年轻的画家，理论上很有研究的，至今还很活跃的人物，他曾说过一句很重要的话："自发性技巧对于写诗，文学往往会引向虚无，但对绘画却不然。它给绘画带来了新的形式。这新形式又给我们画家带来了一个探索的新起点，这种自由的形也是绘画上新发

节日

马克·吐比

马塞韦尔的作品

现,从这个基点上在美术上可以找到更多更美的新形式。"这一理论很重要。

德·库宁(De Kooning),这是荷兰画家德·库宁的画,他也是纽约抽象表现主义的重要画家,保持有欧洲的绘画传统,可以看到荷兰历史大师画伦勃朗(Rembrandt)的笔触,只是把笔触现代化了。作品中颜色的饱和度很好,他始终是受到尊敬的,去年蓬皮杜中心举办了他的展览,《河边的门》是我选的比较喜欢的一幅,色彩和笔触是细腻成功的。他的画十分写意,又有具象的暗示。《蓝色的地》是女画家海伦·法兰克什勒(Helen Frankenthaler)的作品,她是马塞韦尔(Motherwell)的妻子,对于后来新抽象的美国画家影响较大。

以上这些画家都是以笔触为自己表现方法的。另一批艺术

河边的门
德·库宁

蓝色的地
海伦·法兰克什勒

家喜欢用符号和块面来作为表现语言,这是阿道尔·戈特利布(Adolph Gottlib)的画,上面红色圆形,下面符号。他的灵感来自古埃及的碑陵,象形文字,古代盾牌,符号多少有象征意味,构成抽象表现主义。善于用块面表现的画家马克·罗斯柯(Mark Rothko)从苏联迁移到美国去的,《黑色白色和粉红色在橘黄色上》是他的代表作,几个大色块,原作相当含蓄,有感情因素在里面。自从马蒂斯以后,不再用叙事性作为表现方法,而是用色和面的手法去追求其表现力,希望从空间、色和面中产生一种力量,从而引起观众的共鸣。罗斯柯在表现主义中有很高的地位。抽象表

黑色白色和粉红色在橘黄色上
马克·罗斯柯

现主义发展到纽曼（Barnett Newman）时，线和面变得更为理智了，变成很简单的组合，绘画因素越来越小了，向新阶段发展，俄国的纯粹主义马列维奇早就有这种理论基础。这幅画的红色块面上可以看出绘画几乎已经到了无法发展地步了。

汉斯·哈夫曼（Hans Hofmann）和阿尔贝斯（Joset Albers）

约瑟夫·阿尔贝斯的作品

汉斯·哈夫曼的作品

无题
圣弗兰西斯

早年都在德国包浩斯教学,1930年左右两人到了美国,从事教育工作,影响甚大,30年代哈夫曼在纽约办了工作室,教育出大批美国现代画家、抽象表现主义画家。他看到学生们的成就,不甘心落后,与学生们共磋技术经验,得以启发。欧美一批评家认为他是一位伟大的老师。

这是一位较晚的抽象表现主义画家圣弗朗西斯(San Francis)。现在正陈列在蓬皮杜中心,其作品装饰性强,受到欧美群众喜爱。最后一位是路易斯(Morris Louis),他采用非常简单的艺术语言,但在简单之中求色彩最大力量,常常画红颜色

阿尔法 –Pi
莫利斯·路易斯

中间画个十字架,还是走马列维奇的道路。

纽约抽象表现主义是战后美国经济复苏阶段的艺术表现。

欧洲胜利后,巴黎生活艰难,哲学、艺术上虚无荒谬感严重,产生了存在主义。当时有一个年轻画家毕费(Bernard Buffet),他的《耶稣在十字架上》是他早期作品,作品中圣母在痛哭,宗教是欧洲人永恒的题材。他作为一个年轻人对战后局势的敏感的反映,成为欧洲当时的代言人,引起大家的共鸣。全世界都认为他是一颗灿烂的明星,在巴黎展出时人们要排队去看他的画,用灰调子画的空虚的情调,痛苦的主题,战后人们需要这种心理上的弥补来安慰受伤的心理。但是一个艺术家的早期成功往往是件不幸运事情,他虽然获得了成功,得到大量的财富,

耶稣在十字架上
毕费

生活极为优越,但不久他的艺术却死亡了,今天他完全变成了一个商业性的画家,他的画,他的签名、他的黑线条变成商标式符号,失去艺术家应有的生活的感应了。如今他也并不算太老的画家。

弗兰西斯·培根(Francis Bacon),英国画家,是目前在欧洲非常具有个性的画家,性格倔强,表现战后人的感应,二次大战把人都扭曲了,他画上的人物是有极度表现力的。这是拿凡·高一幅画作练习。他受戈雅(Goya)影响较大,作品《猿》在笼子里吼叫,隐喻人的内心,中国人认为他的作品太恐怖,而难以接受,但是在欧洲是能产生共鸣的。一种悲剧性反映。不能单从其形象丑恶否定他的全部艺术,三联画《受刑罚的人》描绘的是十字架上人的痛苦,表现纳粹时代的集中营情景。几十年来在千变万化

十字架上受刑的人
培根

的西方艺术舞台上,培根是一位始终不倒的大师。

格律贝尔(Francis Gruber)画的《仁慈》,他经历很苦,曾进过集中营,判过死刑。他的画像是用油料做成浮雕一样,反映痛苦情绪,他是第一个利用挥洒技术的人,与存在主义萨特、加谬都是朋友,也隐藏着痛苦内心,与欧洲的抒情抽象派有关的,去世较早,生命短暂。

玛蒂厄(Georges Mathien),法国画家,速度美学的代表人物,在20分钟内画一幅画。原法国文化部长认为他是法国的书法家,现在在法国很大众化,电视都用他的符号来报幕,甚至广告、航空公司都用他的标记,个人生活非常豪华,很多评论家对他进行评论分析,甚至著名的《今日艺术》的美国作家斯密斯也讲:"玛蒂厄虽然以全新面目出现,但与美国抽象表现主义完全不一样,他把艺术当成商品，满足有产阶级的需要，与19世纪畅销的学院主义画家是没有两样的。"

苏拉吉（Pierre Soulages）与赵无极是好朋友，属于一个派别，朱立琼先生也是这一派别中的杰出者。德国迁居法国的阿赫东，也是巴黎抒情的抽象派画家，画面的空间感和线条都有共同之处。玛蒂厄虽也是这一派人员，但风格有所不同，他承继了法国传统，从印象派到博纳尔（Pierre Bonnard）这一线的，从光和色的角度来探索。

德国的抽象画家列昂·博尔玛（Leo.Bormat）的《圆形的

肖像（局部）
玛蒂厄

绘画
苏拉吉

山》，俄国的波利亚柯夫对他评价较高。色彩的饱和度很高，整体画面的色与形的对比强烈。意大利阿弗罗（Afro）的画，接近抽象表现主义风格，他一直很活跃的在威尼斯独立工作。意大利符号主义画家卡勃·波罗希的画和西班牙画家塔皮埃斯（Antoni. Tapies）的作品表现力很强，有传统的内涵。后来采用很粗犷的笔触画肖像。塔皮埃斯在欧洲评价较高，在很厚的底子上用线勾儿童画，中国人比较喜欢他的作品。加拿大在法国享有最高成就的里奥佩尔，用刀刮颜色，画法奇特，变化较少。葡萄牙的玛丽亚·海伦娜·维埃拉·席尔瓦（Maria Halena Viera de Silva），在法

土地的皱纹
迪比费

国是公认最杰出的女画家也是一位图书收藏家,她不画抽象画,从空中画地面景色。年纪有70多岁。尼古拉·斯盖尔(Nicolas Segal)从俄国来法国,也搞雕塑,绘画时偏爱用刀刮色,晚年转向具象,去世较早。法国的迪比费(Dubuffet)对儿童画很喜欢,他从疯人院里得到了灵感,有童年稚味。不久前去世,目前正在筹备他的展览。在美国认为他是法国最重要的画家,《土地的皱纹》是一种做质地的练习。《海潮》受到波普艺术以后的绘画语言的影响,是近代艺术,我喜欢他早期东西。

以上是抒情抽象主义和个人独立的艺术。

人物
阿贝尔

迷人的海岛
科尔内伊

马修的作品

"响尾蛇"（COBRA）画派是以哥本哈根、阿姆斯特丹和布鲁塞尔三个城市字头为名的"哥布拉"，对西方有影响的画派，由北欧画家组成，色彩强烈，阿贝尔（Appel）的《人物》主体派，阿兰切斯基（Alechinsky），巴黎美术学院教授，最近受中国传统艺术影响很大，用毛笔画。科尔内伊（Corneille）也是他们派别中的重要画家，《芭蕾舞会》对我们中国人是难以接受的，中国画家丁明全和他们在巴黎很接近的。

马修（Marthieu）是个性很强的画家，著名诗人，比利时旅居法国文人画家，曾代表法国去竞赛诺贝尔文学奖，画了很多素描，喝了麻醉剂后画图，这些现代画都是在特定的历史条件下产生的。

比费（Buffet），南斯拉夫迁居巴黎，是一位负有盛名的艺术家，但是很奇怪，很多东欧画家到西方都采用具象手法。由于以前生活经历的不同，他们善于表现烂掉的房子、可怕眼睛、尸体、完全是极度恐惧的场面，是一种"潜意识"的景象。

奥地利画家福克斯（Forks），用传统的技巧画圣经故事，把天使与魔鬼混在一起，主要还是对这时代感到悲伤的反映，对二次大战的感应、余悸。

新达达主义、新写实主义（Neo Dada、Neo Realism）

毕加索用木头和其他物质组成的艺术品，他再次尝试新艺术形式，但是整个表现手法还是传统化的。

比费的作品

大峡谷
劳申伯格

劳申伯格（Robert Rauschenberg）的作品，著名的美国的艺术家，受阿尔贝斯（Albers）和霍夫曼（Hofmann）的影响，他认为大城市一方面是博物馆和文化中心，另一方面也是消费中心，专门用废物来创作。当用笔触不够时，用实物加上去。《克纳蒂在演说》是他的代表作。从克纳蒂以后美国正式脱离欧洲，形成独立的美国艺术。

贾斯帕·约翰斯（Jasper Johns）是波普艺术的先驱，《三面美国旗》艺术语言上采用集景式，美国趣味很浓。《二个啤酒桶》这是画家与画商开玩笑，啤酒桶能不能高价卖出去？结果还是卖出去了。《中学时代》是双破皮鞋、玩球补丁也有。《评价家的笑容》牙刷上放着牙齿，他反对评论家对艺术评价和诠释。

法国的新达达主义，伊夫·克莱因（Yves Klein），犹太人。

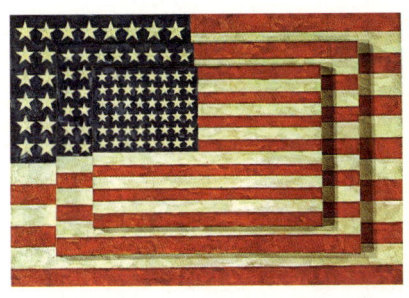

三面美国旗
约翰斯

单一的蓝
克莱因

他创作的《单一的蓝》，他认为天空的蓝内含着一种巨大的力量，还有《单纯的红》。《人的尺寸》是用模特儿身上涂颜料在画布上挤压出来的，再经过加工，这是一幅著名作品。这批画家主要在法国理论家匹克斯和达利带领下创导一个"新写实主义"，用自然的"形"来创作，60年代很盛行。他们喜欢打柔道、喜欢表演，克莱因青年时因心脏病去世。

克利斯托（Christo）专门包东西的艺术家，从火柴到大博物馆、大海岸、山谷等等，包一下往往要几百万美元。玛让曾说过："凡是包裹的东西都有一种神秘感的。"克利斯托的素描画得很好，最近他正在包巴黎市中心新桥，后来他也是一位地景艺术家。普波艺术的著名艺术家金霍尔兹（Kienholz）创作的《多嘴的人》，表达对电视的反感，对现实的反抗。柳万松，俄国移居美国的，艺术家利用美国日常用品制作，拼合起来然后涂成金颜色、黑颜色（雕塑像）。美国雕塑家乔波纳（Chsamberlain）的作品，把旧汽车废铁挤成一块，称之《痛苦的詹森》，60年代在美国有三个人很重要，詹斯蒂姆是电影明星，虽然拍电影不多，但是特别有影响，对青年人影响很大，其作品是存在主义风格，后因车祸而死，当时是反面人物形象，30年后变成崇拜对象，虚无主义。法国艺术家雷拉是现代最有才华的法国雕塑家，参加新达达主义运动。但是美国批评家还是认为他被传统束缚住，不久他很快就转变了方向。方达那（Fontana），意大利画家，用纯红、纯蓝、纯绿、纯黄绘制成装饰性绘画，用刀直接把画布划破，《三道》就是他的代表作，他说在空间追求上有了"独创"，划开画布可以通向无穷尽的空间。由于装饰性强，他的画能用于建筑，很畅销的。

美国的波普艺术，以广告方法处理画面，早期戴维斯（Stuart Davis）平涂颜色作品《冠军》，美国是没有文化传统的，200年来由欧洲移民建立强大经济的国家，立体主义发展不起来，达达主义自由精神却起了影响，美国艺术变化得也特别快，始终不能长久找到一个固定的美学观点，至今还很浮动，经济上是直接影响欧洲的。美国20世纪50年代的女明星玛丽梦露，是性感的象征，安迪·沃霍尔（Andy Warhol）把她变成美国的象征，用她的脸、她的照片涂上各种颜色，组合成画面，多少是受马蒂斯的影响。他拍过电影，玩过摄影，在美学上反对悲剧感。他既不表现思想,也不表现内容,只是像机器一样表现形象。利希滕斯坦(Roy Lichtenstein)用美国的连环画,然后处理成大点子,来表现艺术形象。以儿童书上画面为主,如飞机打仗、美女形象等等。他曾用他的艺术语言"大点子"来临摹莫奈《卢昂大教堂》。

第三部分是当代世界上的艺术发展情况。

至减艺术(Minimal Art)

在美国和欧洲的抽象主义运动中出现了几位"至减艺术"的画家和雕塑家,如英国的菲利普·金(Philip King)的作品,把铁块切开并涂上颜色,用材料本身来作为艺术语言。威廉·特柯尔(William Tucker)也是英国画家,其作品《九个棍子》

九个棍子
特柯尔

空中的棍子运动
斯纳尔森

用九根白色的棍子在空间的转换，产生一种运动感，他是通向至减艺术的雕刻家。美国雕刻家凯尼斯·斯纳尔森（Kenneth Snelson），他设计的棍子在空中产生自由的运动感。托尼·斯密思（Tony Smith）原来是个建筑家，很喜欢美术，后转向雕塑，用最简单的几何形体在空间作纯粹美的运动，这与美国和欧洲新型城市建筑都是紧密结合的，与环境相当和谐，虽然是一块金属的简单扭曲和转动，却灌入了生命力，引起人们共鸣。莱利·贝尔（Larry Bell）的作品是椭圆形的练习，较复杂，与数学发展和科学理念相结合。多纳尔德·贾德（Donald Judd）是位真正的至减艺术家，他用金属做成的各种形体，排列整齐，利用现成材料质感创造艺术感染力，有时也用铁片或石块来制作重视材料质地感觉。苏尔·莱·卫特（Sol Le Witt）的作品是用几个正方形

椭圆形
贝尔

无题
贾德

架子，中间放着有几个正方体，从小、中到大，有一种数字关系，"至减艺术"是从数学心理来追求美感，由于科技的发展，特别是美国在这种特定的环境下可以理解的。罗勃特·莫利斯（Robert Morris）的作品，他也是提供材料，巨型的塑料做成的形体，既无标记也无内容，只是用材料本身来让人欣赏，曾在巴黎展示九个大容器，给人纯粹空间感，属于"前卫艺术"。美国佛兰纳根（Barr. Flannagan）的作品，曾在蓬皮杜中心陈列过，材料做成形状也介于有机物和无机物之间的怪物。这是里查德·赛拉（Richard Serra）的作品，他是南美牙买加的重要艺术家，用九个橡胶带挂在墙上，最后一个放上日光灯管，他把材料作为基本的艺术内容，产生强烈的对比。索尼埃（Keith Sonnier）的作品，用日光灯表现美国本土艺术特征。丹·弗莱文（Dam Flavin）也是牙买加艺

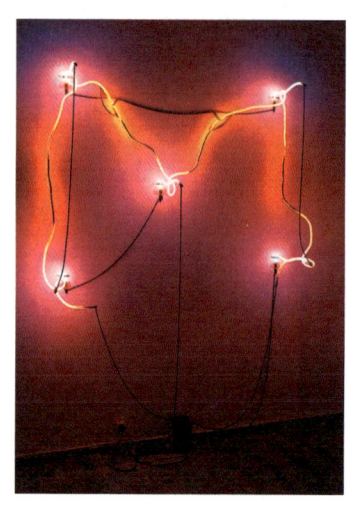

被包扎的霓虹灯
索尼埃

吉姆·蒂纳的表演

术家,也用日光灯,但比较幽默,相似于塔特林(Tatlin)的《第三国际的纪念碑》。他们理论很深奥,走得比较远。表现手法也在艺术语言以外的,后来走进死胡同,渐渐转入其他方面探索。韩国艺术家李以焕的作品,他的作品中体现东方人的传统,雕刻与自然关系,十分融洽。

偶发艺术,环境艺术和概念艺术(Happening, Environment and Concept Art)

爱德华·金霍兹(Edward Kienholz)的作品,像舞台艺术。吉姆·迪纳(Jim Dine)因自己在表演,打扮很奇异的样子,当

卡普罗的表演

表演到高潮时他甚至喝下颜料,然后窜过画布,达到如痴如狂的地步。最重要的是卡普罗(Allan Kaprow),他不选演员,不选固定的地方与群众一起从事表演艺术,很难看到全部,他有一个时间关系。德国沃尔夫·沃斯特尔(Wolf Vostell)把东西撕成碎片扔满地。克劳斯·林克(Klaus Rinke)的人体艺术作品《男和女》,把一男一女用链子套了起来,两人站在一起。也有华人艺术家做类似作品,用绳子把男女捆起来的尝试。西方人对于"Body Art"是很自然的。荷兰杰尔·凡·爱克(Ger van Elk)也是目前贫穷艺术的代表,《OK》是他自己在小桥上的表演。这是一个日本艺术团体(Yukihisa Isobe),表演热气球,获得大众赞

男和女
林克

OK
凡·爱克

赏，因为他们并不追求时间速度和科技力量，仅仅适合于一个椭圆形的一个数学方法。德国的汉斯·哈尔（Hans Haacke）利用电热，表现小鸡从蛋里孵出来的全部过程。贝恩哈德和希尔德·贝歇尔（Bernhard and Hilde Becher）的展品，对古老工厂高塔的变化拍了很多照片对比其不同。丹尼斯·奥本汉姆（Dennis Oppenheim）《看书》，把书放在身上，经过太阳晒，身上留下印记。这批艺术家用脑超过用手，他们艺术语言与传统绘画完全不同了。勃罗·诺曼（Bruce Nauman）为杂志做的广告。吉尔勃特和乔治（Gilbert and George）两位英国艺术家，表演《会唱歌的雕塑》，自己站起来展览自己，写了很多通讯，把自己头

会唱歌的雕塑
吉尔勃特和乔治

发胡子剪下来寄给别人，也画图，背景上的风景画都是他们自己画的，作为陪衬。

超级写实主义、照相写实主义（Superrealism and Photorealism）

马尔科姆·莫利（Malcolm Morley），他开始参加波普艺术后来寻找了超级写实主义的语言《阿姆斯特丹号在鹿特丹港》，每一个细节像真实一样描写。没有一点内在的情绪。完全参照照片。

约翰·克莱·克拉克（John Cley Clarke）的作品《酒神的聚会》用照相写实的手法来画神话故事。评论家认为他受学院派的影响。

德国画家格哈德·里奇特（Gerhard Richter）的作品《裸女下楼》，杜尚曾画过一幅《裸女下楼》，就像木材工厂爆炸一般，而他的画的画面很模糊。

阿姆斯特丹号在鹿特丹港
莫利

肖像（局部）
查克·克罗斯

查克·克罗斯（Chuck Close），大家熟悉的，影响到中国，像罗中立的《父亲》，把照片复制成很大作品。后来与理查·马克兰（Richard Mclean）成为最重要的两位照相写实主义画家。进入美国很著名海斯画廊。现在他已经改变了风格。用很大的点子来画，有点像修拉（Georges Seurat）的风格。

理查德·埃斯特（Richard Estes)专门画玻璃橱窗里反光中的广告，反映美国生活，实际上这一派画家并不全是反映生活的，而是十分理智地，用机械思维来绘制很冷的写实。他是这一派最杰出的画家，这一画派对中国影响较大。

杂货店门口
拉尔夫·高因斯

拉尔夫·高因斯（Ralph Goings）表现日常生活的角落，画美国的一个小杂货店，酒吧间。

英国移居美国的约翰·萨尔特（John Salt），画破烂旅游汽车，反映波希米亚式生活，有抒情的味道。

霍瓦德·卡诺维茨（Howard Kanovitz）的作品《水壶在凳子上》，多少有点神秘主义，受到超现实主义的影响。《天空与纸盒子》，他是一位具有自己个性的画家。用东方人的哲学观念，用自然关系、大气关系，把人载入空间，使人心旷神怡。评论家给予很高评价。另一个也是日本表演艺术团体（GUN），用日本

破烂房车
萨尔特

色彩染雪地《彩色的雪》，反映文化传统对艺术家的艺术语言影响。日本人采用自己民族特点创造优秀作品，深受西方人的尊敬，这是值得我们借鉴的。

地景艺术（Earth Art）

克利斯托·贾拉切夫（Christo Jaracheff）的作品，艺术家

峡谷的包装
克利斯托

纽约中央公园的大门
克利斯托

包地板作品
克利斯托

海滩上螺旋堤
斯密松

目前正在包巴黎市中心新桥的《包地板作品》。斯密松（Robert Smithson）的作品《海滩上螺旋堤》。从高空看确是以大地为画布，创造特殊的艺术语言。赫赛（Micheal Heizer）的作品，在地上挖一个洞然后放进石头，等于还原回去，后来又做了一个，另一个是把石头搬出去，放进水，再装石头。多少也受到至减艺术的影响。材料不同艺术感觉也不同，把绘画与雕刻打破了界限。道格拉斯·黑贝伦（Douglas Huebler）只是做现场记录，当他正在做时拍成照片，然后展出照片，在加州的沙漠里挖土，做记录。华特·玛里亚（Walter de Maria）的作品《一公里上的垂直》。这是丹尼斯·奥本赫姆（Dennis Oppenhein）《山上的符号》，山上本来是养的羊牧场，羊身上有印记，把印记放大做在山上，是概念艺术与地景艺术相结合的产物。理查德·赛拉（Richard Serra）是用胶带放霓虹灯管的艺术家，在野外改为室内，在马路上用铁皮围成一个圈，自以为受中国阴阳的影响，所以半圆铁皮宽，半圆窄。另一个艺术家瓦尔夫·卡霍伦（Wolf Kahlen）的作品。把树叶染上颜料，变成作品。荷兰贾恩·迪别斯（Jan Dibbets）的作品语言很精练，用照片的集景把地平线形象做出来。美国的苏蒙（Sumon），他自己做出一种风景出来，红色黏土，做成古废墟的城市，别树一帜。

概念艺术（Concept Art）

70年代是欧美艺术最复杂、种类繁多的时代，美术领域扩张到科学、心理学、哲学、文学无所不包的时代。艺术家可以自由

零
卡尔扎拉雷

任意进行创作。

  阿霍瓦卡的作品,日本人,作品上用英文写的云、鸟、山、太阳、海洋,等等字母,这就是他的画面了。凯思·桑尼(Keith Sonnier)是美国概念艺术家,用霓虹灯的光做的英文 GRAS. LIGHT,用各种不同颜色,红一条,蓝一条,白一条,实物作展出。又把古典作品倒过来,做上符号,就成了他的作品。皮尔·帕罗·卡尔扎拉雷(Pier Paolo Calzolari)的作品《零》,日光灯,做成的很多 0。斯蒂·詹姆·卡尔顿巴赫(Stephen James Kaltenbach)的作品,写上 AR.WORK,就完了。马里奥·梅尔茨(Mario Maerz)的作品比较有数学性,表现意大利一个数学家计算的 610 里面 15 的一个函数。赫尔曼斯·阿尔伯特(Hermans Albert)德国人,他的作品受表现主义影响,有恐怖主义感觉《春

胖太太
汉森

夏秋冬》。约翰·德·安德烈（John De Andrea）的作品，他是著名的超级写实主义雕塑家，他做的《裸女》是用蜡像做出来的，好像真人一样，有人说他是表现古希腊的精神，引起争议较大。杜安·汉森（Duane Hanson）《胖太太》描绘的是一位很亲切的美国妇人正在推车购货，用蜡像穿上真人衣服、鞋，社会性比较明显。《摇滚乐手》描绘的是乐手身穿皮衣服，骑摩托参加音乐会，戴摩托车的帽子，不是警察。《醉鬼》表现的是车祸后惨景。

以上是目前西方情况粗浅的介绍。

总结

米开朗基罗的西斯丁教堂的天顶画《上帝与亚当》，也就是亚当之生，是大家熟悉的作品。我在法国几十年，西方文化两大支柱：即希腊文化与基督教文化，现在再加科技这三个因素组成。米开朗基罗把人做成上帝的象征，他创造亚当，所以人是最重要的，而本身人，就是米开朗基罗所描绘的人是希腊赫格利斯式的健壮的体型，又有基督文明的深沉的思维，这在罗丹的《沉思者》里也可以看到，是一个会思想的人，会思想的赫格利斯。罗丹是米开朗基罗精神的直接继承者，《最后审判》中基督耶稣，当我们进入西斯丁教堂时能感觉到他把人放在宇宙的中心，做道德与善恶的评判，他的艺术观念是基督文化和希腊精神的融合，影响到巴洛克的艺术、浪漫派的艺术、表现主义艺术，从感情出发，感性地谈人的邪恶、良心、生死，从人出发的。达·芬奇的《年轻基督像》也是从感性出发。这种精神在西方一直延伸到现在，甚至不管新表现主义外形怎么变，主导的哲学思想是离不开这个根源的，这是圣法兰西斯比较自然主义的基督像，也影响到西方传统绘画。我谈基督教不是讲他的迷信、片面的封建部分，而是从基督教文化中提升出来最精华的部分。

关于柏拉图和亚里斯多德。柏拉图认为所有外界世界都是一个假象,他说在假像后面有一个更深的真像,称之理念(Idea)。这理念只有哲学家才能做到,美术家是不行的,美术家的画像不可能说出宇宙真正的真相,唯一哲学家才能获其真实。但是他的学生亚里斯多德修正了他的观点。后来菲底亚斯雕刻家的创作使哲学家们懂得一个艺术家在创作一件雕塑时不仅仅是对自然形象的复写,而是把自己生命全部经验想法、感情都倾注于作品,是一种全面的提升,这种提升的创作远远比原物强,更有价值,在文化上更有深远意义和影响。

古罗马时代哲学家西赛罗特别讲到艺术家从自然出发,把自己生命的经验对美的想法全部投入主题的,表现不是自然的(默写)摹写,这种观点把柏拉图的理念从很高地位拉到人的内心去,这是一个很重要的变迁。

我原来回国想讲一个柏拉图的理念对西方艺术的影响,由于国内急需知道当代艺术概况,临时准备了这个报告,柏拉图对后人影响很大的。

达·芬奇是一个全才,拉斐尔是一个纯粹的画家,米开朗基罗不仅是画家也是雕刻家、建筑师,对善恶的评判,对道德作批判的浪漫主义,巴洛克的旗手。达·芬奇有广阔的知识,他对头颅骨的研究,接近新艺术中概念艺术家的尝试。说明概念艺术是受达·芬奇的影响的,例如达·芬奇画的《岩间圣母》的局部头像，这是典型的古典主义高峰期的作品，他的眼神中不是写实的，不是一般叙事性，也没有过多的情绪的表达，而追求的是"艺术至高的完美"！

达·芬奇在透视学、光学、解剖学上的研究，与我们工业革命以后西方艺术家的各种尝试，与广博的思考很相似的。在古典主义作家中他们诚挚地在绘画语言上总结过去，新的艺术家在新的各种社会经济文化条件下与战争威胁下做出不稳定的不正常的反应，他们很困难地寻找今后去路，虽然他们可能是一个失败者，甚至他们获得的成就也可能是很微弱的，但是他们中心思想还建立在古典主义与浪漫主义两大类支柱上，在基督教、希腊文化以及现代工业精神相结合基础上进行探索，经过15世纪到19世纪长期积累的有高度成就的传统艺术价值，现在正在给予破坏，法国历史书上也说20世纪的艺术在质量上是堕落的时期，但这是必然的，我们宁愿要一个真实的堕落，也不要一个虚假的旧形式。或许也是一个新时代的开始，也希望他们在十分困难情况下继续向前摸索。在未来在破坏中出现新的艺术领域，这是我一个中国人在欧洲的一个感想。

我20年来以一个中国人的身份在巴黎，一直从事前卫艺术的工作，很多前卫艺术家也是我的朋友，我时刻注意到前卫潮流的瞬息变化，我自己常常思考，我们中国人怎么来考虑与反应。西方艺术变化与它的历史背景、文化传统、经济基础是紧密结合的，我年轻时期在东方从事艺术工作很长时间，也受到西方现代艺术的影响，有一段时间我也学习西方现代艺术的形式，但我到了欧洲以后，我发现不能解决我在创作上的问题，我这次感谢美协给我的安排和邀请，到中央美院与各位交流之前让我参观了敦煌的艺术，去西安、四川成都、浙江杭州，让我对中国古代艺术有一个全面性认识。我36年没有回国了，当我看到祖国文化遗产的时候使我非常吃惊，我们国家的文化遗产是非常丰富的，而且在这个文化遗产中证明我们古人是有深厚的哲学基础、文化基础，对于我来讲是很大的促进。今天我来美院很诚恳对各位讲我自己的感受：中国艺术必须在中国的土地上，传统在中国真实生活上发展，尤其是住在中国大地上，在一个你所熟悉的时代里，很丰富，也是一个负担不轻的时代，我希望大家都说出内心的话。我们也不必过于关闭自己，现在是国家开放政策的时候，要以宽广心胸来接受异国异族的艺术文化成果，使我们视野开阔，让我们艺术有一种新的发展，有各种多样性，对西方艺术做一个全面移植并不是好办法，可以在总体上得到启发。我看俄国19世纪（横向上）的浪漫主义，尤其是德国的华格纳（纵面上）音乐家超越一个长时间对古希腊精神有一种感受，与法国当时实际情况相结合，创造了一个崭新的浪漫主义艺术。当我看到哥特式教堂时我体会到蛮族人进入法国，接受基督教，创造罗马式和哥特式大建筑，如此惊人的丰富的装饰，神秘（接受基督教文化精华）而又雄伟的设计，我深深受到感动。

另外有两个方面，中国艺术发展有两个方向，一个是传统的儒道佛的传统山水画，在宋代达到高潮，是一个精华时代，虽然有封建内容，但还有很多地方值得我们去推敲，值得我们利用现代精神，现代的感受，甚至通过西方的现代观念再来看我们的文化传统，再来发展我们天人合一的风景画的道路。这是一个很特别的部分。虽然我没有走这条路，但在客观上我希望未来的中国艺术家在这方面继续发展，我是在人物方面发展的，我更大兴趣是在西方人文主义精神下发展，我觉得我们中国历史里有庄子、王维、李白、苏东坡，有高境界的表现。另外还有一个传统从屈原到司马迁、杜甫，这几个人物非常重要，屈原为自己的信仰而自杀，对人的内心的追求、人性的追求。杜甫在给李白的诗里谈及争名和淡利的关系。写文章和艺术创造并不是追求名利成果，另一方面他又表示对所有悲剧、民族悲剧的同情。这是艺术家内心真实的表现，司马迁讲到：艺术是由一种悲剧而产生的，写道："救天人之际。"这是一个艺术家的哲学观，天与人之间，人生到这个世界上对自己生命的一种责问。"通古今之变"对古往今来的传统的变化，要深入思考，去反省思量，最后才能"成一家之言"，在艺术上达到一种强烈的个性，个人风格。我在欧洲20多年，我看到欧洲的传统，欧洲的人文精神，对欧洲有很大影响，而且对人性的追求，如莎士比亚的悲剧，如果没有这样的基础是无法创造出来的。中国有很好"诗词"的传统，但在小说上除了《红楼梦》以外，没有更多探测人内心的小说。对比欧洲情况，我有一个很大的反省，我感到除了与自然的和谐，天与人合一的世界观之外，对于西方人文主义观点是值得我们去接受的，我们的时代、我们的背景、我们的生活经验、我们作为美术家责任是做一个时代的见证，我们艺术家要在我们土地上用自己脚走出一条未来的路，祖先留下这块土地给我们，我们子孙还会生活下去。我很注意国内画家的情况，每一位来巴黎的中国画家都是我的朋友，这次回国我并不是来介绍西方画给你们做样板，我回来是寻我自己的根源，希望今后大家常常真心交换各种真正的感受，使我们大家在一个有限的生命里面得到无限的开阔的境界。在欧洲，艺术家们常常谈到生命是非常短促的，生命一死什么都不能留下来，唯一艺术创造可以开辟一个永恒可能，至少在态度上是可能的，人的创造是对生命的导向。希望大家一起来思考这些问题，真心诚意交换意见。

附录一 纽约大都会博物馆"元代艺术大展"

微信扫码，即可领取：博物馆珍藏画卷高清大图

收听
- 300逾位古今艺术人物的美学思想
- 清华教授讲美学与艺术欣赏

忽必烈像

"中国元代艺术大展"自2010年9月28日到2011年元月2日在纽约大都会博物馆举行。这是2010年大都会博物馆举办重要特展之一，也是近几年来世界上引人瞩目的中国古代艺术展览之一。

大都会博物馆每年举办一两次特展。它利用本馆的丰富

水村图卷
元 赵孟頫 故宫博物院藏

收藏,雄厚经济实力和博大的气魄,从全世界各地博物馆、画廊、私人收藏家手中借调展品。一般这种特展需筹备3年到5年之久。这次"中国元代艺术大展"正是2004年"走向盛唐"大展的延伸,反映中国文化的源远流长,丰富的多民族风格,庞大的人文基础,让人们认识到汉文化的独特美丽、渊源宏大。汉文化融化了每一个统治中国的外来民族,同时也影响了不仅是亚洲,甚至包括世界文化的演变和发展。

这次展览是由大都会博物馆亚洲部主任屈志仁先生主持策划的。在他领导下,亚洲部专家们近5年来考察研究无数元代遗址,查阅了大量古文献,精选了200多件展品。其中多数来自中国大陆各省市博物馆、考古所,同时也从日本、俄国、英国等博物馆借调展品,也有不少精品来自美国各州的博物馆和私人收藏,内

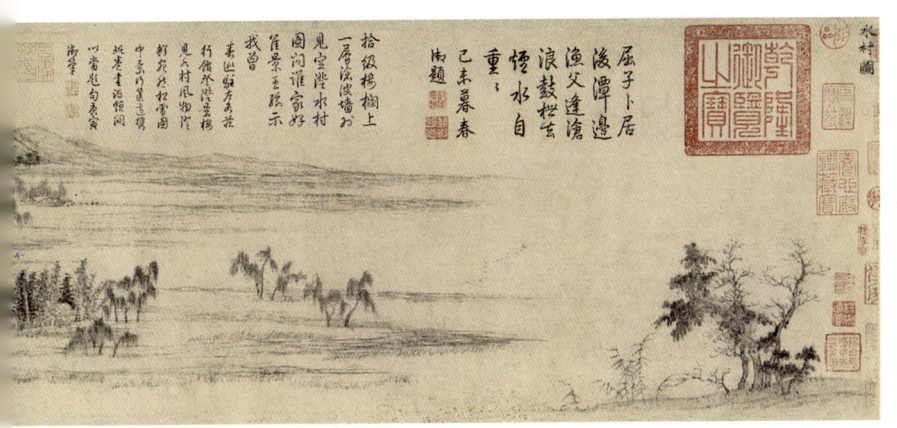

容之丰富，质量之精湛，令人瞠目。这次展览中台北故宫里收藏的元代珍品来参展的不多，可能因为1996年台北故宫珍品在大都会展出过数月，这次不再重复陈列了。

我们不想重复叙述以往介绍多次的作品，只注重介绍一些很难见到，甚至从未公开展出过的，今后不太可能来中国大陆展示的珍贵作品。简单介绍，得以共赏，并希望大家牢记我国国宝流传在国外的收藏地。

对我们来讲最为关注的是书画作品。元代首位书画家赵孟頫的精品就集中7件之多。沈阳辽宁博物馆的《红衣罗汉图》画于元代大德八年暮春之初，即1304年，这是辽博的"镇馆之宝"。北京故宫博物院送展的是《神骏图》（红衣骑马人）和长卷《水村图卷》，这两幅画风格绝然不同，一幅用笔严谨、色彩鲜明，

湖州妙严寺记（局部）
元 赵孟頫

另一幅挥毫自然，枯笔淡墨，意境深远，让国外艺术爱好者耳目一新。

普林斯顿大学博物馆送展多幅作品中最为令人激动的是《湖州妙严寺记》，此卷书法卷早在民国期间就在大陆消失了。文物出版社在1982年《历代碑帖书法选》中曾出版此卷，书后说明写道："此间见于清《式古堂书画汇考》等书著录，民国年间流传海外，此本根据传世墨迹影印本重印。"由于自幼父亲就让我临过此帖，今天见到原作，格外亲切。全卷工整统一，如同一气呵成，无一稚笔，运笔自然，疏密得当。此卷虽为楷书，因笔势连贯颇有行书韵味。结构严谨，前后呼应，字体结构根据行文上下，前后韵律，变化多端。而其用笔，笔笔到位，丝毫不差。正如赵孟頫的名言"书法以用笔为止，而结字也须用工。盖结字因时相传，用笔千古不易"。如今面对原作，感触甚深。

普林斯顿大学博物馆送展另一幅赵氏名作《幼舆丘壑图》，此卷绘画手法与台湾收藏的《鹊华秋色卷》如同一辙。但赵孟頫自己认为"粗有古意，笔力未至"。这是一幅借典故而自喻的题材，描写顾恺之的好友谢幼舆寄情于山林丘壑，洁身自好，躲避世俗。画面色彩沉着，用笔古拙。一位超脱的文人静坐在松石流溪间，卷末有倪瓒题款，曰"宜著山岩谢幼舆，鸥波落月夜窗虚，虎头痴绝无人识，把笔临池每自娱"。

大都会博物馆展出一幅赵孟頫的《人马图》，画于1296年，题款曰："元贞二年正月作人马图以奉飞卿庶访清玩吴兴赵孟頫题。"附有常见的"赵氏子昂"印章。描绘的马匹体格壮实，性格温顺，与故宫收藏《神骏图》很接近。正如赵孟頫自述："吾自小年便爱马，尔来得见韩干真迹三卷，乃始得其意云。"赵孟頫画的马匹，显得训练有素，健壮有力。而人物的描绘都大不一样。《神骏图》中红衣骑者是一位端坐马背的官吏，而此画中牵马者显然是一位驯马彪形大汉，强悍粗犷，略带西域人的形象，勾勒清晰，服饰上层层渲染，颇有古风拙味。这么多赵孟頫的精品集于一室，我平生也是第一次见。

美国堪萨斯州纳尔森·阿特金斯博物馆送展刘贯道《销夏图》

幼舆丘壑图（局部）
元 赵孟頫 美国普林斯顿大学博物馆藏

人马图
元 赵孟頫

销夏图
元 刘贯道 美国纳尔逊·埃金斯博物馆藏

真迹吸引了无数观众。画面描绘一位不拘小节的文人袒胸赤足，手持拂尘，懒洋洋地横卧于榻上，身后依靠着弹拨乐器，方桌上放满书卷和盆花。榻边有一大屏风，屏风上绘有一幅儒者书房图，一位年长义人端坐于榻上，三位书童正在研墨端水伺候。屏风上的文人形象如同画中主人公的自画像。画卷右侧站立着夫人和侍女，侍女手持团扇，体态优雅。卷后吴湖帆题曰："元刘贯道销夏图真迹吴湖帆审定为葱玉凡题。"并附有说明："此处贯道二字可为世间刘贯道画之铁证于距离江村二百余年之后而发现之快心快事湖帆之记。"由此可见当时吴湖帆发现此卷真迹，也欣喜万分。

克利夫博物馆送展的陈汝言的《长生不老岭》是一幅色彩浓重，绘作精致，刻画细腻的青绿山水，那造型各异的奇山怪石，郁郁葱葱的树林，小桥瀑布，悠闲文人，一派和睦温馨的景色，反映当时人们希望逃避元代的残酷统治，幻想有一个安逸优美的世外桃源。右上角有倪瓒的题款。很多国外参观者对此画特殊风格产生好奇性。

纳尔森·阿特金斯博物馆的任仁发的《九马图》，辛辛那提博物馆的刘元所绘《司马槱梦见苏小小》，北京故宫博物院任仁发的《两马图》以及上海博物馆的钱选《山水卷》引起观众们极大兴趣，不仅是由于它们的绘画技巧，也由于它们的背景和内涵情节都十分丰富多彩。

这次展览中让我感到震撼的是几幅宗教绘画：

俄国圣彼得堡国立艾尔米塔奇博物馆送展两幅佛教绘画：文殊普贤肖像，为工笔重彩绢画，装裱在木板上，勾有金线装饰，绘制极为精致。让我联想到敦煌壁画中盛唐时代绘画，其色彩之绚丽典雅，线条之坚挺有力，非一般艺术家可达到的，显然这是信仰佛教的宫廷贵族的收藏品。如此精美的宗教绘画，让我惊呆！

骑着红狮子的文殊与骑着大白象的普贤均为形象富态端庄的女性，和颜悦色，温柔可亲。文殊像上部保存完整，左右两端均有飞天。在两位菩萨的左侧都画有一位男性随者。跟随在文殊后面是一位员外打扮的老者，手持拐杖，头戴黑色高帽，态度虔诚。普贤的左侧站立着一位盛装的官员，恭敬谨慎，态度谦卑。菩萨的右侧都跟随着一位侍童，活泼可爱。为文殊牵狮的力士颇有戏剧性，高鼻深目，满脸胡须，脚蹬马靴，典型的西域人的形象。他用力地牵引狮子，凶猛的红狮怒目张嘴，转头与力士对视，仿

文殊菩萨图　　　　　　　　普贤菩萨图
西夏 佚名　　　　　　　　西夏 佚名

佛野性还未彻底驯服。相对地，普贤的白象显得温顺和睦，牵象力士带有印度人的特征，赤露上身，光脚行走。这两幅菩萨肖像描绘之精美，难以用语言表达。脸部勾线如春蚕吐丝，流淌自然，神态端庄，启眸欲语，头上与手上佩戴各式金银首饰，装饰纹样丰富多彩。两只坐骑上装饰得琳琅满目，眼花缭乱，每一个细节都绘制得一丝不苟。展览说明中，此画定于约1032—1227年间绘作的，即西夏时期，是由俄国的探险家彼得·科兹洛夫的一次探险考古，经过喀喇库图（Kharakhoto 黑城）发现的。英国作家彼得·霍普科克的著作中详细记载柯兹洛夫的这次探险考古经过，喀喇库图是一座被黄沙淹没的古城，他们在这座城里挖掘出大量文物。文章介绍说："柯兹柯夫给圣彼得堡科学院信中说'喀喇图库的遗迹对我们有着不可抗拒的吸引力，我们每天都在谈论那些东西'。夏季，他们在一个公主的坟墓里发现了许多画在丝绸上、麻布上或者纸上的保存在圣彼得堡博物馆里。"显然，这两幅佛像就是这 25 件文物中的 2 件。

波士顿博物馆送展的三幅道教绘画，堪称中国绘画"国宝"。这三幅卷轴画，包罗万象：人物、山水、禽兽、楼阁、云雾——金粉重彩，应有尽有，分别表现道教中天神、地神、水神。绘画手法与永乐宫壁画十分接近，但是更为细腻，精致。天衣飞扬，满壁风动。采用吴道子"莼菜条"风格，柔中带刚的勾线抑扬顿挫，力健有余，既有功力，又有变化。"天神"稳坐在宝褶上听取官员的奏文，周围围绕着众神和天女，天兵天将，云雾缭绕，金碧辉煌。"地神"悠闲地骑在马背上，由众神与侍者簇拥着行走在山岭小道间。"水神"骑着飞龙，飞驶在汪洋大海上。雷神在空中击鼓，雨雾飞卷，滚滚骇浪，水下豪华的宫廷楼阁时隐时现，风起云涌，波浪滔天。那精美线条勾勒气势连贯，流畅严谨。这三幅气势宏伟的道教绘画并不亚于《朝元仙仗图》和《八十七神仙卷》。某种程度上讲，它们的绘画技巧更为全面：游丝线条、水墨渲染、重彩界画、山水皴法……几乎包含中国古代绘画中全

三官图之水官
南宋 美国波士顿美术馆藏

维摩不二图

部技巧,而且笔笔到位,无一败笔。让我感到悲哀的是如此精美的中国古代绘画代表作却收藏在国外博物馆里,而且在国内众多艺术史书籍从未见过、介绍过这些绘画。今天面对这些原作,深感应当责无旁贷地介绍给国内艺术爱好者。

大都会博物馆的重要藏品《维摩不二图》也在展品中,白描长卷超过2米(217.8厘米),维摩诘与文殊师利共论佛法,四周围绕一群菩萨、僧人、侍女、武士,虔诚地聆听两位大师的讨论,其线条之精致,令人吃惊。北京故宫博物院也有一卷几乎完全一致的摹本,但笔迹更为纤细一些。

"元代艺术大展"中有几件雕塑作品给我留下深刻印象:有一尊罗汉木雕,由英国伦敦维多利亚和阿尔伯特博物馆送展,人们称之为东方"罗丹《思想者》",是14世纪中叶创作的,保存完整,有近1米高。雕刻一位僧人正在静坐沉思,脸部端正智慧,

罗汉像
元代 英国维多利亚和阿尔伯特博物馆藏

两耳垂肩,双目炯炯有神。左腿搁起,支撑左臀,右腿下垂,低头思索,衣纹流畅,动态自如。仿佛正在思考佛教中深层哲理。20年前我出差去伦敦访问时就注意到这尊木雕,拍摄不少照片,如今再次见面,格外亲切。

山西省永乐宫三清殿上《鸱吻》吸引大量美国观众。整座雕像比真人还高大,表面涂有色彩的琉璃,底部是一个龙头,瞪目张口,气势雄伟,龙尾直冲云霄。龙身鱼鳞闪闪发光,极为壮观,确是一件难得精品。

永乐宫三清殿"鸱吻"

呼和浩特"陶俑"

另外从呼和浩特博物馆调来一组陶俑很有特色,粗看是一般的陶俑形式,有牛车、马车、骆驼、仆人、饲养人等,如仔细察看,人物形象各异,有汉人、有蒙古人,也有高鼻深目的西域人。元代的蒙古帝国横跨欧亚,是一个不折不扣的多民族国家,这组陶俑清晰地表现了当时的社会状况,各种民族共同生活在一起。当时的丝绸之路畅通无阻,东西方交流频繁。估计这组陶俑的墓主是一位活跃在丝绸之路上的商贾。

这次展览涉及面很广,元代丝绸业的卓越成就,元大都的宏伟建筑规模,戏剧表演的蓬勃发展,以及东西方文化的密切交流,专家们都做了深入研究,并有长篇论文收录在印刷精致的册集中。

附录二 炳灵寺石窟

微信扫码,即可领取:博物馆珍藏画卷高清大图

 收听
- 300逾位古今艺术人物的美学思想
- 清华教授讲美学与艺术欣赏

20世纪80年代中期我在人民美术出版社当编辑,与中央美院王拢教授一起去龙门石窟参加石窟重新编号的工作,后来又准备去炳灵寺和麦积山石窟考察,为此做很多准备工作,阅读大量文史资料和考古报告,写下这篇读书笔记。

炳灵寺石窟位于甘肃省临夏回族自治州的永靖县西南方向约三十、四十里处,黄河北岸,称之大寺沟峭壁上。北魏郦道元的

炳灵寺石窟

《水经注》中提及:"河峡崖傍有两窟,一曰唐述窟,高四十五丈,西二里,有时亮窟,高百丈,广二十丈,深三十丈,藏古书五笋。"文中的"唐述窟"是羌语,是"鬼窟"之意,这地区长期被羌人占领,被认为是神圣的,又是神秘莫测的地方。后来到了唐代称之"龙兴寺",宋代称之"灵岩寺",元代时期这里是吐蕃的势力范围,盛行喇嘛教,藏语称之"仙巴炳灵",即"千佛洞"的含义,明代以后简称为"炳灵寺",现存佛窟和佛龛183个,近700尊雕像。相传著名东晋法师法显就是从这里出发去西域和印度取经的。

根据古文献释世道《法苑珠林》记载,早在西晋泰始元年,即265年已经在这里的崖壁上开凿佛龛,但是没有留下题记和碑文实物。如今发现最早的题迹在炳灵寺北端上部169窟内,为

420年，也就是十六国西秦时期，此窟是炳灵寺石窟中最大的石窟，原来是一个天然岩洞，经过精心雕凿，内存佛龛24个。在北壁的第六龛中有西秦"建弘元年（420年）岁在玄枵三月二十四日造"墨书题记。在第三窟里有"大代延昌四年（515年）"的题记。这两个题款是迄今中国现存石窟中最早的造像题记，显得格外重要，169窟也是炳灵寺具有代表性的艺术精华，同期的洞窟还有192窟和195窟。

在西秦建了169窟以后，很长一段时间没有开窟，因为十六国晚期到北魏的早期，这个地区战乱纷飞，人口锐减，洞窟的开凿就减少。直至延昌年间（515年）又开始建设佛教洞窟，一直到隋唐年代，开凿规模大增，雕刻质量精致。

北魏、北周时期洞窟受中原的影响，特别是龙门石窟的样式，如孝文帝改制汉化后，褒衣博带，秀骨清像的造型出现在炳灵寺雕刻中。云冈的晚期和麦积山的艺术造型与炳灵寺延昌年间石窟风格有密切关系，基本上是中型大小的方形窟，低台阶，中

第169窟之一

第169窟之二

央和两侧均为三佛造像，佛祖释迦牟尼居中，右侧为过去佛，左侧是未来弥勒佛。北魏时期富有代表性的石窟是126窟，由于盛行《法华经》和《涅槃经》，佛龛正壁是两佛并坐，旁边有两位菩萨，还有供养弟子等。从顶部到底部雕满浮雕，全窟大小雕像多达120尊，是炳灵寺石窟中雕像最丰富的一窟，并新发现佛龛中保留着延昌二年的造窟题记。第125窟也是二佛并坐，浅龛，两边是菩萨像，下面有的武士雕像是典型的秀骨清像造型，有彩绘。第124窟也是同样的风格，右侧的弥勒佛像女性特点明显，窟顶上是思维像和十佛，采用浮雕和彩绘相结合艺术处理手法。第128窟中央是一坐佛，出现天王、供养人形象，还有涅槃卧佛雕像一尊。炳灵寺的第16窟里也有一尊大卧佛，明代重修过，估计原作也是北魏时期的作品，有待于深入研究的。第132窟门上也有涅槃像，属于北魏时期风格。窟内菩萨造型图案化，头部呈方形，衣纹简化，头部和窟壁相连，窟顶是倒斗顶。

西魏和北周的洞窟规模和形制基本和北魏晚期相似，艺术水

第126窟

第128窟

第16窟卧佛

平稍差。北周时期的洞窟有172窟、134窟等,最著名的是第6窟,窟内两壁浮雕十分珍贵,保存完整的《猴王本生故事》图面,不仅有像连环画形式的故事情节,还生动地表现森林里自然环境,如树木、山岩以及动态各异的飞鸟和动物。

  隋代开凿的石窟接近麦积山修长造型的佛像。唐代洞窟数量大增,特别是盛唐期间建造了很多石窟,晚唐受吐蕃影响数量减少,如今窟内保存着永隆二年、明丰三年、开元年间和天宝年间的题记很多,炳灵寺最大的佛像就是唐代建造的。据宋代文献记载唐贞元十九年(803)曾为这座大佛像建造一幢大型建筑物,说明这尊大佛像的雕凿肯定早于晚唐。晚唐年间敦煌和炳灵寺地区正是大唐和吐蕃争夺的区域,人民生活并不稳定。炳灵寺石窟里曾发现西夏文的铭文,刻有一座舍利塔。唐代以石刻雕像为主,同时绘有色彩，盛唐期间的彩色石雕佛像是炳灵寺最有特点的艺术品，石雕上再彩绘仅在炳灵寺能见到，唐代佛像脸型丰满，体格略胖，秀丽典雅，追求形象的优美，发型衣饰趋于烦琐，仿佛受希腊艺术的影响，天王武士的雕像很生动，坚强有力。第51窟和52窟是如今我们了解盛唐的窟型和造像重要典范，窟内保存着唐高宗时期"大唐永隆二年"的题记。

第91窟 菩萨雕像

第91窟和第92窟的壁画和造像十分相近，是同时期开凿的，壁画和敦煌壁画有密切关系，特别窟顶的装饰画值得注意，那图案化的花草树木，飞禽鸟兽，与西安懿德太子墓室里壁画画法如出一辙，画法十分相近。窟内的菩萨像出现美妙的动态感，估计是有粉本，形成一种程式。壁画中飞天，绘制在轻薄的底色上，色彩艳丽，形态生动。晚唐以后的洞窟中出现较多的是观音、药师和地藏三佛形象，艺术形式更为粗犷一些，稍有早期藏画的影响。

元明时期代表洞窟是第150窟，佛像的雕凿上延续大唐的传统，但是壁画"藏化"，在雕像和人物服饰中出现藏服和喇嘛教装饰。佛像从三尊增加到五尊、七尊。当时人们对原有洞窟进行大量改建、装修、重绘，所以在炳灵寺石窟中能看到汉传佛教和西藏喇嘛教共存的现象，这也是炳灵寺的一大特征。

附录三 克利姆特的《贝多芬雕像装饰壁画》

微信扫码，即可领取：博物馆珍藏画卷高清大图

收听 · 300逾位古今艺术人物的美学思想
· 清华教授讲美学与艺术欣赏

《贝多芬雕像装饰壁画》一文是我 1980 年在中央美院美术史系师资班毕业时毕业论文，是在邵大箴先生指导下写作的。当时中国艺术界对古斯塔夫·克利姆特并不熟悉，甚至还没有介绍过，在西方也刚开始重视他的艺术价值。我是在中央美院图书馆里偶然发现一本《维也纳的艺术》，阅读中十分欣赏和迷恋于克利姆特的绘画作品，爱不释手。从而寻找各方面的参考资料，凭借自己有限的知识，写作这篇论文。

1. 象征主义和分离派

象征主义出现在19世纪末,他们的作品不仅运用象征寓意的艺术手法,更重要的是其内容富有幻梦似的神秘感和隐喻的哲理性,又具有强烈动人的形式感。象征主义艺术不像哥特式那样赤裸裸地宣教,而使人感到一种隐约的说教,在艺术趣味上更近似于后期印象派的影响,其渊源应追溯到拉斐尔前派的艺术,很多重要的象征主义画家都是拉斐尔前派的门徒和追随者。那么,象征主义为什么没有在当时艺术中心法国发展起来呢?这与一定的民族气质有关,法兰西民族性格倾向欢乐、激情、开朗。他们的艺术,不论是罗可可、古典主义或写实主义的作品,主题是明朗

维也纳分离派贝多芬艺术展展厅

和清晰的，找不出晦涩或神秘特点。而日尔曼民族的特点是严肃、深沉、哲理性强，从丢勒的艺术中就可以体会到，所以德国、奥地利的土壤对于带有伤感的、神秘色彩的象征主义更为适宜。

"维也纳分离派"是19世纪末奥地利一个重要的象征主义派别，他们主张创新、追求形式感、强调个性、重视工艺美术。古斯塔夫·克利姆特是其创始人与领导者，他在1902年创作的《贝多芬雕像装饰壁画》是他的杰作之一（以下均称为《贝多芬装饰壁画》）。

"分离派"从1898年首次展览到1902年间，共举行了13次展览，展出大批象征主义、表现主义作品。第14次展览会时，这协会决定改变展出内容，形成一次独特的展示。展览会序言写道："去年夏天，协会决定中断通常的连续性的绘画展览……我们希望能够制作出一件杰出的艺术作品为展览会的中心。马克斯·克林格尔的《贝多芬纪念像》接近完成，它将满足我们这种期望，并激发大家的创作热情，同时也为克林格尔表现的伟大的贝多芬那深奥而又惊人的尊严提供一个相称环境，尽管我们的工作正在进行，而且时间也很有限，但这股创作热情却为我们的事业作出了不可磨灭的贡献，由此，人们将不致谴责这个展览会是昙花一现的。"

整个展览会的室内建筑布置，墙上的镶嵌画、壁画，以及油画和雕塑都是为突出这个中心塑像服务的。正如序言所说："这次展览可能是一次效忠于克林格尔的活动，他的创作活动和作品照亮了我们整个艺术领域。"

一位德国批评家在参观展览会事曾说：与此相对（与贝多芬雕像相对），犹如跨进一个庄严的寺院。路克斯（理查·华格纳的传记作者）也把这中央大厅比拟成一个"圣殿"，他说："参观者在进入这圣殿之前是预料不到的。"

整个展览由连为一体的三个厅组成，中间大厅的中央是巨大的贝多芬雕像，像中国的寺院、石窟里佛像一样，占据着中心地位，两边有两个小厅，三个厅之间相隔的墙上也留着空隙，所以在两边小厅里的参观者同样可以看到中央大厅的"乐圣"贝多芬。展览会的设计者霍夫曼（Hoffmann）还特地设计一条环形参观路线，迫使观众最后绕到中心雕像前，从而充分体现了贝多芬崇高的尊严。

在整个大厅里画满了壁画，陈列着无数小雕像和艺术品，其内容都是为克林格尔雕像作陪衬，作解释的。贝多芬雕像背后大块墙面上是罗尔（Roller）的装饰壁画，对着贝多芬雕像的大门上面半椭圆形的墙面上是鲍莫（Bohm）设计的壁画，这些壁画几乎完全是几何图形的和象征性的装饰图案。克利姆特的"饰带"就在左侧小厅的墙上，占据了三个墙面，由六块石膏镶嵌板组成，用特制的酪蛋白颜料绘画，并涂上金粉，镶嵌着不太珍贵的宝石，安置在墙面上半部，靠近天顶地位。

按照展览会预定原则，所有的壁画和展品除了克林格尔大雕像以外，都在6月27日闭幕后拆除。其中包括霍夫曼的雕塑，著名的罗尔·鲍莫和安德烈（Andri）的壁画以及其他作品。当准备拆毁克利姆特的壁画时，有人提出抗议，特别是装饰画的保护人海威斯（Heversi）更是激烈反对。他说："如果将这组壁画理解为仅仅是贝多芬雕像的暂时的陪衬装饰而拆除，那么对奥地利的艺术将是一种不可弥补的损失。"也许是由于他的竭力鼓动，这组壁画幸运地保存下来，成为今天奥地利国家博物馆的珍品（克利姆特很多重要作品在1945年战火中烧毁了）。

从艺术价值上来看，克利姆特的装饰壁画和克林格尔的贝多芬雕像是同等重要的。这两位大师受到人们同样尊敬，有人曾这样描绘预展前举行的宴会："两位大师并排坐着，两个奇异的脑袋，在他们的富有表情的脸上表现出各自强烈的个性特征。克林格尔的脸上，他那白发和胡子形成'光圈'，发出一种炙热的青春光芒。他那细小的，狭窄的眼睛里闪烁着火花。古斯塔夫·克利姆特是棕色脸，黑胡子和稍微有点亮光的头发，呈现出一个具有旺盛精力和雄厚的力量的形象。他的生命里渗透着生活的热情和内在的宁静，这位性格宁静的艺术家埋头创作，而且把自己完全寄托于自我劳动中——这里，就在这宴会厅里，他们真正互相理解了，互相协调了。"

2.《贝多芬装饰壁画》的主题和寓意

克里姆特的《贝多芬装饰壁画》虽然是一组陪衬性的装饰画，

但它包含着深刻的含义和哲理。我们必须首先理解贝多芬的人道主义世界观和贝多芬第九交响乐的主题思想，才能更深刻地理解克利姆特的创作构思。大家熟悉的贝多芬第九交响乐是贝多芬自己一生经历和体验的概括，也是他的人生哲学"通过痛苦，走向欢乐"的总结。在最后乐章中他以极大热忱真诚地讴歌了他所向往的那种"自由、平等、博爱"的人道主义"理想王国"。为了突出主题，贝多芬打破传统的常规，将席勒的诗《欢乐颂》谱成合唱，置入交响乐的末乐章，把主题思想通过有力的音乐渲染反复强调出来："欢乐女神，圣洁美丽，灿烂光芒普照大地。你的威力使人类消除一切分歧，在你的光辉下人们团结如兄弟。"欢乐、圣洁的理想王国是贝多芬一生的向往，歌颂的目标。克林格尔的彩色雕像集中表现出贝多芬的伟大理想。塑像既没有乐谱，也没有钢琴，但是每一件东西，每一块大理石都含蓄着音乐的灵魂。黑色的大理石老鹰、象牙的天使面庞、青铜的宝座与凝视远方的贝多芬组成强烈的节奏感，从中仿佛能领悟到贝多芬的远大理想和抱负。正如克林格尔一样，克利姆特奇迹般地运用强烈的象征性艺术形式把听觉艺术转化成视觉艺术，

贝多芬雕像
克林格尔

贝多芬装饰壁画《欢乐颂》全景

巧妙而又神秘地用具体形象表达了贝多芬抽象的人生哲学和第九交响乐的主题思想。

在展览会的概览中解释克利姆特的《贝多芬装饰壁画》的内容时写道:"这三面墙形成一个整体。第一面长墙,面对入口处是欢乐的渴望,表面上是受苦虚弱的人类乞求武装的武士,而内在含义是怜悯和抱负,一种力量鼓励创造者为幸福而斗争。窄墙上是与人类相对抗的势力,巨大百头怪物提丰(希腊神话中妖魔之首领),天神对它也无可奈何,它的女儿是三个蛇形头发的女妖,疾病、疯狂、死亡、欲望、不贞洁和无节制,是使人烦恼不已的忧虑。人类的渴望和欲望在画面上飞翔。第二面长墙是幸福的渴望表现在诗歌之中,艺术引导我们进入理想王国,只有在那里才能发现纯粹的快乐，真正的幸福，纯洁的爱情。天使们合唱着，'欢乐，美丽神圣的火花''亲吻整个世界'。"

富有戏剧性的安排是展览会开幕那天，在克利姆特的《装饰壁画》前面，分离派特邀请马赫拉（Mahler）指挥乐队演奏第九交响乐的第四乐章"欢乐颂"，所以后来人们称这组《贝多芬装饰壁画》是展览会豪华的"镜框"。

两幅平行的长构图画面象征着人类的渴望和理想王国，中间相隔一张地狱之行。我们开始看到的是虚弱的人类乞求解脱、升华，他们向往天国，渴望欢乐。穿着盔甲的骑士象征着勇气和抱负，也正是贝多芬个人的理想的代表："我们的时代，需要有力的心灵，以鞭策那些胆怯的人。"著名法国作曲家柏辽兹在介绍第九交响乐时说："这是必胜的英雄凯歌，我们仿佛看见他的盔甲闪光，听见他踱着方步——走向胜利，为欢乐而斗争。这骑士使我们联想起丢勒的版画——《骑士，魔鬼与死亡》中一位英雄形象，他们具有同样勇气和抱负。在骑士与胆怯的人类上面，欲望和理想在飞翔，在漂浮，整个画面象征着对于人生必胜的信念。"

克利姆特的艺术与但丁《神曲》一样，是以象征为脉搏的，但丁以黑暗的森林代表罪恶，一不小心，人们就要走进去，掉入深渊。克利姆特在《贝多芬装饰壁画》中也有意识地安排一个地狱世界，这与贝多芬的第九交响乐前三乐章的情绪一致，在严峻现实中的痛苦、彷徨和挣扎——经过艰辛的过程，最后从痛苦和矛盾中解脱出来去迎接欢乐，而克利姆特并没有在画面上刻画人

向往天国,渴望欢乐

地狱

理想之国,天堂

类的折磨、挣扎和痛苦。他用一组奇特的妖怪，象征着各种罪恶势力。在暗色背景上画家用明亮的色块和清晰的线条描绘带有色欲感的蛇形头发三个女妖，另一边是用华丽的图案装饰着罪孽三重奏：放荡、不贞洁和无节制。这两组妖魔意味着对人类的诱惑，人们一旦走进这个罪恶之境，就会投入众妖之父提丰的怀里，在黑暗的背景中，隐约可见那可怖的巨大的类人猿的头像，闪烁着凶光，露出贪婪的牙齿。

　　最后一幅长构图画面是"天堂"，人类的欲望与理想拒绝妖魔的诱惑，色欲的诱惑，越过罪恶累累的地狱后得到升华，在诗歌中得到慰藉，得到满足。代表诗歌的人物正安详地在古琴上弹拨着动人的琴弦，这悠闲的琴声里充满了和睦、欢乐和自由，随着这美妙的曲调，人们进入一个"超现实世界的王国"，这是一个尽善尽美的王国。"亿万生民，互相拥抱吧！把这一吻送给全世界"。一对情侣在天使的伴唱下，在旋律中紧紧拥抱，亲吻——这象征着"整个人类向苍天张开手臂，竭尽全力地扑向'欢乐'，把它紧紧地搂在怀里"。"一旦权力与仁爱互相结合，群神也将

天国的琴声

赞美和微笑"。这个天国世界正是贝多芬在1814年给高卡信中说的:"——理想之国是一切国家中最可爱的,那是此世和彼世的一切王国中的第一个。"但是,这里也带有一点宗教气息。德国著名音乐家华格纳(Richard Wagner)在解释贝多芬音乐时曾指出:"在罗马的文明世界中出现基督教,在混沌的现代文明中涌现的音乐,两方面都对我们说:'我们的理想王国不在这个世界。'"明显表达贝多芬的理想王国与基督教中宣扬的天国具有某种共同意义——都是幻想中的世界。

3.《贝多芬装饰壁画》的艺术成就

海维斯称赞克利姆特《贝多芬装饰壁画》是"艺术家大胆的,特有个性完美的表现"。那个性,"在他的杰作中是难以自我抵制的内心倾向,毫无疑问那是现代装饰绘画的顶点"。在这幅壁画中克利姆特运用独特的艺术形式成功地表达了主题内容,创立了自己的艺术风格,给人一种清新的感觉,具有强烈的艺术感染力,所以称它是现代装饰绘画的顶点也不无道理。

在艺术表现上,克利姆特从来是无所约束的,他广览博取,凡是他觉得可以表达主题、抒发感情的形式,他都能广泛取之、用之,努力提高艺术形式本身表现价值。在《贝多芬装饰壁画》中我们可以看到他描绘了希腊迈锡尼出土的古代乐器"里拉"、拜占廷的珠宝装饰、特洛帕式的线条(Jan·Toorop)和奥德莱

新娘
特洛帕

（Ferdinand Hodler）的重复排列的天使，还有古希腊瓶画式的构图与人物造型。他集中这一切，用来为主题内容服务。

象征主义画家特洛帕自述说："线条并不仅仅是装饰，通过描绘，线条获得一种象征性表现力量，这种表现力量本身可以转变成感情和情欲。"克利姆特深刻地了解这个道理，他在不同题材中运用不同的表现形式。当我们走进克利姆特画室时，可以看到挂着他珍藏的日本版画、中国卷轴画，摆着希腊的陶瓶、迈锡尼的工艺品，甚至还有中国民间年画"关帝爷"。可见克利姆特的艺术灵感来自于各个方面，他与当时其他象征主义画家不同，

《罪孽三重奏》：放荡、不贞洁和无节制

当时德国象征主义画家斯图克（Stuck）的创作热情如同勃克林（Arnold Bocklin）一样被局限于古典主义世界里，而克利姆特灵感的源泉则非常广泛，甚至还包括古老的传统，就像他的老师——奥地利艺术家马卡特（Makart）一样，他们着眼于远东国家的古代艺术精华，纵览了各个时代的东西方文化。克利姆特轻而易举地吸收各种艺术形式和风格，他的画像贝多芬的音乐一样震撼人心，有丰富的节奏和情感。

在象征着人类《渴望和抱负》的画面上，他既不受传统约束，又不受环境和时间束缚，运用刚劲的线条描绘瘦弱的人体和威武的骑士，形成强烈的对比，表达出贝多芬的思想实质，用有力的心灵来鞭策那些胆怯的人。同时在背景上利用清淡的色彩和虚幻的人影象征人类的欲望和理想。

在《地狱》画面上，为了表现各种罪恶力量对人类的诱惑，他利用艳丽的拜占廷式装饰、夸张人体、色欲的动作、强烈的明暗对比，以象征人类的罪孽与堕落，他用黑暗背景中可怖的类人猿怪脸增加地狱世界的恐怖感。

《天堂》是艺术形式上最成功的一幅，富有深远的寓意。古老的服饰、迈锡尼的古琴象征着诗歌、艺术。让人们体会到人类悠久的文明以及艺术的永恒性，在艺术的引导下，人类进入天国。在描绘天使合唱队是他借用奥德莱的表现形式，正如奥德莱自己所说："我喜欢一幅作品的清晰感，由此，我偏爱相似性。在我很多作品中选择四个或五个形象，是为了表现同一个人而且产生

一日
奥德莱

同样感觉,因为同一样东西(或人)的重复能加强其艺术效果,我有一个特别偏爱是'五',用一个特殊的数字来加强绘画规律,创造出一个自然的中心……我最喜欢的艺术家是丢勒和意大利原始派画家。在现代画家中,我对克利姆特有一个特别高的评价。我尤其喜爱他的壁画,这些壁画中每一件东西都是流畅和寂静的,同时,他也喜欢运用重复,这种重复是他辉煌装饰效果的源泉……"克利姆特利用类似天使的重叠排列给人一种节奏韵律感,这种表现形式显然来源于奥德莱的作品。位于天使前面一对裸体人物在太阳与月亮的环绕下拥抱,宽阔的男人体与细弱柔软的女人体形成鲜明对照,在背景中他还运用颤抖上升的线条与四处散布的星点产生幻梦般感觉。克利姆特的这种手法在他的《哲学》《医学》等壁画作品中也有所表现。

在《贝多芬装饰壁画》中,克利姆特的艺术形式充满了象征词汇和语句，富有强烈的寓意力量。这对我们今天也是一个很好启发。虽然象征主义艺术重视艺术形式的表现力，但他们并没有脱离基本的造型规律，正如中国写意画一样，是在"师造化"的基础上求神似、求气韵、求诗意，强调艺术感染力。克利姆特从青年时代起就受过严格写实主义和工艺美术的训练，他的写实功夫和装饰技术都很扎实。同时他又有宏大的容量，善于吸收不同时代、不同国家、不同民族、不同流派之间有益的养料，以丰富发展自己的艺术风格，创造自己独特的表现形式。这大概是我国许多美术工作者对克利姆特艺术发生浓厚兴趣的原因，他的象征主义语言与中国内向的、富有装饰趣味的艺术之间有内在的联系。

图书在版编目（CIP）数据

二十世纪大师人文课 / 毛君炎著 . -- 南昌：江西美术出版社，2021.5
ISBN 978-7-5480-8000-8

Ⅰ . ①二… Ⅱ . ①毛… Ⅲ . ①人文科学 – 通俗读物 Ⅳ . ① C49

中国版本图书馆 CIP 数据核字 (2020) 第 272150 号

出 品 人　周建森
策　　划　李国强
责任编辑　李国强　梁雨寒
责任印制　谭　勋
书籍设计　郭　阳　小满设计

二十世纪大师人文课
ERSHI SHIJI DASHI RENWEN KE

毛君炎 著

出版　江西美术出版社
社址　南昌市子安路 66 号
邮编　330025
电话　0791—86566329
网址　www.jxfinearts.com
发行　全国新华书店
印刷　浙江海虹彩色印务有限公司
版次　2021 年 5 月第 1 版
印次　2021 年 5 月第 1 次印刷
开本　889mm × 1230mm 1/32
印张　13.25
ISBN 978-7-5480-8000-8
定价　98.00 元

本书由江西美术出版社出版。未经出版者书面许可，不得以任何方式抄袭、复制或节录本书的任何部分。
本书法律顾问：江西豫章律师事务所晏辉律师